D1725771

Conto 7 II

Betriebswirtschaftslehre/ Rechnungswesen Realschule Bayern

Grundwissen Ökonomie

Autoren

Anton Huber
Manfred Jahreis
Jakob Pritscher
Sabine Welzenbach

westermann

Die Symbole in diesem Buch

 Arbeitsauftrag

 Grundwissen

 Internet

 Methodik

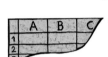 Tabellenkalkulation

 Wiederholung und Vertiefung

 Grafik

 Zusammenfassung

  Fallstudie

Die Methoden-, Aufgaben-, Zusammenfassungs- und Fallstudienseiten sind zum schnellen Auffinden mit einem Balken in Kapitelfarbe versehen.

© 2001 Bildungshaus Schulbuchverlage
Westermann Schroedel Diesterweg Schöningh Winklers GmbH, Braunschweig
www.westermann.de

1. Auflage, aktualisierter Druck 2008

Alle Drucke der 1. Auflage sind im Unterricht parallel verwendbar.

Redaktion: Petra Griesenbeck
Herstellung: Andreas Losse
Satz: ISM Satz & Reprostudio GmbH, München
Druck und Bindung: westermann druck GmbH, Braunschweig

ISBN 978-3-14-116107-6

... für Schülerinnen und Schüler

Wir freuen uns, dass du dich für die kaufmännische Wahlpflichtfächergruppe an deiner Realschule entschieden hast. Damit lernst du jetzt ein neues Unterrichtsfach – Betriebswirtschaftslehre/Rechnungswesen – kennen. Dieses Schulbuch soll dir dabei helfen, wirtschaftliche Inhalte und Abläufe zu verstehen. Wir wollen, dass du auch

selbstständig mit diesem Buch arbeitest und deshalb haben wir zahlreiche Bilder und Grafiken abgedruckt, Merksätze eingebaut und uns um eine verständliche Sprache bemüht. Anhand einer Modellfamilie und eines Modellunternehmens zeigen wir dir die wichtigsten wirtschaftlichen Grundlagen auf.

Warum heißt dieses Schulbuch eigentlich „conto"?

Für dieses Schulbuch wurde das italienische Wort „conto" (Rechnung, Konto) gewählt, denn es war 1494 der italienische Franziskanermönch Luca Pacioli, der im dritten Teil seines Mathematikbuches „Summa de Arithmetica, Geometria, Proportioni et Proportionalità" die Doppelte Buchhaltung als Erster schriftlich festhielt. Er gab ihr das Layout der aufgeschlagenen Doppelseite: links das Soll und rechts das Haben und ist somit der „Vater" des Kontos - conto.

Gemälde von Jacopo de Barbari

... für Lehrerinnen und Lehrer, Mütter und Väter

Der vorliegende **Band 1** des Arbeitsbuches **Conto – Betriebswirtschaftslehre/Rechnungswesen – Grundwissen Ökonomie** wurde gemäß dem Lehrplan für die Wahlpflichtfächergruppe II der sechsstufigen Realschule konzipiert und ist auf dem neuesten Stand. Prinzipien wie Handlungsorientierung, Praxisbezug, exemplarisches Vorgehen, aktive Formen des Lernens, Sicherung des Grundwissens, kumulatives Lernen und Anwendung vielfältiger Formen der Informationsbeschaffung, der Informationsverarbeitung, der Informationsauswertung und die Präsentation von Informationen stehen im Vordergrund. Hinzu kamen die Anforderungen, die der Lehrplan mit dem Computereinsatz im Fachunterricht anspricht. Zur Steigerung der Handlungskompetenz wurden Methodenteile integriert.

Mit dem Modellunternehmen Krönle ist es den Schülerinnen und Schülern möglich, sich – ausgehend vom eigenen Erfahrungshorizont – mit einem Fertigungsunternehmen zu identifizieren und dabei Einblicke in betriebswirtschaftliche Abläufe und unternehmerisches Handeln zu gewinnen. Besonderer Wert wurde auf einen systematischen, schülerzentrierten und methodisch-didaktisch behutsamen Aufbau der Kenntnisse und Fertigkeiten für eine ökonomische Grundbildung gelegt. Die Einführungsbeispiele und Übungsaufgaben sind grundsätzlich sehr praxisorientiert, deshalb steht häufig das handlungsorientierte **Arbeiten mit Belegen** im Mittelpunkt. All das soll den Schülerinnen und Schülern ein möglichst praxisbezogenes und selbstständiges Arbeiten mit dem Buch ermöglichen; die Übungsaufgaben sollen dem Lehrer die Möglichkeit der gezielten Aufgabenauswahl geben. Hiermit wird dem Anliegen des Lehrplans Rechnung getragen, die persönliche Entwicklung der Schülerinnen und Schüler und ihren Lernfortschritt in den Mittelpunkt der Unterrichtsarbeit zu stellen. Die Weiterentwicklung des bisherigen Lehrplans sorgt vielfach für einen neuen Charakter der Aufgaben: Über die bisher üblichen Standardproblemstellungen (Berechnungen und Buchungen) hinaus wird schwerpunktmäßig das betriebswirtschaftliche Wissen überprüft und es werden dem Schüler vermehrt begründete Entscheidungen abverlangt. Dabei nehmen die Aufgaben immer wieder Bezug auf das Grundwissen früherer Lehrbuchabschnitte und sie sind in ihren Anforderungsstufen sehr differenziert (Übung/Wiederholung/Vertiefung, Transfer, Fallstudien mit komplexer Aufgabenstellung).

Das neue Werk besteht aus folgenden **vier Teilen**:
1. dem Schülerbuch,
2. dem Schülerarbeitsheft,
3. dem Lehrerhandbuch und
4. einer CD mit Belegen, Rechenblättern, Fallstudien, Projekten usw.

Die Autoren nehmen Anregungen, Kritik und Wünsche gerne entgegen.

Januar 2008

Die Autoren

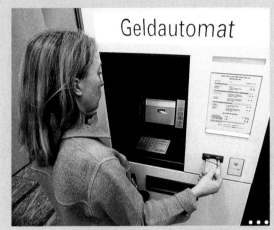

... in privaten Haushalten

und Unternehmen

1. In welche 7 Regierungsbezirke ist Bayern aufgeteilt?

2. Nenne zu jedem Bezirk die Stadt, in der sich die Bezirksregierung befindet.

3. Nimm deinen Atlas zur Hand und suche die Stadt Augsburg in Bayern.

Christian Krönle

Monika Krönle

Alexander Maier-Krönle

Familie Krönle

Schulhof der Realschule in Augsburg

Christian Krönle ist 13 Jahre alt und besucht zurzeit die 7. Klasse einer Realschule in Augsburg. Dort hat er die Wahlpflichtfächergruppe II gewählt, um wirtschaftliches Grundwissen zu erwerben. Die kaufmännischen Kernfächer sind „Betriebswirtschaftslehre/Rechnungswesen" und „Wirtschaft und Recht".

In seiner Freizeit spielt er Fußball, fährt Skateboard und arbeitet einmal in der Woche als Prospektverteiler für eine nahe gelegene Lebensmittelkette. Er ist ein Computer-Fan und hat deshalb in der Schule beim Einrichten des neuen Informatikraumes geholfen und das Wahlfach Informatik gewählt. Außerdem surft er gerne im Internet oder „chattet" mit Freunden. Nebenbei betreut er die Homepage des Unternehmens seines Großvaters (Firma Krönle).

Monika Krönle (16 Jahre), die Schwester von Christian, besucht die 10. Klasse eines mathematisch-naturwissenschaftlichen Gymnasiums in Augsburg.
Sie will später Physik studieren und interessiert sich vor allem für die Raumfahrt. Mit Begeisterung liest sie Bücher und Zeitschriftenartikel über die NASA (**N**ational **A**eronautics and **S**pace **A**dministration) und dabei insbesondere über die Raumfahrtprogramme zur Erforschung des Planeten Mars.

Sie spielt Gitarre und singt in der Schulband. Ihr Taschengeld bessert sie mit Nachhilfe in Mathematik und mit Babysitten auf.

Alexander Maier-Krönle (46 Jahre), der Vater von Christian und Monika, ist Abteilungsleiter und seit 20 Jahren bei der Firma SYSCOMP in Augsburg tätig.

Er wurde in den Elternbeirat der Realschule gewählt und arbeitet auch im Arbeitskreis Schule-Wirtschaft mit.

Seine Hobbies sind Eishockey spielen und seine große Münzsammlung.

Sonja Krönle (43 Jahre), die Mutter von Christian und Monika, besuchte nach dem Realschulabschluss die Fachoberschule und schloss die anschließende Fachhochschule als Betriebswirtin (FH) ab. Sie arbeitete vier Jahre als Leiterin der Personalabteilung in einem Fertigungsunternehmen. Seit 16 Jahren ist sie Hausfrau und Mutter.

Sie gibt zweimal wöchentlich **VHS-Kurse** zur Buchführung und hilft auch im Unternehmen ihres Vaters mit.

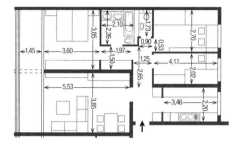

Familie Krönle wohnt in Augsburg zur Miete in einer 4-Zimmer-Wohnung mit 85 m² Wohnfläche. An den Wochenenden verbringt Familie Krönle einen Tag immer gemeinsam, z. B. mit Stadtbummeln, Ausflügen, Erkundungen oder Sport. In den Sommerferien verreist die Familie gerne gemeinsam ans Mittelmeer oder an die Ostsee. Sie haben engen Kontakt zu den Eltern von Frau Krönle.

Günter Krönle, der Opa von Christian und Monika, leitet seit mehr als 40 Jahren sein Unternehmen Krönle-Küchengeräte-Hotelleriebedarf in Gersthofen bei Augsburg. Er möchte das Unternehmen im Laufe des Jahres an seine einzige Tochter Sonja übergeben, um sich in seinem Ruhestand mehr dem Garten und dem Reisen widmen zu können.

Seine Frau **Renate Krönle** arbeitet im Betrieb als Sekretärin. Sie reist ebenfalls gerne und pflegt den Garten des nahe liegenden Hauses.

Familie **Krönle** wohnt schon sehr lange in Augsburg und schätzt die Vorzüge der Stadt:

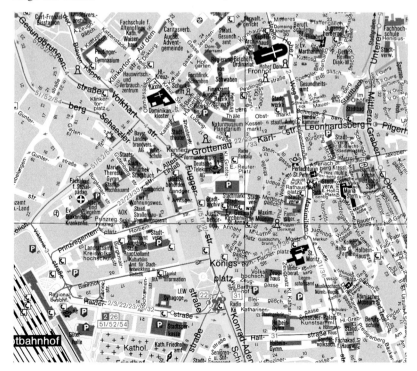

Sonja Krönle

Volkshochschule (VHS)

Diese Bildungseinrichtung wird von den Städten, Gemeinden und Kreisen getragen. Das Lehrangebot richtet sich meistens an interessierte Erwachsene.

Familie Krönle beim gemeinsamen Frühstück

Nimm ein Lexikon (Buch oder CD-Rom) zur Hand und informiere dich über die Geschichte, Sehenswürdigkeiten und berühmten Personen der Stadt Augsburg.

Nutze das Internet und mache einen virtuellen Stadtrundgang durch Augsburg unter der URL:

www.augsburg.de

9

Betriebswirtschaftslehre

Ökonomie

Rechnungswesen

Wirtschaftlich handeln

Nenne die Rohstoffe zu folgenden Waren:
1. Brot
2. Pullover
3. Stuhl
4. Auto-Kofferraumdeckel
5. Fußball

1. Ordne die rechts gezeigten Bilder so, dass sie dir den „Lebensweg" einer Semmel zeigen.

2. Welche Ausgaben hat ein Bäckerbetrieb?

3. Woraus erzielt ein Bäckerbetrieb seine Einnahmen?

4. Wie wird der Unterschied zwischen Einnahmen und Ausgaben errechnet und wie könntest du ihn nennen?

1 Wirtschaftliches Handeln in der Familie

1.1 Klärung wirtschaftlicher Begriffe

Betriebswirtschaftslehre/Rechnungswesen ist für dich ein neues Unterrichtsfach. Deshalb wollen wir dir zunächst ein paar wirtschaftliche Begriffe erklären.

Was heißt: Betriebswirtschaftslehre?

Auf Seite 9 ist ein Bild vom gemeinsamen Frühstück der Familie Krönle zu sehen. Familie Krönle bevorzugt frische Semmeln. Wie entsteht solch ein Produkt?
Entstehungsort eines Produktes ist der **Betrieb**.

Die Betriebswirtschaftslehre untersucht und erklärt die Bedingungen und Vorgänge in Betrieben der Gütererzeugung oder der Dienstleistungen (z. B. Handel, Banken, Verkehr Versicherung). Dabei werden die für einen Betrieb wichtigen Vorgänge (z. B. Rohstoffbeschaffung, Fertigung, Verkauf) erfasst und ihre wechselseitigen Abhängigkeiten bestimmt.

Ein Fertigungs**betrieb** stellt durch die Be- und Verarbeitung von Rohstoffen (z. B. Holz, Metall, Kunststoffe) Waren her, die wir (die Bevölkerung) haben wollen und deshalb kaufen. **Die Betriebswirtschaftslehre** (Sonja Krönle hat dieses Fach an der Fachhochschule studiert.) **zeigt z. B. auf, wie ein Betrieb organisiert wird und was zum Berechnen des Verkaufspreises berücksichtigt werden muss.**

Was heißt: Rechnungswesen?

Die links abgebildete Angestellte ist nicht in der Produktion (Herstellung) sondern in der Abteilung **Rechnungswesen** des Unternehmens beschäftigt. Das Rechnungswesen erfasst alle wirtschaftlichen Vorgänge zahlenmäßig, bereitet diese Zahlen auf und stellt sie übersichtlich dar. Diese Informationen benötigt die Unternehmensleitung zum Treffen von Entscheidungen wie z. B. „Soll ein Produkt weiter gefertigt werden?" oder „Wie kann man die Fertigung der Erzeugnisse kostengünstiger durchführen?"

Zu den Tätigkeiten der Angestellten zählen **Berechnungen** und Vergleiche: z.B. Welche Rohstoffe können zu welchem Preis bei welchem Lieferer gekauft werden? Sie be**rechnet**, zu welchen Preisen die fertigen Waren verkauft werden können. Wurde die Ware dann ausgeliefert, schreibt sie eine **Rechnung** an den Kunden und legt die Kopie oder Durchschrift der Rechnung in einem Ordner ab.

Betriebe schreiben Rechnungen an ihre Kunden und erhalten Rechnungen von ihren Lieferern. Daraus ergeben sich Einnahmen und Ausgaben für einen Betrieb. Reichen die Einnahmen, um alle Ausgaben zu begleichen? Überwiegen die Einnahmen? Auch auf diese und andere spannende Fragen versucht das **Rechnungswesen** Antwort zu geben.

Eine Rechnung (siehe auch Seite 33)

Was heißt: Ökonomie?

Sieh dir den Titel dieses Buches an:
„Ökonomisches Grundwissen"
„Betriebswirtschaftslehre/Rechnungswesen"

Als Ökonom wurde **früher** ein Landwirt bezeichnet. Er führte seinen land**wirtschaftlich**en Betrieb, indem er die Erzeugnisse (z.B. Eier, Milch, Fleisch) seines Hofes in der Stadt am Marktplatz verkaufte. Heute steht das aus dem Griechischen kommende Wort Ökonomie für **Wirtschaft** und ökonomisch für wirtschaftlich.

Was heißt: Wirtschaftlich handeln?

Die Menschen leben nicht nebeneinander, sie leben seit jeher über Stammes-, Sippen- und Familiengemeinschaften zusammen und bilden die Gesellschaft. Ein Ausschnitt dieser Gesellschaft ist das Wirtschaftsleben. In ihm handeln die Menschen wirtschaftlich, das heißt, **sie entscheiden z.B. ob, wann, wie viel und wofür Geld ausgegeben wird**. Du musst allerdings auch betrachten, woher das Geld kommt, das du ausgeben willst. Mit Geld bezahlt man alle Dinge, die man nicht hat, aber gerne haben möchte. Das Geld müssen deine Eltern verdienen, indem sie z.B. ihre Arbeitskraft in einem Unternehmen einsetzen. Der Unternehmer kann den Mitarbeitern das Geld nur bezahlen, wenn er die Waren, die er im Betrieb hergestellt hat, gut verkaufen kann.

Ökonom als frühere Bezeichnung eines Landwirtes

Neben den Familien und den Unternehmen spielt auch der Staat eine wichtige Rolle in der Wirtschaft. Er setzt unter anderem durch Gesetze den Rahmen für das wirtschaftliche Handeln.

Familien, Unternehmen und der Staat treffen täglich wirtschaftliche Entscheidungen, deshalb nennt man sie wirtschaftliche Entscheidungsträger.

Familien	Unternehmen	Staat

Sie alle handeln wirtschaftlich.

Erstelle für dich persönlich deine fünf
wichtigsten Taschengeldausgaben.

Herr Maier-Krönle an seinem Arbeitsplatz
bei SYSCOMP

Frau Krönle beim VHS-Kurs

Gehe ins Internet und rufe folgende
Homepage auf:

www.stmas.bayern.de/fibel/
sf_k020.htm

1. Wer erhält in Deutschland Kindergeld?

2. Wie hoch ist derzeit das Kindergeld?

1. Wie viel Kindergeld erhält Familie
   Krönle zurzeit?

2. Wie viel € hat sie 1996 erhalten?

3. Überlege, warum der Staat Familien mit
   Kindergeld unterstützt?

1.2 Einkommen

„Mit dem Einkommen auskommen!"
Dieser Satz gilt auch für dein Taschengeld. Sicher hast du nicht immer so
viel Geld in der Tasche, dass du dir alle Wünsche sofort erfüllen kannst.
In einer Familie muss man sich auch Gedanken darüber machen, wie viel
Einkommen man erzielt und wie dieses verwendet werden soll.

1.2.1 Einkommensarten

Alexander Maier-Krönle (Er hat bei der Eheschließung den Namen seiner
Frau an seinen Geburtsnamen angehängt.) arbeitet als Abteilungsleiter in
der Firma SYSCOMP. Zusammen mit seinen sieben Kolleginnen und Kol-
legen hat er als Angestellter die Aufgabe die Software dieses Unternehmens zu verkaufen. Unter Software versteht man Programme (Befehle an
den Computer), die bestimmte Aufgaben zu lösen haben. Herr Maier-
Krönle besucht viele Kunden, denen er Neuerungen und Änderungen
erklärt. Er bezieht ein festes **Gehalt** und zusätzlich bekommt er **Provisio-
nen** (Belohnungen), die abhängig von den Verkäufen sind.

Sonja Krönle gibt abends in der Volkshochschule Kurse zur Betriebswirtschaftslehre. Interessierte Erwachsene erhalten dort Informationen zur
Weiterbildung oder um sich für andere Berufe fortzubilden. Frau Krönle
erhält dafür ein **Honorar**.

Schließlich haben Alexander Maier-Krönle und Sonja Krönle Ersparnisse.
Diese haben sie bei einer Bank angelegt und erhalten dafür **Zinsen**.

Das Familieneinkommen wird ergänzt durch das **Kindergeld**. Jeder in der
Bundesrepublik Deutschland, der Kinder zu versorgen hat, bekommt Kinder-
geld als staatliche Leistung. Diese staatlichen Leistungen sind steuerfreie
Einkünfte.

Das deutsche Einkommensteuergesetz unterscheidet sieben Einkunftsarten:
Einkünfte aus Land- und Forstwirtschaft, aus einem Gewerbebetrieb, aus
selbstständiger Arbeit, aus unselbstständiger Arbeit, aus Kapitalvermögen,
aus Vermietung und Verpachtung und sonstige Einkünfte.

Die Summe aller Einkünfte ergibt das Einkommen.

Mehr Geld für Kinder Monatliche Kindergeldbeträge in €

	1. Kind	2. Kind	3. Kind	4. Kind	
1996	102 Euro	102 Euro	154 Euro	170 Euro	1996
1997	112 Euro	112 Euro	154 Euro	170 Euro	1997
1999	128 Euro	128 Euro	154 Euro	170 Euro	1999
2000	138 Euro	138 Euro	154 Euro	170 Euro	2000
2002	154 Euro	154 Euro	154 Euro	179 Euro	2002

dpa
Grafik 4870

Das Einkommen einer Familie setzt sich aus verschiedenen Quellen zusammen:

Arbeit	Vermögen	Staatliche Leistungen	Sonstiges
z. B. Lohn oder Gehalt Provisionen Honorar Rente	z. B. Zinsen Mieteinnahmen Pacht Gewinn	z. B. Kindergeld Arbeitslosengeld Erziehungsgeld Sozialhilfe	z. B. Lottogewinn Geldgeschenke Kredite

1.2.2 Einkommensverwendung

Mit dem Einkommen kann die Familie z. B. die Miete für die Wohnung bezahlen und die Rechnung für das Telefon begleichen. Sonja Krönle kann zur Bank gehen und sich Geld auszahlen lassen, damit sie einkaufen kann. Meistens holt sie sich das Geld von einem Bankautomaten. Jede Familie gibt unterschiedlich viel Geld aus und jeder Haushalt verwendet sein Einkommen anders (**Konsumausgaben**). Trotzdem kann man folgende Einteilung für die Verwendung des Einkommens treffen:

Die Unterschiede bei der Verwendung des Einkommens hängen von verschiedenen Faktoren ab:

- Höhe des Einkommens
- Bildungsstand, Ausbildung
- Anzahl der Personen
- persönliche Wünsche
- Umweltbewusstsein

Konsumausgaben		Sparen
Regelmäßige Ausgaben	**Persönliche Ausgaben**	
Miete Versicherungen Telefon Strom Haushalt	Auto Kleidung Hobbies Taschengeld Kultur	Urlaub größere Anschaffungen

Einen ersten Überblick über die Einnahmen und Ausgaben erhält man mithilfe eines Kontoauszuges:

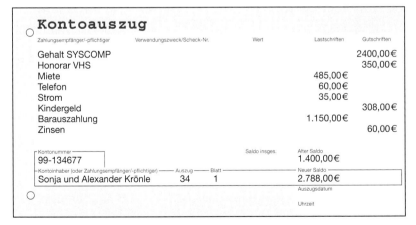

1. Wie hoch ist das monatliche Einkommen der Familie Krönle laut Kontoauszug?

2. Um welche monatlich in etwa gleichbleibende Ausgabe könnte es sich bei der Barabhebung handeln?

3. Familie Krönle spart ca. 10 % des Einkommens. Ermittle die monatliche Sparleistung durch Kopfrechnen.

In einer Familie sind die Wünsche vielfältig, das Einkommen aber begrenzt. Die Familie ist gezwungen mit dem Einkommen auszukommen. Das heißt, die Familie muss auch – wie ein Unternehmen – mit ihrem Geld wirtschaften. Sind die Ausgaben größer als die Einnahmen, werden Schulden gemacht. Im umgekehrten Fall können **Ersparnisse** angelegt werden.

Formen von Infografiken

Symbole:

Icons   Piktogramme

Markenlogo

Über die Darstellung von Zahlen in Schaubildern und andere Infografiken

Informationen können heutzutage durch Texte, Bilder oder Infografiken übermittelt werden. Der Name Infografik zeigt bereits, dass diese eine Verbindung von **Info**rmation und **Grafik** darstellt. Vielleicht ist dir der Begriff „Schaubild" vertrauter. Damit ist die Verbindung von statistischem Zahlenmaterial mit Bildern gemeint und diese Form der Infografik ist in Zeitungen, Zeitschriften und Büchern sehr weit verbreitet. Neben dieser Form der grafischen Darstellung gibt es aber auch viele weitere, wie **Symbole** (Icons, Piktogramme, Markenlogos), **erklärende Schaubilder** (z. B. wie funktioniert ein Computer), **Karten** und **sonstige grafische Darstellungen**. Infografiken machen Zahlen und Entwicklungen anschaulich und besser verstehbar und zeigen auf einen Blick den Sachverhalt auf. Wichtig dabei ist, dass man die Darstellungen richtig lesen und auswerten kann.

Wie geht man bei der Analyse einer Infografik vor?

Erklärende Schaubilder:

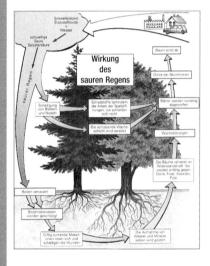

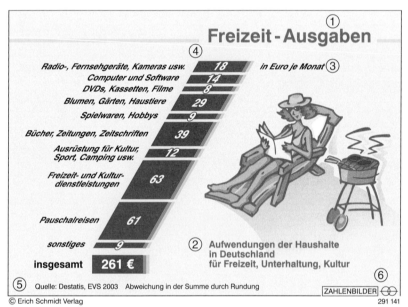

① Beachte zunächst die Überschriften der Schaubilder. Sie geben oft schon Auskunft über den Inhalt der dargestellten Zahlen.

② Die Teilüberschriften oder zusätzliche Texte verdeutlichen die dargestellten Zahlen.

③ Besonderes Augenmerk musst du auf die Maßeinheiten (z. B. € oder %) legen.

Karten:

④ Die Form der Grafik gibt Hinweise auf die dargestellten Zahlen (z. B. Liniendiagramm für eine Entwicklung, Säulendiagramm für einen Vergleich, Kreisdiagramm für den prozentualen Anteil).

⑤ Die Quellenangabe der dargestellten Zahlen darf nie fehlen. Sie gibt dir Auskunft, woher die Daten kommen, die hier bildlich dargestellt sind.

⑥ Die Angabe, wer diese Grafik herausgibt, kann dir helfen einzuschätzen, ob diese Darstellung objektiv ist.

Die Analyse des Schaubildes auf Seite 14 liefert folgende Ergebnisse:

① „Freizeit-Ausgaben"

② „Aufwendungen der Haushalte in Deutschland für Freizeit, Unterhaltung, Kultur"

③ „in Euro je Monat"

④ „Säulendiagramm"

⑤ „Destatis, EVS 2003"

⑥ „Erich Schmidt Verlag"

Was zeigt das Schaubild?

Zum Beispiel:
- ▶ die durchschnittlichen monatlichen Ausgaben für die Freizeit 2003 in einem Haushalt
- ▶ Die Ausgaben betrugen 2003 in einem Haushalt 261,00 € pro Monat.
- ▶ Die größten Ausgabenposten sind Urlaub und Kulturdienstleistungen (z. B. Theater oder Kino).
- ▶ Die Datenquelle ist das Statistische Bundesamt.
- ▶ Das Schaubild wurde vom Erich-Schmidt-Verlag erstellt.

Was kann aus dem Schaubild abgeleitet werden?

Zum Beispiel:
- ▶ Die Ausgaben für neue Medien betragen im Monat 40,00 €.
- ▶ Die Ausgaben für Spielwaren sind sehr gering.
- ▶ Die Ausgaben für den Urlaub betragen fast ein Viertel aller Ausgaben.

Ein Schaubild kann nicht immer alle benötigten Informationen enthalten. Deshalb musst du weiteren Fragen nachgehen:

Welche Informationen benötige ich noch?

Zum Beispiel:
- ▶ durchschnittliches Einkommen eines Haushaltes
- ▶ Zahlen für andere Jahre
- ▶ Zahlen für andere Länder

Woher erhalte ich zusätzliche Informationen?

- ▶ vom Statistischen Bundesamt (in Wiesbaden)
- ▶ vom Landesamt für Statistik in Bayern (in München)
- ▶ aus Beständen der Schulbücherei, der örtlichen Büchereien oder Bibliotheken
- ▶ aus Lexika (Buch oder auf CD-ROM),
- ▶ im Internet sind viele Informationen von Behörden abrufbar

Sonstige Infografiken:

Promillegrenzen in Europa

Estland Kroatien Rumänien Slowakei Tschechien Ungarn	**0,0 ‰**
Norwegen Polen Schweden	**0,2 ‰**
Litauen	**0,4 ‰**
Belgien Bosnien und Herzegowina Bulgarien Dänemark Deutschland Mazedonien Finnland Frankreich Griechenland [1] Italien Lettland Niederlande Österreich Portugal Schweiz Serbien und Montenegro Slowenien Spanien Türkei [2]	**0,5 ‰**
Großbritannien Irland Luxemburg Malta	**0,8 ‰**
Zypern	**0,9 ‰**

Stand: Mai 2005

ADAC Infografik

[1] Für Motorradfahrer und Personen, die den Führerschein noch keine 2 Jahre besitzen, gelten 0,2 Promille.

[2] Für Fahrer von Pkw ohne Anhänger. Am Steuer aller anderen Fahrzeuge besteht absolutes Alkoholverbot.

Gehe ins Internet und rufe die Homepage des Statistischen Bundesamtes auf unter der URL:

www.destatis.de

1. Informiere dich über die Aufgaben des Statistischen Bundesamtes und in welcher Stadt es seinen Sitz hat.

2. Ermittle die neuesten Zahlen zu den Freizeitausgaben der deutschen Bevölkerung.

Wirtschaftliches Handeln in der Familie

I-1

Betrachte das rechts abgedruckte Schaubild:

1. Worüber gibt es Auskunft?

2. Welche festen (regelmäßigen) Ausgaben hat die Durchschnittsfamilie?

3. Welche sind die drei größten Ausgabeposten? Vergleiche sie mit denen in deiner Familie.

4. Welche Ausgabenblöcke siehst du als unbedingt notwendig an?

5. Bei welchem Ausgabenposten könnte die Familie noch sparen?

6. Welche Ausgaben fallen nicht jeden Monat an?

Wo das Haushaltsgeld bleibt

Konsumausgaben der privaten Haushalte in Deutschland im Jahr 2005 insgesamt 1 262 Milliarden Euro

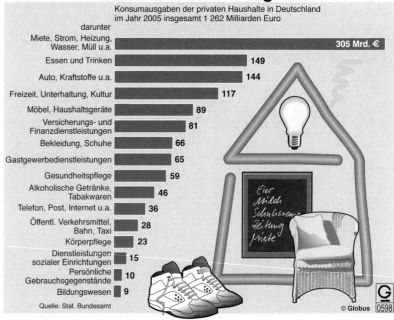

darunter	
Miete, Strom, Heizung, Wasser, Müll u.a.	305 Mrd. €
Essen und Trinken	149
Auto, Kraftstoffe u.a.	144
Freizeit, Unterhaltung, Kultur	117
Möbel, Haushaltsgeräte	89
Versicherungs- und Finanzdienstleistungen	81
Bekleidung, Schuhe	66
Gastgewerbedienstleistungen	65
Gesundheitspflege	59
Alkoholische Getränke, Tabakwaren	46
Telefon, Post, Internet u.a.	36
Öffentl. Verkehrsmittel, Bahn, Taxi	28
Körperpflege	23
Dienstleistungen sozialer Einrichtungen	15
Persönliche Gebrauchsgegenstände	10
Bildungswesen	9

Quelle: Stat. Bundesamt

© Globus 0598

I-2

Betrachte das rechts abgedruckte Schaubild:

1. Worüber gibt es Auskunft?

2. Die Bundesregierung stellt einen Haushaltsplan auf. Was ist gegenübergestellt?

3. Welche drei Steuerarten tragen am meisten zu den Einnahmen bei?

4. Welche vier Ausgabenblöcke sind im Bundeshaushalt am größten?

5. Erkundige dich, wer im Freistaat Bayern den Haushaltsplan aufstellt. Informationen im Internet:

   www.bayern.de

6. Auch deine Gemeinde stellt einen Haushaltsplan auf.
   Wie groß sind die Ausgaben und die Einnahmen?

Das Hauptbuch der Nation

Bundeshaushalt 2005 (Soll)

Einnahmen	254,3 Mrd. Euro	254,3 Mrd. Euro	Ausgaben
Umsatzsteuer	74,6	84,4	Gesundheit und Soziales
Lohn- und Einkommensteuer	62,4	40,4	Bundesschuld
		38,0	Wirtschaft und Arbeit
		23,9	Verteidigung
Mineralölsteuer	41,5	23,3	Verkehr, Bau, Wohnungswesen
Tabaksteuer	14,8		
Solidaritätszuschlag	10,3	8,8	Versorgung
Versicherungsteuer	8,9	8,5	Bildung, Forschung
Körperschaftsteuer	8,6	5,1	Verbraucher, Agrar
Stromsteuer	6,6	4,6	Familie, Jugend
sonstiges	4,6	4,1	Inneres
Nettokreditaufnahme	22	13,2	sonstiges

© Globus   Quelle: BMF   9632

① ② ③

④ ⑤

⑥ ⑦ ⑧

1.800,00 €

2.100,00 €

18.000,00 €

I-3

Betrachte die Bilder 1 – 8 und ordne die folgenden Begriffe den entsprechenden Bildern zu:

Gehalt, Gage, Honorar, Gewinn, Lohn, Nebenverdienst, Rente, Provision

I-4

Zähle fünf Einkommensarten auf.

I-5

Berechne, wie viel Kindergeld derzeit eine Familie mit drei Kindern als staatliche Leistung erhält.

I-6

Jede Familie verwendet ihr Einkommen anders.
Wovon hängen die Unterschiede bei der Verwendung des Einkommens ab?

I-7

Erkundige dich bei einem Kreditinstitut nach der Höhe der Sparzinsen.
Wovon ist die Höhe des Zinssatzes abhängig?

I-8

Familie Krönle möchte sich in fünf Jahren verschiedene Güter kaufen (siehe die drei Bilder links unten).
Wie viel Euro muss Familie Krönle hierfür monatlich jeweils sparen?

I-9

Eine Familie hat im Monat höhere Ausgaben als das Einkommen abdecken kann.
Woher könnten die Gelder zur Abdeckung des fehlenden Betrages kommen?
Welche Möglichkeiten des wirtschaftlichen Handelns schlägst du der Familie vor, damit Einnahmen und Ausgaben zumindest gleich hoch werden?

Welches Problem wird in dieser Karikatur angesprochen?

1.3 Haushaltsplan

Mit dem Einkommen auskommen ist gar nicht so einfach. Die Wünsche der Familienmitglieder sind meist größer als das zur Verfügung stehende Geld. Es ist daher wichtig, einen Plan zu machen, damit man die Einnahmen und Ausgaben der Familie im Auge behalten kann.

Genauso wie jede Gemeinde (z. B. Gersthofen), jedes Bundesland (z. B. Bayern) oder die Bundesrepublik Deutschland einen Haushaltsplan aufstellt, möchte sich auch Familie Krönle jun. einen Überblick über ihre monatlichen Einnahmen und Ausgaben verschaffen.

Deshalb führen sie über die Ausgaben Buch und erstellen eine Übersicht über die monatlichen Einnahmen und Ausgaben, den **Haushaltsplan**.

Familie Krönle vermerkt in diesem Buch alle täglichen Einnahmen und Ausgaben. Anschließend erstellt sie eine Monatsübersicht (siehe rechte Seite).

Der Aufbau eines Haushaltsplanes könnte auf der **Einnahmenseite** folgendermaßen aussehen:

▶ Nettogehalt
▶ Provision
▶ Honorar
▶ Kindergeld
▶ Zinsen
▶ Steuerrückerstattung
▶ Zuschuss von Oma und Opa
▶ Sonstiges

Der Aufbau eines Haushaltsplanes könnte auf der **Ausgabenseite** folgendermaßen aussehen:

Herr Maier-Krönle und Frau Krönle bearbeiten ihr Haushaltsbuch.

Ein Haushaltsbuch zum Eintragen aller Einnahmen und Ausgaben

Regelmäßige Ausgaben	Haushaltsausgaben
z.B.	z.B.
• Miete	• Lebensmittel/Getränke
• Nebenkosten, z.B. Heizung	• Waschmittel/Putzmittel
• Gas/Strom	• Benzinkosten
• Versicherungen	• Fahrtkosten für öffentliche Verkehrsmittel
• Telefongebühren	• Porto
• Fernsehen	• Geschenke
• Autoversicherung	
• Kfz-Steuer	
• Zeitungsabonnement	

Persönliche Ausgaben	Rücklagen
z.B.	z.B.
• Kleidung/Schuhe	• Reparaturen
• Friseur/Kosmetik u.a.	• Urlaub
• Kino/Theater/Hobbies	• unvorhergesehene Ausgaben
• Taschengeld	• Sonstiges

18

Haushaltsplan für September

Regelmäßige Einnahmen

Gehalt (netto)	2.400,00 Euro	
Honorar VHS	350,00 Euro	
Kindergeld	308,00 Euro	
Zinsen	60,00 Euro	

G e s a m t e i n n a h m e n   3.118,00 Euro

Regelmäßige Ausgaben

Miete (inkl. Nebenkosten)	485,00 Euro	
Rundfunk—, Fernsehgebühr	30,00 Euro	
Zeitungsabonnement	20,00 Euro	
Strom	40,00 Euro	
Versicherungen	125,00 Euro	
Kfz—Steuer	10,00 Euro	
Telefongebühren	60,00 Euro	770,00 Euro

Haushaltsausgaben

Lebensmittel	1.150,00 Euro	
Waschmittel/Reinigung	25,00 Euro	
Benzin/Fahrtkosten	100,00 Euro	
Sonstiges	75,00 Euro	1.350,00 Euro

Persönliche Ausgaben

Kleidung, Schuhe	210,00 Euro	
Friseur, Kosmetik u. ä.	25,00 Euro	
Kino, Theater, Hobbys	50,00 Euro	
Taschengeld	100,00 Euro	385,00 Euro

Rücklagen

Urlaub	150,00 Euro	
unvorhergesehene Ausgaben	75,00 Euro	
Sonstiges	50,00 Euro	275,00 Euro

G e s a m t a u s g a b e n   2.780,00 Euro

Überschuss   338,00 Euro

Mithilfe der Tabellenkalkulation am PC können immer wiederkehrende Berechnungen leicht durchgeführt werden.

Vorteile eines Rechenblattes:

- Die Tabelle muss nur einmal erstellt werden.
- Für die Berechnungen werden allgemeine Formeln eingegeben, sodass später die Ergebnisse vom Programm automatisch berechnet werden.
- Später werden nur noch die veränderten Werte eingegeben.
- Man kann Fehler schnell ausbessern ohne noch einmal alles schreiben zu müssen.

Eingabedaten:

Das sind Daten, die für die späteren Berechnungen benötigt werden, also vorher in bestimmte Zellen des Rechenblattes eingetippt werden müssen.

Ausgabedaten:

Das sind Daten, die vom Rechenblatt automatisch mithilfe der vorher eingegebenen Daten berechnet werden.

1. Tabellenkalkulation

Der Begriff Tabellenkalkulation setzt sich aus den beiden Wörtern Tabelle und Kalkulation zusammen. Eine **Tabelle** ist ein Schema, bestehend aus Zeilen und Spalten. Eine **Kalkulation** ist eine Berechnung. Mit einer Tabellenkalkulation kann man Daten übersichtlich darstellen und gleichzeitig mit diesen Daten auch Berechnungen durchführen. Wenn du ein Tabellenkalkulationsprogramm im Computer startest, erscheint ein **Rechenblatt**.

2. Die wichtigsten Bestandteile eines Rechenblattes

Ein Rechenblatt besteht aus **Zeilen** (1, 2, 3,...) und **Spalten** (A, B, C,...). Den Schnittpunkt einer Zeile und einer Spalte bezeichnet man als **Zelle** (Feld). Mehrere Zellen zusammengefasst ergeben einen **Bereich**.

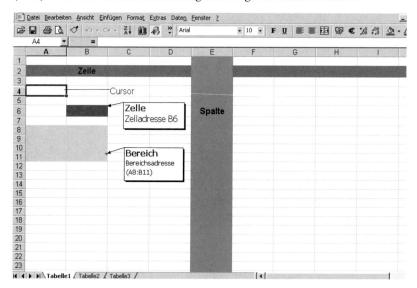

In jeder Zelle können folgende Inhalte eingegeben werden:
Texte, als Erläuterungen für den Benutzer, z.B. Miete,
Zahlen, die als Eingabedaten bekannt sind, z.B. 600,00 €,
Formeln, sie sollen die gesuchten Werte berechnen, z.B. = B6+B7.

3. Erstellung eines Rechenblattes

Christian und seine Mutter möchten einen **Haushaltsplan** mit allen monatlichen Einnahmen und Ausgaben erstellen. Die monatlichen Gesamteinnahmen und Gesamtausgaben sowie der monatliche Überschuss sollen vom Programm automatisch berechnet werden.

Vorüberlegungen

▶ Sie stellen fest: *Eingabedaten* sind die verschiedenen monatlichen Einnahmen und Ausgaben, *Ausgabedaten* sind die Summe der Einnahmen, die Summe der Ausgaben und der monatliche Überschuss.

▶ Sie überlegen sich einen *übersichtlichen Aufbau* für die Tabelle: in Spalte A stehen die Texte aller Einnahmen, in Spalte B die Beträge aller Einnahmen, in Spalte C die Texte aller Ausgaben, in Spalte D die Beträge aller Ausgaben.

▶ Sie legen fest, welche *Berechnungen* durchgeführt werden müssen: Summe der Einnahmen, Summe der Ausgaben und der monatliche Überschuss.

Erstellen des Rechenblattes am PC

- Eingabe der Texte
- Eingabe der bekannten Zahlen (immer in eine eigene Zelle!)
- Eingabe der Formeln (in die Zellen, in denen etwas berechnet wird!)

Ein Rechenblatt hat den Vorteil, dass man es immer wieder verwenden kann, auch wenn sich Zahlen verändern. Dazu ist es notwendig, in den Formeln keine Zahlen einzugeben, sondern immer diejenige **Zelladresse**, in der die Zahl steht, mit der gerechnet werden soll.

Um dem Computer anzuzeigen, dass in dieser Zelle ein Ergebnis berechnet wird, müssen immer zuerst das ☐ **Zeichen** stehen und dann die jeweiligen Zelladressen, z. B. für die Berechnung der Summe der monatlichen Einnahmen in Zelle B23: = B4+B5+B6+ … +B20 oder einfacher mithilfe einer Funktion z. B. = **Summe(B4:B20)**.

> Für die Eingabe der Formeln musst du die Bedeutung folgender **mathematischer Zeichen** kennen:
>
> ☐ **=** Beginn einer Formel
> ☐ **+** Addition
> ☐ **–** Subtraktion
> ☐ ***** Multiplikation
> ☐ **/** Division
> ☐ **:** „bis" Bereich (E7:F10)

	A	B	C	D	E	F
1		**Haushaltsplan der Familie Krönle**				
2	Monatliche Einnahmen		Monatliche Ausgaben			
3						
4	Einkommen des Vaters	2.400,00 €	Miete (incl. Nebenkosten)	485,00 €		
5	Honorar VHS	350,00 €	Rundfunk-, Fernsehgebühren	30,00 €		
6	Kindergeld	308,00 €	Zeitungsabonnement	20,00 €		Ausgabedaten (Formeln)
7	Zinsgutschrift	60,00 €	Strom	40,00 €		
8			Versicherungen	125,00 €		Eingabedaten
9			Kfz-Steuer	10,00 €		
10			Telefongebühren	60,00 €		
11			Lebensmittel	1.150,00 €		
12			Waschmittel/Reinigung	25,00 €		
13			Benzin/Fahrtkosten	100,00 €		
14			Sonstiges	125,00 €		
15			Kleidung, Schuhe	210,00 €		**Formel:** =B23-D23
16			Friseur, Kosmetik u. ä.	25,00 €		
17			Kino, Theater, Hobbys	50,00 €		
18		**Formel:** =Summe(B4:B22)	Taschengeld	100,00 €		
19			Urlaub	150,00 €		
20			unvorhergesehene Ausgaben	75,00 €		
21			Überschuss	338,00 €		**Formel:** =Summe(D4:D20)
22						
23	Summe der Einnahmen:	3.118,00 €	Summe der Ausgaben:	2.780,00 €		
24						
25						
26						

Dokumentation

Mit einem Tabellenkalkulationsprogramm erstellte Tabellen können immer wieder verwendet, verbessert oder ergänzt werden. Deshalb solltest du die Tabelle **speichern** und gegebenenfalls aus**drucken**.

Formatieren einer Tabelle

Um die Tabelle anschaulicher zu gestalten, kannst du sie noch formatieren; z. B. die Beträge mit dem €-Währungsformat versehen, die Überschrift in einer anderen Schriftart bzw. Schriftgröße darstellen oder einen Rahmen um die Tabelle ziehen. Dazu ist es notwendig, den Bereich, den du formatieren willst, zuerst zu markieren und dann den jeweiligen Formatbefehl zu geben. Da dies bei jedem Tabellenkalkulationsprogramm etwas anders funktioniert, fragst du am besten deinen Lehrer, wenn du Hilfe brauchst.

1. Erstelle das abgebildete Rechenblatt mit einem Tabellenkalkulationsprogramm und speichere es unter dem Namen *Haushaltsplan* ab.

2. Teste zu Hause das Rechenblatt mit anderen Werten. Frag doch mal deine Eltern, ob du für sie einen Haushaltsplan erstellen kannst.

Niederschlag in mm

Säulendiagramm

Temperatur in °C

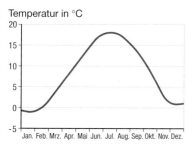

Liniendiagramm

Autokosten

Kreisdiagramm

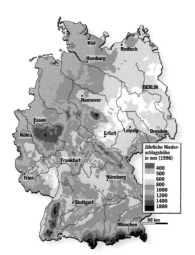

Kartogramm

In Tageszeitungen, Zeitschriften, Büchern und im Fernsehen oder Internet werden Grafiken und Diagramme zur Darstellung von Zahlen und Entwicklungen verwendet. Auch in diesem Schulbuch werden Infografiken (siehe Seiten 14 und 15), Diagramme und Grafiken abgedruckt, um das richtige Umgehen mit den verschiedenen Arten der Darstellung von Zahlen zu trainieren.

Zahlen können in Form von Geschäftsgrafiken (auch Diagramme genannt) noch anschaulicher und übersichtlicher dargestellt werden. Sie verhelfen zu einem schnellen Überblick über Informationen. Die meisten Tabellenkalkulationsprogramme enthalten Grafikprogramme. Mit ein paar Mausklicks lässt sich aus Zahlen eine Grafik erstellen.

1. Die am häufigsten verwendeten Diagrammarten (Diagrammtypen)
Je nach Aussageschwerpunkt und Inhalt einer Tabelle eignen sich unterschiedliche Diagrammarten. Einige Diagrammarten kennst du schon aus dem Erdkundeunterricht.

Säulendiagramm (Balkendiagramm)
Es ist besonders geeignet für die Darstellung eines **Vergleichs** von Werten, z.B. durchschnittliche monatliche Niederschlagsmenge von Januar bis Dezember.

Niederschläge in Augsburg

Monat	Jan	Feb	Mär	Apr	Mai	Jun	Jul	Aug	Sep	Okt	Nov	Dez
Niederschläge (mm)	54	52	49	67	87	112	92	92	71	55	62	56

Liniendiagramm
Diese Diagrammart eignet sich besonders gut für die Darstellung der **Veränderungen** von Werten in einem bestimmten Zeitablauf, z.B. Temperaturwerte im Laufe eines Jahres.

Jährliche Durchschnittstemperatur von Augsburg

Monat	Jan	Feb	Mär	Apr	Mai	Jun	Jul	Aug	Sep	Okt	Nov	Dez
Temperatur (°C)	-1	0	4	8	13	17	18	17	14	9	3	1

Kreisdiagramm
Es eignet sich für die Darstellung von **Anteilen** eines Ganzen, insbesondere für Prozentanteile, z.B. für die Aufteilung der Autokosten pro Jahr.

Autokosten pro Jahr

Wertminderung	2.500,00 €
Benzinkosten	950,00 €
Steuer und Versicherung	450,00 €
Wartungskosten	420,00 €

Kartogramm
Diese Diagramme können nur von Spezialisten erstellt werden. Sie verdeutlichen die Dichte von Zahlen (z.B. Niederschläge, Arbeitslose) für ein bestimmtes grafisch dargestelltes Gebiet (z.B. Europa, Deutschland, Bayern). Durch verschiedene Farben oder Grauschattierungen wird die Datendichte deutlich gemacht.

Säulen-, Balken-, Linien-, Kreisdiagramme und Kartogramme kommen nicht immer einzeln vor, sondern werden auch oft miteinander gemischt (z.B. ein Balkendiagramm in einem Kartogramm usw.).

2. Erstellen eines Diagramms

Aus einem Tabellenausschnitt soll jetzt ein Diagramm erstellt werden. Beachte folgende **Arbeitsschritte**:

▶ Markiere den Bereich, der als Diagramm dargestellt werden soll.
▶ Gehe im Menü auf *Einfügen – Diagramm* oder klicke auf das Diagrammsymbol.
▶ Wähle einen geeigneten *Diagrammtyp*.
▶ Du kannst folgende *Diagrammoptionen* wählen:
  - Titel (Überschrift),
  - Legende und
  - Datenbeschriftung (Prozent oder €).
▶ Wenn du *Fertigstellen* anklickst, erscheint das Diagramm im Rechenblatt.
▶ Eventuell noch nachträgliche *Formatierungen* vornehmen, wie z.B. Diagrammtyp 3D, andere Farben, Datenbeschriftung – Wert ändern und €-Beträge angeben.

Christian und seine Mutter wählen den Bereich **Monatliche Einnahmen (A4:B7)** und testen zwei unterschiedliche Diagrammtypen.

Ausschnitt aus dem Haushaltsplan der Familie Krönle

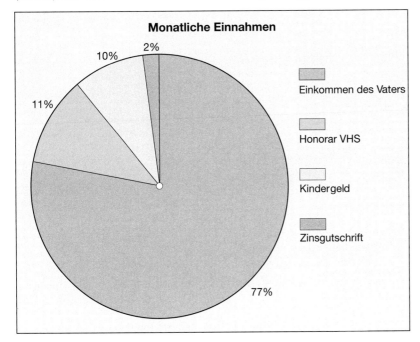

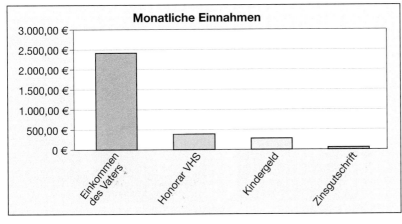

Eine Realschule möchte im nächsten Jahresbericht einige Daten grafisch darstellen:
– Die Zahl der Schüler an der Realschule während der letzten 5 Jahre:
  560, 600, 610, 600, 620
– Die Zahl der Klassen im letzten Schuljahr:
  5. Jahrgangsstufe: 3
  6. Jahrgangsstufe: 3
  7. Jahrgangsstufe: 4
  8. Jahrgangsstufe: 3
  9. Jahrgangsstufe: 3
  10. Jahrgangsstufe: 4
– Den Anteil von Mädchen und Jungen im letzten Schuljahr:
  Mädchen: 341, Jungen: 279

1. Überlege dir, welcher Diagrammtyp für die Darstellung dieser Daten jeweils am besten geeignet ist und begründe deine Entscheidung.

2. Gib die Zahlen in ein Rechenblatt einer Tabellenkalkulation ein und erstelle daraus Grafiken.

I-10

Erstelle mithilfe eines Tabellenkalkulations-programmes ein Rechenblatt zum Haus-haltsplan von Seite 19.
Wie verändern sich die Ausgangsdaten, wenn

1. das Gehalt auf 2.500,00 € steigt?

2. das Kindergeld um 10,00 € erhöht wird?

3. die Telefongebühren auf 80,00 € steigen?

4. das Taschengeld auf insgesamt 120,00 € erhöht wird?

5. die Miete auf 500,00 € steigt?

I-11

Christian hat ein Rechenblatt für seine Einnahmen und Ausgaben erstellt (siehe rechts).

1. Welche Zellen beinhalten Eingabedaten?

2. Welche Zellen beinhalten Ausgabedaten?

3. Wie lautet die Formel zur Berechnung der Gesamteinnahmen in Zelle B7?

4. Wie lautet die Formel zur Berechnung der Gesamtausgaben in Zelle E7?

5. Wie lautet die Formel zur Berechnung der Ersparnis in Zelle E8?

I-12

Der Gebrauch eines Autos umfasst eine Menge von zu berücksichtigenden Kosten: z.B. Benzin, TÜV, Versicherung, Zulassung, Wertverlust pro Jahr, Reparaturen, Garagen-miete, Kfz-Steuer, Kleinteile, Sonstiges. Erstelle ein Rechenblatt, mit dessen Hilfe man die Gesamtkosten in einem Jahr, die Gesamtkosten pro Monat und die Kosten je 100 gefahrener Kilometer ermitteln kann. Frag deine Eltern, wie hoch du die jeweili-gen Kosten ansetzten musst und wie viel Kilometer sie pro Jahr fahren.

Haushaltsplan für September

Regelmäßige Einnahmen

Gehalt (netto)	2.400,00 Euro	
Honorar VHS	350,00 Euro	
Kindergeld	308,00 Euro	
Zinsen	60,00 Euro	

G e s a m t e i n n a h m e n   3.118,00 Euro

Regelmäßige Ausgaben

Miete (inkl. Nebenkosten)	485,00 Euro	
Rundfunk —, Fernsehgebühr	30,00 Euro	
Zeitungsabonnement	20,00 Euro	
Strom	40,00 Euro	
Versicherungen	125,00 Euro	
Kfz—Steuer	10,00 Euro	
Telefongebühren	60,00 Euro	770,00 Euro

Haushaltsausgaben

Lebensmittel	1.150,00 Euro	
Waschmittel/Reinigung	25,00 Euro	
Benzin/Fahrtkosten	100,00 Euro	
Sonstiges	75,00 Euro	1.350,00 Euro

Persönliche Ausgaben

Kleidung, Schuhe	210,00 Euro	
Friseur, Kosmetik u. ä.	25,00 Euro	
Kino, Theater, Hobbys	50,00 Euro	
Taschengeld	100,00 Euro	385,00 Euro

Rücklagen

Urlaub	150,00 Euro	
unvorhergesehene Ausgaben	75,00 Euro	
Sonstiges	50,00 Euro	275,00 Euro

G e s a m t a u s g a b e n   2.780,00 Euro

Überschuss   338,00 Euro

	A	B	C	D	E	
1	Einnahmen	Euro		Ausgaben	Euro	
2	Taschengeld	25,00		Skaterzeitschrift	5,00	
3	Oma	10,00		Software	25,00	
4	Prospektverteilung	40,00		Kino, etc.	10,00	
5				CDs	15,00	
6				Sonstiges	5,00	
7	Gesamteinnahmen	75,00		Gesamtausgaben	60,00	
8				Sparen	15,00	
9						

Temperatur in °C

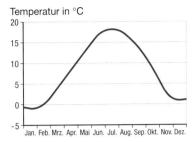

Niederschlag in mm

Autokosten

I-13

I-13

Du hast verschiedene Grafiktypen kennengelernt.

Welcher Grafiktyp eignet sich besonders gut zur Darstellung

1. eines Vergleiches verschiedener Zahlen?
2. von Veränderungen während der letzten Jahre?
3. von Anteilen eines Ganzen?

Haushaltstyp	Einkommen pro Monat
Selbstständige	4.300,00 €
Beamte	3.900,00 €
Angestellte	3.100,00 €
Arbeiter	2.500,00 €
Rentner	2.300,00 €
Pensionäre	3.500,00 €

I-14

Das Statistische Bundesamt in Wiesbaden stellt jedes Jahr die Einkommensdaten der privaten Haushalte zusammen.
Es unterscheidet dabei verschiedene Haushaltstypen (siehe Tabelle links).

Erstelle ein Säulen- oder Balkendiagramm, das einen Vergleich der Nettoeinkommen anschaulich darstellt.

Bundespräsident und Bundespräsidialamt	25,10
Deutscher Bundestag	622,70
Bundesrat	21,09
Bundeskanzlerin und Bundeskanzleramt	1.735,25
Auswärtiges Amt	2.533,29
Bundesministerium des Innern	4.439,24
Bundesministerium der Justiz	453,22
Bundesministerium der Finanzen	4.715,65
Bundesministerium für Wirtschaft und Technologie	6.000,30
Bundesministerium für Ernährung, Landwirtschaft und Verbraucherschutz	5.172,48
Bundesministerium für Arbeit und Soziales	122.165,83
Bundesministerium für Verkehr, Bau und Stadtentwicklung	24.044,21
Bundesministerium der Verteidigung	27.872,50
Bundesministerium für Gesundheit	4.598,42
Bundesministerium für Umwelt, Naturschutz und Reaktorsicherheit	790,32
Bundesministerium für Familie, Senioren, Frauen und Jugend	5.245,07
Bundesverfassungsgericht	20,37
Bundesrechnungshof	109,27
Bundesministerium für wirtschaftliche Zusammenarbeit und Entwicklung	4.500,00
Bundesministerium für Bildung und Forschung	8.521,79
Bundesschuld	40.458,33
Allgemeine Finanzverwaltung	5.703,65

I-15

Auch die Bundesrepublik Deutschland stellt einen Staatshaushaltsplan auf. Links die Zahlen der geplanten Ausgaben für jedes Ministerium im Jahre 2007 (in Mio.).

Erstelle ein Rechenblatt, mit dessen Hilfe die Gesamtausgaben berechnet werden können. Erstelle anschließend mit dem Grafikprogramm ein Kreisdiagramm, das die Ausgaben verdeutlicht.

I-16
Berechne jeweils den Prozentsatz.

	Grundwert	Prozentwert
1.	2.500,00 €	125,00 €
2.	5.000,00 €	500,00 €
3.	120,00 €	3,60 €
4.	1.650,00 €	198,00 €
5.	280,00 €	42,00 €
6.	760,00 €	152,00 €
7.	32.000,00 €	960,00 €
8.	4.200,00 €	168,00 €
9.	360,00 €	432,00 €
10.	75,00 €	3,75 €

I-17
Welcher Dezimalzahl entsprechen folgende Prozentsätze?

1. 85 % entspricht?
2. 22 % entspricht?
3. 90 % entspricht?
4. 5 % entspricht?
5. 47 % entspricht?

I-18
Welchem Prozentsatz entsprechen folgende Dezimalzahlen?

1. 0,25 entspricht?
2. 0,04 entspricht?
3. 0,88 entspricht?
4. 0,01 entspricht?
5. 0,59 entspricht?

1.4 Prozentrechnung

Christian liest in der Tageszeitung, dass das durchschnittliche deutsche Familieneinkommen bei ca. 2.600,00 € liegt und davon 275,60 € gespart werden.

Vom Haushaltsplan weiß Christian, dass das Familieneinkommen 3.118,00 € beträgt und davon 338,00 € gespart werden (siehe Seite 19).

Christian möchte nun berechnen, ob seine Familie im Vergleich zur Durchschnittsfamilie mehr oder weniger spart.

Diese Aufgabe kann man nur lösen, wenn man die unterschiedlichen Ausgangsgrößen (3.118,00 € und 2.600,00 €) auf eine vergleichbare **gemeinsame Basis** bringt. Dies geschieht mithilfe der **Prozentrechnung**.

Das Wort „Prozent" kommt aus dem Lateinischen „pro centum" und bedeutet „von Hundert, Hundertstel". D. h., die ungleichen Werte 3.118,00 € und 2.600,00 € werden in ein Verhältnis zu Hundert gebracht, also in Prozent (%) ausgedrückt und damit **vergleichbar gemacht**. Darum spricht man bei der Prozentrechnung auch von einer **Vergleichsrechnung**.

1.4.1 Berechnung des Prozentsatzes

3.118,00 € $\triangleq$ 100 %	2.600,00 € $\triangleq$ 100 %
1 € $\triangleq$ 100 : 3.118,00	1 € $\triangleq$ 100 : 2.600,00
338,00 € $\triangleq$ x %	275,60 € $\triangleq$ x %
$x = \dfrac{100 \cdot 338,00}{3.118,00}$	$x = \dfrac{100 \cdot 275,60}{2.600,00}$
x = 10,84 (%)	x = 10,60 (%)

Familie Krönle spart also etwas mehr als die Durchschnittsfamilie, weil sie 10,84 € ($\triangleq$ 10,84 %) je 100 € spart, die Durchschnittsfamilie hingegen 10,60 € ($\triangleq$ 10,60 %) je 100 €.

Hieraus lässt sich folgende Formel für die Berechnung des Prozentsatzes ableiten:

$$\text{Prozentsatz} = \frac{100 \cdot \text{Prozentwert}}{\text{Grundwert}}$$

Bei der Prozentrechnung unterscheiden wir drei verschiedene Größen:

Grundwert Prozentwert Prozentsatz

Die Ausgangsgröße entspricht immer dem Ganzen (Grundwert) = 1

Der Prozentsatz von 100 % entspricht $^{100}/_{100}$ und 1,00 als Dezimalzahl.

Der Prozentsatz von 80 % entspricht $^{80}/_{100}$ und 0,80 als Dezimalzahl.

Der Prozentsatz von 50 % entspricht $^{50}/_{100}$ und 0,50 als Dezimalzahl.

Der Prozentsatz von 15 % entspricht $^{15}/_{100}$ und 0,15 als Dezimalzahl.

Der Prozentsatz von 7 % entspricht $^{7}/_{100}$ und 0,07 als Dezimalzahl.

1.4.2 Berechnung des Prozentwertes

Die durchschnittliche Sparquote der privaten Haushalte lag 2005 in Deutschland bei 10,60 % (siehe Schaubild). Christian möchte jetzt berechnen, wie hoch die Ersparnis seiner Familie in € demnach bei einem Einkommen von 3.118,00 € wäre, wenn die durchschnittliche Sparquote von 10,60 % zugrunde gelegt wird.

Lösung:

$$100\ \% \triangleq 3.118,00\ €$$

$$10,60\ \% \triangleq x\ €$$

$$x = \frac{3.118,00 \cdot 10,60}{100}$$

$$x = 330,51\ (€)$$

Die monatliche Ersparnis wäre 330,51 (€).

Formel für die Berechnung des Prozentwertes:

$$\text{Prozentwert} = \frac{\text{Grundwert} \cdot \text{Prozentsatz}}{100}$$

1.4.3 Berechnung des Grundwertes

Schließlich kann Christian noch berechnen, wie hoch das monatliche Einkommen seiner Familie sein müsste, wenn die durchschnittliche Sparquote von 10,60 % zugrunde liegt und er von 338,00 € Ersparnis ausgeht.

Lösung:

$$10,60\ \% \triangleq 338,00\ €$$

$$100\ \% \triangleq x\ €$$

$$x = \frac{338,00 \cdot 100}{10,60}$$

$$x = 3.118,68\ (€)$$

Das monatliche Einkommen von Familie Krönle müsste dann bei 3.118,68 € liegen.

Formel für die Berechnung des Grundwertes:

$$\text{Grundwert} = \frac{\text{Prozentwert} \cdot 100}{\text{Prozentsatz}}$$

Die Berechnungen des Prozentsatzes, des Prozentwertes und des Grundwertes sind dir übrigens bereits aus dem Mathematikunterricht bekannt. Dort hast du die Prozentrechnung aus der **direkten Proportionalität** entwickelt:

$$\frac{\text{Grundwert}}{\text{Prozentwert}} = \frac{100}{\text{Prozentsatz}}$$

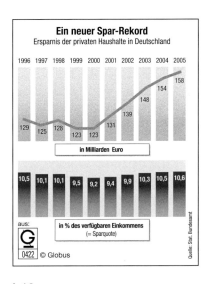

Ein neuer Spar-Rekord
Ersparnis der privaten Haushalte in Deutschland

1996 1997 1998 1999 2000 2001 2002 2003 2004 2005

129 125 128 123 123 131 139 148 154 158

in Milliarden Euro

10,5 10,1 10,1 9,5 9,2 9,4 9,9 10,3 10,5 10,6

aus: **G** 0422 © Globus

in % des verfügbaren Einkommens (= Sparquote)

Quelle: Stat. Bundesamt

I-19

Berechne jeweils den Prozentwert.

1.	50 %	von	150,00 €
2.	25 %	von	240,00 €
3.	15 %	von	2.800,00 €
4.	10 %	von	765,00 €
5.	5 %	von	400,00 €
6.	3 %	von	75,00 €
7.	2,50 %	von	1.250,00 €
8.	2 %	von	300,00 €
9.	1,50 %	von	600,00 €
10.	80 %	von	800,00 €

> **i** Durch mathematische Umformung der Formel zur Berechnung des Prozentsatzes lässt sich die Formel zur Berechnung des Prozentwertes und des Grundwertes ableiten.

I-20

Berechne jeweils den Grundwert.

1.	50 %	entspricht	150,00 €
2.	25 %	entspricht	132,00 €
3.	15 %	entspricht	1.005,00 €
4.	10 %	entspricht	765,00 €
5.	5 %	entspricht	45,00 €
6.	3 %	entspricht	75,00 €
7.	2,50 %	entspricht	35,00 €
8.	2 %	entspricht	30,00 €
9.	1,50 %	entspricht	45,00 €
10.	12 %	entspricht	840,00 €

I-21

Krönle hat bei einigen Mitarbeitern das Gehalt erhöht. Berechne jeweils das frühere Gehalt.

	Name	Erhöhtes Gehalt	Erhöhung
1.	Maier	3.510,00 €	8 %
2.	Dachs	3.141,75 €	6,5 %
3.	Jahn	2.047,50 €	5 %
4.	Busse	2.636,80 €	3 %

I-22

Krönle hat bei verschiedenen älteren Modellen die Preise gesenkt.
Berechne den ursprünglichen Preis.

	Modell	Neuer Preis	Senkung
1.	Schöpfer	52,50 €	10 %
2.	Messer	46,00 €	8 %
3.	Gabel	37,05 €	5 %
4.	Löffel	12,32 €	12 %

I-23

Krönle fertigt unter anderem Bratpfannen aus Edelstahl. Im Jahr 1 beträgt der Verkaufspreis 60 Euro. Im Jahr 2 wird der Preis wegen gestiegener Lohnkosten um 10 % erhöht. Im Jahr 3 wird der Preis wegen einer Werbeaktion um 5 % gesenkt und im Jahr 4 wird der Preis nochmals um 20 % vermindert, da die Bratpfanne nun ein Auslaufmodell darstellt.
Berechne jeweils den Verkaufspreis der Bratpfanne für die Jahre 2, 3 und 4.

I-24

Wandle in den bequemen Teiler um und errechne:

1.	20 %	von	600,00 €
2.	50 %	von	872,00 €
3.	5 %	von	880,00 €
4.	$33\frac{1}{3}$ %	von	528,00 €
5.	1 %	von	600,00 €
6.	25 %	von	920,00 €

1.4.4 Vermehrter Grundwert

Beispiel:
Nach einer Preiserhöhung von 20 % bei den Schöpflöffeln beträgt der neue Verkaufspreis 60,00 €. Berechne den alten Preis und die Preiserhöhung.

alter Preis	100 %	120 %	neuer Preis $\triangle$ 60,00 €
Preiserhöhung	20 %		

Lösung:

$$120 \% \triangleq 60,00 €$$

$$100 \% \triangleq x €$$

$$x = \frac{60,00 \cdot 100}{120}$$

$$x = 50,00 \ (€)$$

Der alte Preis betrug 50,00 € und die Preiserhöhung somit 10,00 €.

1.4.5 Verminderter Grundwert

Beispiel:
Nach einer Preissenkung von 25 % bei den Spargelkochtöpfen beträgt der neue Verkaufspreis 97,50 €. Berechne den alten Preis und die Preissenkung.

alter Preis	100 %	75 %	neuer Preis $\triangle$ 97,50 €
		25 %	Preissenkung

Lösung:

$$75 \% \triangleq 97,50 €$$

$$100 \% \triangleq x €$$

$$x = \frac{97,50 \cdot 100}{75}$$

$$x = 130,00 \ (€)$$

Der alte Preis betrug 130,00 € und die Preissenkung somit 32,50 €.

Allgemein gilt:

Alter Wert	**reiner** Grundwert (100 %)	
Veränderung	Vermehrung (+)	Verminderung (–)
Neuer Wert	**Vermehrter** Grundwert (> 100 %)	**Verminderter** Grundwert (< 100 %)

1.4.6 Bequeme Prozentsätze

Es gibt Prozentsätze, bei denen man den gesuchten Prozentwert auch ohne Verwendung des Dreisatzes berechnen kann.

Dies sind Prozentsätze, die als Ergebnis eine **ganze Zahl** ergeben, wenn man 100 % durch den Prozentsatz teilt. 20 % passt z. B. genau fünfmal in den Wert 100, d. h., der **Teiler ist 5**.

Solch einen Prozentsatz nennt man einen **bequemen Prozentsatz**. Will man z. B. 20 % von 3.500,00 € berechnen, so muss man nur den Grundwert (3.500,00 €) durch den Teiler (5) dividieren und erhält bequem das Ergebnis:

$$\frac{3.500,00}{5} = 700,00 \ (€)$$

> **i**
> Ist der Prozentsatz ein bequemer Teiler von 100, so handelt es sich um einen bequemen Prozentsatz.

Die wichtigsten bequemen Prozentsätze, deren Teiler du kennen solltest:

Prozentsatz	Teiler
50 %	2
33 ⅓ %	3
25 %	4
20 %	5
10 %	10
5 %	20
2 %	50
1 %	100

Cento
cto
cto
%
%
%

I-25

Ermittle zu folgenden Prozentteilern jeweils den entsprechenden Prozentsatz:

	Teiler
1.	5
2.	2
3.	100
4.	4
5.	20
6.	25
7.	8

Beispiel:

Christian und sein Vater möchten für zu Hause einen neuen PC kaufen. In einem Computerfachgeschäft erfahren sie, dass der Preis eines Auslaufmodells um 33 ⅓ % reduziert wurde. Bisher betrug der Preis 3.768,00 €.

Wie hoch ist die Preissenkung?

$$\frac{3.768,00}{3} = 1.256,00 \ (€)$$

Bei der Prozentrechnung unterscheidet man **drei verschiedene Größen**: Grundwert, Prozentwert und Prozentsatz.

		Beispiel:
Grundwert (GW)	Ausgangsgröße, Größe in €, kg, m, ... entspricht stets 100 % z. B. 100 €, 50 kg, 3 m	2.000,00 €
Prozentwert (PW)	Zahlenwert des Prozentsatzes in €, kg, m, ... ausgedrückt. Ein Teil oder Vielfaches vom Grundwert.	200,00 €
Prozentsatz (p)	Verhältniszahl, relativer Wert, drückt den Prozentwert in % aus.	10 %

Es geht bei der Prozentrechnung immer darum, eine dieser drei Größen zu berechnen.

I-26

Krönle verkauft an ein Hotel hochwertige Messersets für 2.400,00 €. Es wird vereinbart, dass das Hotel bei der Abnahme von mehreren Sets Preisminderungen erhält:

bei zwei Sets:	10 %
bei fünf Sets:	25 %
bei 10 Sets:	33⅓ %
bei 20 Sets:	50 %

Berechne den jeweiligen Verkaufspreis, indem du im Kopf rechnest und dabei bequeme Teiler verwendest.

I-27

In der Prozentrechnung gibt es verschiedene Formeln, je nachdem, welche Größe zu berechnen ist.

1. Wie lautet die Formel zur Berechnung des Prozentwertes?

2. Leite durch mathematische Umformung der Gleichung die Formeln zur Berechnung des Prozentsatzes und des Grundwertes ab.

I-28

Ergänze die fehlenden Werte in der rechts abgebildeten Tabelle. Verwende so weit als möglich auch bequeme Teiler.

I-29

Max bekommt 10,00 € Taschengeld, Hans 20,00 €. Bei einem Ausflug gibt jeder von ihnen 5,00 € für das Mittagessen aus.

1. Wer hat absolut betrachtet mehr Geld vom Taschengeld ausgegeben?

2. Berechne, wie viel Prozent vom Taschengeld Max und Hans jeweils für das Mittagessen ausgeben.

Prozentrechnung:
Grundwert, Prozentwert und Prozentsatz

	Grundwert	Prozentwert	Prozentsatz
1.	2.000,00	?	25
2.	?	200,00	5
3.	500,00	100,00	?
4.	4.000,00	?	22
5.	?	400,00	20
6.	750,00	250,00	?
7.	2.400,00	?	$33\frac{1}{3}$
8.	?	357,00	119
9.	4.000,00	800,00	?
10.	300,00	?	2
11.	?	250,00	10
12.	450,00	90,00	?
13.	1.500,00	?	16
14.	?	465,00	93
15.	600,00	90,00	?
16.	3.000,00	?	28
17.	?	105,00	35
18.	450,00	13,50	?
19.	2.618,00	?	119
20.	?	3.852,00	107

I-30

Aus einer Tageszeitung ist die Aufstellung rechts über die Verwendung des Haushaltsgeldes entnommen.
Einem Rentnerhaushalt stehen monatlich 2.300,00 € zur Verfügung, einem Arbeitnehmerhaushalt 2.500,00 €.
Berechne, wie viel € die beiden Haushalte jeweils für die einzelnen Bereiche ausgeben.

Wofür wird das Haushaltsgeld ausgegeben?	Essen	Wohnen	Kleidung	Sonstiges
In einem Rentner-Haushalt	33 %	31 %	7 %	29 %
In einem Arbeitnehmerhaushalt	26 %	25 %	10 %	39 %

I-31

Eine Hausfrau liest im Wirtschaftsteil der Tageszeitung eine Aufstellung über die Verwendung des Haushaltsgeldes. Sie vergleicht mit den Werten in ihrem Haushaltsbuch (siehe Tabelle rechts).

1. Welchen Prozentsatz gibt diese Familie jeweils für Wohnen, Essen und Kleidung aus?

2. Wofür könnte der Rest (Sonstiges) verwendet werden?

Monatliches Einkommen	2.700,00 €
Ausgaben für Wohnen	900,00 €
Ausgaben für Ernährung	675,00 €
Ausgaben für Kleidung	405,00 €

1.	Herrenstiefel	Ermäßigung 20 %	Neuer Preis 84,00 €
2.	Halbschuhe	Ermäßigung 30 %	Neuer Preis 54,25 €
3.	Damenschuhe	Ermäßigung 25 %	Neuer Preis 45,00 €
4.	Turnschuhe	Ermäßigung 15 %	Neuer Preis 42,50 €

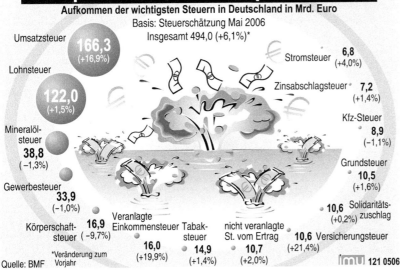

So sprudeln die Steuerquellen 2007

Aufkommen der wichtigsten Steuern in Deutschland in Mrd. Euro

Basis: Steuerschätzung Mai 2006
Insgesamt 494,0 (+6,1%)*

Umsatzsteuer **166,3** (+16,9%)

Lohnsteuer **122,0** (+1,5%)

Mineralöl-steuer **38,8** (−1,3%)

Gewerbesteuer **33,9** (−1,0%)

Körperschaft-steuer **16,9** (−9,7%)

Veranlagte Einkommensteuer **16,0** (+19,9%)

Tabak-steuer **14,9** (+1,4%)

nicht veranlagte St. vom Ertrag **10,7** (+2,0%)

Stromsteuer **6,8** (+4,0%)

Zinsabschlagsteuer **7,2** (+1,4%)

Kfz-Steuer **8,9** (−1,1%)

Grundsteuer **10,5** (+1,6%)

Solidaritäts-zuschlag **10,6** (+0,2%)

Versicherungsteuer **10,6** (+21,4%)

*Veränderung zum Vorjahr

Quelle: BMF

imu 121 0506

I-32

Beantworte folgende Fragen:
1. Was bedeutet Prozentrechnung vom reinen Grundwert, vom vermehrten Grundwert, vom verminderten Grundwert?
2. Der vermehrte Grundwert 118 % ist gegeben. Durch welche Dezimalzahl muss geteilt werden, damit man in einem Rechenschritt den reinen Grundwert erhält?
3. Der verminderte Grundwert 90 % ist gegeben. Durch welche Dezimalzahl muss geteilt werden, damit man in einem Rechenschritt den reinen Grundwert erhält?

I-33

Ein Schuhgeschäft hat im Schlussverkauf die Preise herabgesetzt. Berechne den früheren Preis.

I-34

Frau Frederik aus Traunstein kauft eine neue Stereoanlage gegen eine Anzahlung von 200,00 € und sechs Monatsraten von je 41,80 €. Wegen der Ratenzahlung bezahlt sie 12 % mehr als bei Barzahlung. Welchen Betrag in € hätte sie bei Barzahlung bezahlt?

I-35

Die Umsätze des Musikhauses Wenz waren im März um 1.210,00 € oder 2,75 % niedriger als im gleichen Monat des Vorjahres; dagegen konnte das Unternehmen den Umsatz im April wieder um 7,5 % gegenüber dem Monat März steigern. Ermittle die Umsätze im März vorigen Jahres, März und April dieses Jahres.

I-36

Aus einer Tageszeitung ist die links stehende Infografik entnommen.
1. Welche Hauptinformation bietet diese Infografik?
2. Welche Angabe stellt den Grundwert dar?
3. Berechne, wie viel % aller Steuern
   a) die Umsatzsteuer einbringt,
   b) die Lohnsteuer einbringt,
   c) die Mineralölsteuer einbringt.
4. Wie viel Prozent der gesamten Steuereinnahmen erbringen die zwei größten Steuerarten?
5. Erstelle zu dieser Infografik mit einem Tabellenkalkulationsprogramm eine Tabelle mit einem geeigneten Diagramm.

Belege in einem Haushalt

1.5 Anschaffungen im Bereich eines Familienhaushaltes

Christian und Monika Krönle wissen, dass ihr Vater am Schreibtisch im häuslichen Arbeitszimmer große und kleine Zettel sowie Blätter im DIN A4-Format sammelt. Einmal pro Woche sortiert Herr Maier-Krönle diese so genannten Belege und heftet sie in einem Ordner ab. Sehen wir uns einen dieser Belege an:

Artikelnummer = genaue Beschreibung der Ware

BAR = Bargeld (Cash)

MWST = Mehrwertsteuer
CODE = Schlüsselzahl
z. B. 19 % = 1
7 % = 2

MWST-Anteil =
in Bruttobetrag enthaltene MWST

Buchungsnummern

Artikelbezeichnung

Bruttorechnungs-
betrag
(einschließlich
Umsatzsteuer)

UMSATZ-INKL. =
Rechnungsbetrag
inklusive (ein-
schließlich) MWST

Datum   Uhrzeit

dahoam BauMarkt
Füssener Straße 3
86368 Gersthofen
TEL. 0821 7806670 FAX 0821 7806675
Öffnungszeiten:
Montag bis Freitag   08:30 - 20:00 Uhr
Samstag   08:00 - 16:00 Uhr
***** QUITTUNG *****
47890760506   ZWICK GARTENSCHERE
1 STK   3.49
47890755370   ELAN RECHENBESEN
1 STK   4.99
47890755372   ELAN STIEL 130 CM
1 STK   6.95

ZU ZAHLEN   EUR   15.43
BAR   EUR   20.00

RÜCKGELD   EUR   4.57

MWST-CODE   UMSATZ-INKL. MWST-Anteil
19 % MWST=1   15.43   2.46
763/02/335   6428   14.11.20. 15:30
Vielen Dank für Ihren Einkauf!
Ihre dahoam BauMarkt-Gruppe!

Umsatzsteuer

Die Umsatzsteuer wird in der Umgangssprache auch als „Mehrwertsteuer" bezeichnet. Sie wird auf alle Waren, Güter und Dienstleistungen aus dem In- und Ausland erhoben. Die Umsatzsteuer ist eine Verbrauchsteuer, d. h. der Endverbraucher muss sie bezahlen. Die Unternehmen haben vom Staat den Auftrag, sie einzuhalten. Deshalb schlägt der Unternehmer diese Steuer auf den Nettowert seiner Waren bzw. Dienstleistungen auf und führt sie jeden Monat an das zuständige Finanzamt ab. Es gibt verschiedene Umsatzsteuersätze. Die wichtigsten Steuersätze sind der allgemeine USt-Satz (19 %) und der ermäßigte Steuersatz (7 %). Er gilt z. B. für Grundnahrungsmittel, Bücher und Zeitschriften.

Christian erinnert sich. Er fuhr mit seinem Vater zum Baumarkt. Dort haben sie für die herbstlichen Arbeiten im Garten den Rechen und die Gartenschere gekauft. An der Kasse hat Herr Maier-Krönle bar mit einem Euro-Schein bezahlt. Da der Rechnungsbetrag 15,43 € ausmachte und er mit einem 20-Euro-Schein zahlte, bekam er 4,57 € wieder zurück. Von der Kassiererin erhielt er den Kassenzettel. Er steckte ihn in seine Brieftasche und legte ihn daheim auf den Schreibtisch.

Dieser Kassenzettel stellt für den Baumarkt die Quittung an Herrn Maier-Krönle dar. In der Buchhaltung gilt diese Quittung als **Beleg**. Einerseits weiß jetzt der Buchhalter, dass eine Gartenschere und ein Besen samt Stiel verkauft und andererseits 15,43 € bar eingenommen worden sind.

Für Herrn Maier-Krönle ist der Kassenzettel der Beleg für die Ausgabe. Er hebt ihn gut auf, denn notfalls (bei evtl. Umtausch) kann er hiermit nachweisen, dass die Geräte in diesem Baumarkt gekauft worden sind. Kassenzettel sind im Rechtssinne keine Quittungen, weil die Unterschrift fehlt. Sie werden jedoch bei Reklamationen als Kaufnachweis anerkannt.

Herr Maier-Krönle hebt Rechnungen und andere Belege nicht nur auf um ein Beweismittel für evtl. Reklamationen zu haben oder um zu wissen, wofür er Geld ausgegeben hat (Haushaltsbuch!). Das Sammeln der Belege hat noch einen anderen Grund:

Bis spätestens zum 31. Mai eines jeden Jahres macht Herr Maier-Krönle seine Steuererklärung. Gegenüber dem Finanzamt müssen die gesamten Einnahmen angegeben werden. Von diesen Einnahmen können z. B. steuerwirksam Aufwendungen (Ausgaben) in Abzug gebracht werden, die unmittelbar mit der Ausübung des Berufes zu tun haben. Zum Beispiel kann der tägliche Weg von der Wohnung zur Arbeitsstätte steuermindernd geltend gemacht werden.

Begründe, warum Herr Maier-Krönle die links unten abgebildete Rechnung aufgehoben hat.

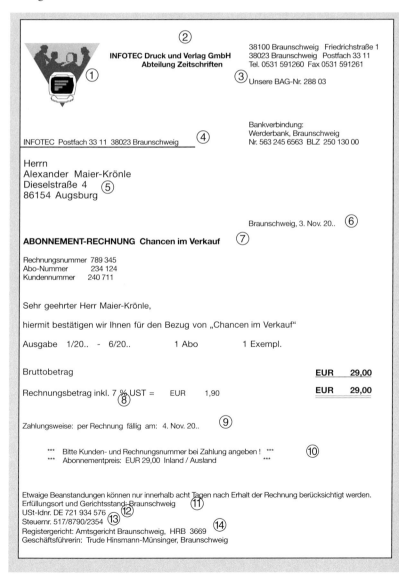

Erläuterungen zur nebenstehenden Rechnung:

① Firmenlogo

② Firmenname mit Rechtsform

③ Buchhändler-Abrechnungs-Gesellschaft

④ kurze Absenderadresse

⑤ Kundenadresse

⑥ Rechnungsdatum

⑦ Fachzeitschrift: „Chancen im Verkauf"

Abo = Abkürzung von Abonnement

brutto = einschließlich Umsatzsteuer

⑧ verminderter Steuersatz für Druckerzeugnisse

⑨ Zahlungsziel: ein Monat

⑩ Hinweis für die Angabe auf der Überweisung

⑪ Ort des evtl. Rechtsstreits

⑫ USt-Idnr. = Umsatzsteuer-Identifikationnummer

⑬ Steuernummer

⑭ HRB = Handelsregistergericht Abteilung B

I-37

1. Wie hoch ist die Umsatzsteuer auf diesem Beleg?

2. Warum wurden hier 7 % Umsatzsteuer berechnet?

3. Berechne den Nettowert.

4. Für welchen Zeitraum wird der Bezug der Zeitschrift bezahlt?

5. Wie lange hat Herr Maier-Krönle Zeit, um die Rechnung zu bezahlen?

6. Was würde passieren, wenn Herr Maier-Krönle die Rechnung später als zum angegebenen Zeitpunkt begleicht?

7. Wie viel Euro (oder Cent) würde Herr Maier-Krönle einsparen, wenn er das Abonnement jährlich bezahlen und er deshalb 3 % Rabatt erhalten würde?

I-38

1. Berechne die Nettopreise aller drei Artikel.

2. Die Gartenschere war nach dem ersten Gebrauch defekt. Wie sollte Familie Krönle darauf reagieren?

3. Krönles tauschen die Schere in ein anderes Modell um.

   kostet allerdings 5,89 €.

   ' müssen sie aufzahlen?

   'r Mehrbetrag bei der

INFOTEC Druck und Verlag GmbH
Abteilung Zeitschriften

38100 Braunschweig Friedrichstraße 1
38023 Braunschweig Postfach 33 11
Tel. 0531 591260 Fax 0531 591261

Unsere BAG-Nr. 288 03

INFOTEC Postfach 33 11 38023 Braunschweig

Bankverbindung:
Werderbank, Braunschweig
Nr. 563 245 6563 BLZ 250 130 00

Herrn
Alexander Maier-Krönle
Dieselstraße 4
86154 Augsburg

Braunschweig, 3. Nov. 20..

ABONNEMENT-RECHNUNG Chancen im Verkauf

Rechnungsnummer 789 345
Abo-Nummer   234 124
Kundennummer   240 711

Sehr geehrter Herr Maier-Krönle,

hiermit bestätigen wir Ihnen für den Bezug von „Chancen im Verkauf"

| Ausgabe 1/20.. - 6/20.. | 1 Abo | 1 Exempl. |

| Bruttobetrag | | | EUR | 29,00 |
| Rechnungsbetrag inkl. 7 % UST = | EUR | 1,90 | EUR | 29,00 |

Zahlungsweise: per Rechnung fällig am: 4. Nov. 20..

*** Bitte Kunden- und Rechnungsnummer bei Zahlung angeben ! ***
*** Abonnementpreis: EUR 29,00 Inland / Ausland   ***

Etwaige Beanstandungen können nur innerhalb acht Tagen nach Erhalt der Rechnung berücksichtigt werden.
Erfüllungsort und Gerichtsstand: Braunschweig
USt-Idnr. DE 721 934 576
Steuernr. 517/8790/2354
Registergericht: Amtsgericht Braunschweig, HRB 3669
Geschäftsführerin: Trude Hinsmann-Münsinger, Braunschweig

---

dahoam BauMarkt
Füssener Straße 3
86368 Gersthofen
TEL. 0821 7806670 FAX 0821 7806675
Öffnungszeiten:
Montag bis Freitag 08:30 - 20:00 Uhr
Samstag   08:00 - 16:00 Uhr
***** QUITTUNG *****

47890760506	ZWICK GARTENSCHERE	
1 STK		3.49
47890755370	ELAN RECHENBESEN	
1 STK		4.99
47890755372	ELAN STIEL 130 CM	
1 STK		6.95

| ZU ZAHLEN | EUR | 15.43 |
| BAR | EUR | 20.00 |

| RÜCKGELD | EUR | 4.57 |

MWST-CODE	UMSATZ-INKL.	MWST-Anteil
19 % MWST=1	15.43	2.46
763/02/335	6428	14.11.20.. 15:30

Vielen Dank für Ihren Einkauf!
Ihre dahoam BauMarkt-Gruppe!

Einbaugeräte
Kümax e. K.
80637 München
Dachauer Straße 285
Tel.: 089 152978

Familie Krönle
Dieselstraße 4
86154 Augsburg

26. November 20..

Rechnung

Ihre Anfrage: 15. November
Unser Angebot: 18. November
Lieferdatum: 23. November

Menge	m³	Einzelpreis €	Gegenstand	Gesamtpreis €
1	x	795,00	Einbaukühlschrank „Maxi"	795,00
1	x	698,00	Einbauherd „Ceran Plus"	698,00
1	x	999,00	Kühlkombination „Fiesco"	999,00
			- Rabatt 5 %	124,60
			Warenwert netto	2.367,40
			+ Frachtkosten	0,00
			+ 19 % Umsatzsteuer	
		Rechnungsbetrag		

Zahlung fällig am 27. Dezember 20..
Bei Zahlung bis zum 6. Dezember 20..
gewähren wir 2 % Skonto.

Registergericht München HRA 1255

Bankverbindung:
Handelsbank München
Konto 338 266
BLZ 342 800 00
USt-IdNr. DE 376148850
Steuernr. 133/407/5096/2288

Kontoauszug

Zahlungsempfänger/-pflichtiger	Verwendungszweck/Scheck-Nr.	Wert	Lastschriften	Gutschriften
Überweisung für Rechnung für Digitalkamera			654,60 €	
Überweisung für Rechnung für Staubsauger			130,90 €	
Überweisung für Rechnung für Zeitschriftenabonnement			52,43 €	

		Saldo insges.	Alter Saldo	
Kontonummer 99-134677			2.459,90 €	
Kontoinhaber (oder Zahlungsempfänger/-pflichtiger) Sonja und Alexander Krönle	Auszug 55	Blatt 1	Neuer Saldo 1.621,97 €	
			Auszugsdatum	
			Uhrzeit	

I-39

1. Wie nennt man den vorliegenden Beleg?

2. Welche Produkte hat Familie Krönle bei der Firma Kümax eingekauft?

3. Was versteht man unter einem Rabatt?

4. Wofür können Firmen ihren Kunden Rabatt gewähren?

5. Leider fehlt auf dem Beleg der Betrag für die Umsatzsteuer und der Rechnungsbetrag. Berechne beide Größen.

6. Wie lange hat Familie Krönle Zeit, die gekauften Gegenstände zu bezahlen?

7. Welche Möglichkeit bei der Bezahlung bietet Firma Kümax ihren Kunden noch an?

8. Erkundige dich, was man unter einem Skonto versteht.

9. Berechne das Skonto in € und den dann zu zahlenden Betrag.

I-40

1. Berechne den Nettowert der Digitalkamera.

2. Berechne den Nettowert des Staubsaugers.

3. Berechne den Nettowert für das Zeitschriftenabonnement. (Beachte den ermäßigten Steuersatz!)

4. Wie hoch war insgesamt die Umsatzsteuer in € beim Kauf dieser drei Produkte?

Kaurimuscheln, eines der bekanntesten Naturalgelder in Asien

Salzgeld

Metallgeld in Schmuckform

Vorder- und Rückseite der ersten bekannten Münze (Lydien)

1.6 Geld und Zahlungsverkehr

1.6.1 Wie sich das Geld verändert hat

Der direkte Tausch von Gegenständen war die erste und einfachste Form des wirtschaftlichen Handelns. Schon vor mehr als 20 000 Jahren tauschten die Urvölker Ware gegen Ware (Pfeile gegen Felle, Schmuck gegen Fleisch). Bei dieser Form des **Naturaltausches** oder **Warentausches** war es nicht immer leicht, den richtigen Tauschpartner zu finden, der seine Ware gegen die eigene zu tauschen wünschte. Außerdem war es auch schwierig, sich über die Tauschmenge zu einigen. Im Laufe der Zeit stellte sich heraus, dass manche Güter begehrter waren als andere, und dass man mit ihnen alle anderen Güter eintauschen konnte. Das waren Nahrungsmittel wie Vieh und Salz, aber auch Schmuckgegenstände oder seltene Muscheln. Diese ersten allgemein gültigen Tauschmittel bezeichnet man als **Warengeld** oder **Naturalgeld**. Es brachte mehrere Vorteile: Der Wert war allgemein bekannt und anerkannt und es konnte zum Teil aufbewahrt werden. Diese Form des Geldes wurde noch bis ins 19. Jahrhundert in Afrika oder Asien verwendet.

Mit der Zunahme der Tauschbeziehungen stellte sich heraus, dass das Warengeld einige entscheidende Nachteile hatte:

► Es war nicht wertbeständig (Vieh konnte krank werden; Salz durfte nicht mit Wasser in Verbindung kommen),
► es war schwer transportierbar,
► es war schlecht teilbar,
► die Einheiten waren oft ungleich (z.B. unterschiedlich große Rinder).

Diese Nachteile hatten Edelmetalle nicht, sodass sie nach und nach das Naturalgeld als Tauschmittel ablösten. Das **Metallgeld**, zunächst Eisen und Kupfer, später Gold und Silber, wurde in Form von Klumpen, Barren, Stäben oder Schmuckgegenständen gegossen. Dieses musste jedoch immer abgewogen werden.

Diesen Nachteil des dauernden Abwiegens von Metallen wurde dadurch vermieden, dass man Metallstücke gleichen Gewichts und gleicher Form mit einheitlichen Zeichen versah, das **Münzgeld** war geboren. Die ersten uns bekannten Münzen wurden ca. 650 vor Christus von den Lydern (König Krösos) in Kleinasien hergestellt. Dort fand man bei Ausgrabungen gegossene Klümpchen aus Elektron (so nennt man die in der Natur vorkommende Verbindung von Gold und Silber), auf denen Zeichen eingeprägt waren (Stier- und Löwenkopf). Auch in Griechenland sollen um 600 vor Christus die ersten Silbermünzen geprägt worden sein. Sie hießen Drachmen und wurden von König Phaidon von Argos eingeführt. Alle Münzen wurden mit Wappentieren, mit Figuren aus der griechischen Sagengeschichte (Mythologie) oder Herrscherköpfen versehen.

Pegasus

Kopf der Pallas Athene

Kopf des Ceasar

Das Entstehen des Münzgeldes hängt eng zusammen mit dem Entstehen der Städte in Europa. Vor allem die Römer bauten das Münzwesen in den von ihnen beherrschten Gebieten aus. Der von ihnen geschaffene Typ der Münze, Bildnis des Herrschers mit umlaufender Schrift, hat sich bis heute gehalten.

Im Mittelalter gelangte das Münzgeld zu hoher Blüte. Jeder Landesherr prägte sein eigenes Geld. Begünstigt waren Landesherren, auf deren Gebiet Gold oder Silber gefunden wurde. Beispiele: Die Grafen Schlick in St. Joachimsthal im Erzgebirge, die Wettiner in Sachsen (Freiberg) oder die Habsburger in Tirol.

Mit der Zunahme des Handels zu Beginn der Neuzeit (etwa mit dem Ende des 15. Jahrhunderts) wurde das ständige Umwechseln der Münzen immer hinderlicher.

Stellen wir uns vor, ein Augsburger Kaufmann wollte in Venedig Waren aus fernen Ländern einkaufen. Er hinterlegte bei einem Augsbuger Geldwechsler sein Geld und erhielt darüber eine Quittung, mit der er nach Venedig reiste. Dort tauschte er bei einem Bankier diese Quittung gegen venezianische Münzen ein. Später ersparte man sich auch dieses Umwechseln und bezahlte die in Venedig gekauften Waren mit der in Augsburg ausgestellten Quittung. Die **Banknote** oder das **Papiergeld** war geschaffen.

Übrigens hatten bereits im 10. Jahrhundert die Chinesen den Vorteil des Papiergeldes erkannt. In Europa waren es die Schweden und Franzosen, die erste Banknoten ausgaben. Erst um 1850 setzten sich Banknoten endgültig als Geld durch.

Tetradrachme mit dem Bildnis der Athene und der Eule (600 v. Chr.)

Der Geldwechsler, Gemälde von Quentin Metsys aus dem Jahr 1514

Banknoten der Bundesrepublik Deutschland von 1990–2001

Banknote aus China

Banknote aus Frankreich

1.6.2 Aufgaben (=Funktionen) des Geldes

Geld hat in der Wirtschaft unterschiedliche Aufgaben.

Allgemeines Tauschmittel

Im Gegensatz zum speziellen Tauschmittel (Ware) kann Geld gegen jedes Gut und jedes Gut gegen Geld eingetauscht werden.

Geld ist also ein „Zwischentauschgut" beim Gütertausch.

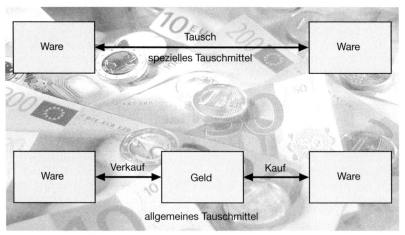

Wertmesser und Recheneinheit

Wer ein Gut oder eine Leistung auf dem Markt eintauschen möchte, muss wissen, wie viel es/sie „wert" ist. Wir bestimmen den Wert aller Waren und Leistungen durch die Anzahl der Geldeinheiten, die wir zu zahlen bereit sind, d. h. durch den Preis. Dadurch lassen sich auch die Werte der Güter miteinander vergleichen.

Wertübertragungsmittel

Geld kann von einer Person an eine andere weitergegeben (=übertragen) werden und gibt dieser die Möglichkeit, Güter zu kaufen. Jede Schenkung (z.B. Taschengeld), jede Lohnzahlung, aber auch jede Kreditaufnahme ist dafür ein Beispiel.

Preisauszeichnung auf einem Markt:
Geld als Recheneinheit und Tauschmittel

Wertaufbewahrungsmittel

Schon immer haben Menschen Güter, die sie im Moment nicht benötigten, für Zeiten, in denen es diese nicht gab, gesammelt und aufbewahrt (z.B. Kartoffeln, Äpfel für den Winter). Auch Geld kann man sparen und damit die Kaufmöglichkeit auf einen späteren Zeitpunkt verschieben. Vielleicht möchte man auch eine teurere Ware (ein neues Jugendzimmer) oder Leistung (z.B. eine Urlaubsreise) erwerben. Außerdem eignet sich Geld auch sehr gut um Vermögenswerte einer Familie von einer Generation (Opa/Oma) auf die nächste (Vater/Mutter) zu übertragen, man spricht dann von Erbschaft.

Gesetzliches Zahlungsmittel

Durch Gesetz sind die Bürger verpflichtet Geld als Gegenwert für eine Ware oder Leistung anzunehmen. Es bestimmt außerdem, welches Geldwesen im Lande gelten soll (=Währung) und legt die Geldeinheiten und ihre Unterteilung fest (z.B. 1 Euro = 100 Cent).

Wenn dieses Geld allgemein anerkannt und nicht zu viel davon gedruckt wird, es gut transportierbar, aufbewahrbar und vor Fälschungen gesichert ist, dann kann Geld alle oben genannten Aufgaben erfüllen.

Sparbuch:
Geld als Wertaufbewahrungsmittel

1.6.3 Zahlungsverkehr

Barzahlung

Bei der Barzahlung erfolgt die Zahlung in Banknoten und/oder Münzen. Als Nachweis für die geleistete Zahlung soll eine Quittung oder ein Kassenzettel verlangt werden. Wie bereits auf Seite 33 erklärt, stellt der Kassenzettel im rechtlichen Sinne keine Quittung dar, da eine Quittung eigenhändig unterschrieben werden muss. Allerdings wird der Kassenzettel bei Reklamationen als Kaufnachweis anerkannt.

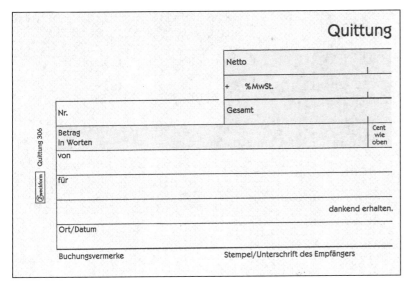

```
        Kaufhaus am Bahnhof
             München

         Die neue CLUB-Karte
       mit 3% Dankeschön-Rabatt

Verkäufer: 111
094           2
Süsswaren                    3,99
094           2
Süsswaren                   12,00
Summe                       15,99 *

Gegeben Bar                 20,00
Zurück                       4,01

Mwst 2 ( 7,00 %)             1,05
  VIELEN DANK FÜR IHREN KAUF
026 718 1 ONLINE 22.11.00 10:51
```

Unser europäisches Bargeld

Es gibt acht Euro-Münzen im Wert von 2 und 1 Euro sowie 50, 20, 10, 5, 2 und 1 Cent. Jede Euro-Münze hat eine gemeinsame europäische Seite. Die Rückseite kann jeder Mitgliedstaat nach Belieben gestalten. **In Deutschland sind dies der Eichenzweig (1/2/5 Cent), das Brandenburger Tor (10/20/50 Cent) und das traditionelle Hoheitssymbol, der Bundesadler (1 und 2 Euro).** Die gemeinsame Bildseite stellt immer die Karte der Europäischen Union dar, vor dem Hintergrund schräg laufender Linien, an denen die Sterne der europäischen Flagge hängen. Die Abbildungen auf den 1-, 2- und 5-Cent-Münzen symbolisieren die Stellung Europas in der Welt, die 10-, 20- und 50-Cent-Münzen die Union als Bund von Nationen. Die 1- und 2-Euro-Münzen stellen Europa ohne Grenzen dar.

Rückseiten: national verschieden (hier für Deutschland)

Vorderseiten: im Euroland einheitlich

Es gibt sieben Euro-Scheine. Sie haben einen Wert von jeweils 5, 10, 20, 50, 100, 200 und 500 Euro. Die Abbildungen symbolisieren keine realen Baudenkmäler, sondern zeigen Stilelemente von Epochen der europäischen Kulturgeschichte. Die Vorderseite jeder Banknote zeigt Fenster und Portale als Symbol der Offenheit und Zusammenarbeit in der Europäischen Union. Die Rückseite jeder Banknote zeigt eine Brücke aus einer bestimmten Epoche als Symbol der Verbindung zwischen den Völkern Europas und zwischen Europa und dem Rest der Welt.

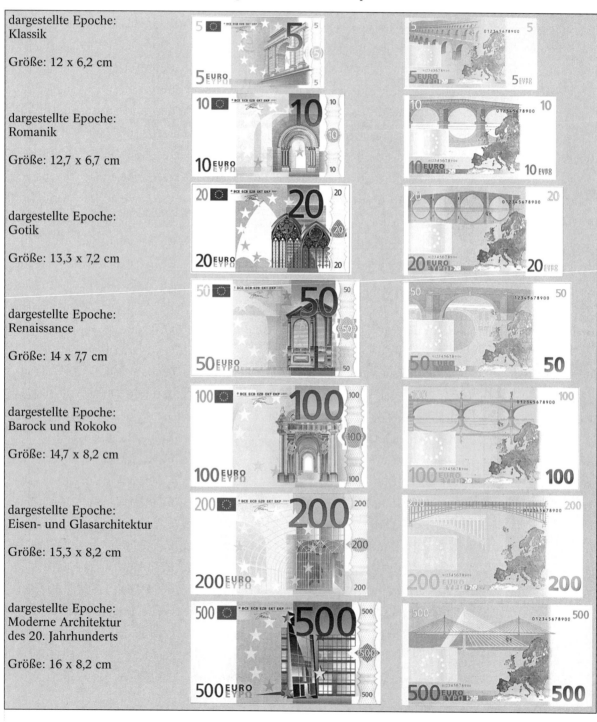

dargestellte Epoche:
Klassik

Größe: 12 x 6,2 cm

dargestellte Epoche:
Romanik

Größe: 12,7 x 6,7 cm

dargestellte Epoche:
Gotik

Größe: 13,3 x 7,2 cm

dargestellte Epoche:
Renaissance

Größe: 14 x 7,7 cm

dargestellte Epoche:
Barock und Rokoko

Größe: 14,7 x 8,2 cm

dargestellte Epoche:
Eisen- und Glasarchitektur

Größe: 15,3 x 8,2 cm

dargestellte Epoche:
Moderne Architektur
des 20. Jahrhunderts

Größe: 16 x 8,2 cm

Sicherheitsmerkmale unseres Geldes

In die Euro-Banknoten wurde eine Reihe von Sicherheitsmerkmalen eingearbeitet, so dass die Echtheit der Banknoten mit etwas Aufmerksamkeit zuverlässig festgestellt werden kann.

① Fühlen

Fühle die erhabene Oberfläche - besondere Drucktechniken verleihen den Banknoten ihre einzigartige Struktur. Die Abkürzung der Europäischen Zentralbank, die Wertzahlen und die Abbildungen der Fenster bzw. Tore heben sich von der Oberfläche ab. Beachte, dass durch Alter und Abnutzung einige dieser Eigenschaften teilweise verloren gehen können.

② Sehen

Sieh dir die Banknote im Gegenlicht an: Das Wasserzeichen, der Sicherheitsfaden und das Durchsichtsregister werden sichtbar. Alle drei Merkmale sind sowohl auf der Vorder- als auch auf der Rückseite echter Banknoten zu erkennen.

③ Kippen

Kippe die Banknote: Als Hologramm erscheint auf der Vorderseite der Banknoten das Euro-Symbol und die Wertbezeichnung im Folienstreifen (bei den niedrigen Stückelungen) bzw. das Architekturmotiv und die Wertbezeichnung im Folienelement (bei den hohen Stückelungen). Auf der Rückseite wird beim Kippen der Banknote der Glanzeffekt des aufgebrachten Glanzstreifens sichtbar (bei den niedrigen Stückelungen) bzw. die optisch variable Farbe (bei den hohen Stückelungen).

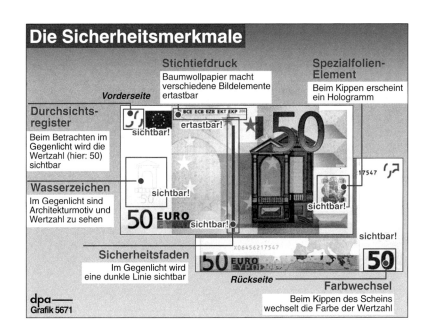

Die Sicherheitsmerkmale

Stichtiefdruck
Baumwollpapier macht verschiedene Bildelemente ertastbar

Spezialfolien-Element
Beim Kippen erscheint ein Hologramm

Vorderseite

Durchsichts-register
Beim Betrachten im Gegenlicht wird die Wertzahl (hier: 50) sichtbar

ertastbar!
sichtbar!

Wasserzeichen
Im Gegenlicht sind Architekturmotiv und Wertzahl zu sehen

sichtbar!

sichtbar!

sichtbar!

sichtbar!

Sicherheitsfaden
Im Gegenlicht wird eine dunkle Linie sichtbar

Rückseite

Farbwechsel
Beim Kippen des Scheins wechselt die Farbe der Wertzahl

dpa—
Grafik 5671

Sicherheitsmerkmale:

Stichtiefdruck

Wasserzeichen

Sicherheitsfaden

Durchsichtsregister

**Spezialfolie/
Spezialfolienelement**

Glanzstreifen/Farbwechsel

fluoreszierende Fasern

41

Halbbare Zahlung

Die halbbare Zahlung unterscheidet sich von der reinen Barzahlung dadurch, dass die Geldbewegung beim Käufer (Schuldner) **oder** beim Verkäufer (Gläubiger) durch eine Buchung auf dessen Girokonto (Abbuchung bzw. Gutschrift) ersetzt wird.

Zahlschein

Mit einem Zahlschein oder Kassenbeleg kann man bei jeder Bank oder Sparkasse jeden beliebigen Betrag bar einzahlen. Er wird dann auf dem Konto des Empfängers gutgeschrieben. Diese Form der Halbbaren Zahlung wird oft von Versandhäusern bevorzugt. Sie senden ausgefüllte Zahlscheine (z. B. mit vorgedruckter Kundennummer, Betrag, Empfänger) mit, damit sich ihre Kunden einen Teil der „Arbeit" sparen können.

INFOTEC Druck und Verlag GmbH
Abteilung Zeitschriften

Bankverbindung:
Werderbank, Braunschweig
Nr. 563 245 6563 BLZ 250 130 00

EUR 29,00

Rechnungsnummer 789 345

Herrn
Alexander Maier-Krönle
Dieselstraße 4
86154 Augsburg

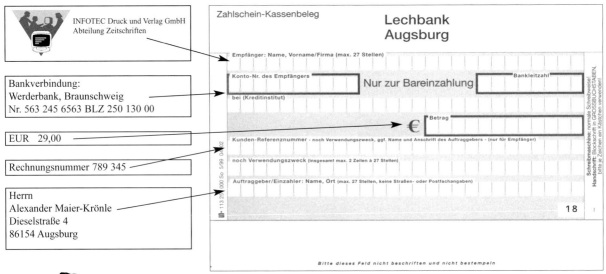

Gehe zu einer Bank und besorge dir einen Zahlschein/Kassenbeleg. Sieh dir nochmals die Rechnung von Seite 33 an und fülle den Kassenbeleg hierzu aus.

Barscheck

Besteht der Gläubiger auf Barzahlung, kann der Schuldner einen Barscheck ausstellen. Der Verkäufer erhält dann das Geld bei einem Geldinstitut bar ausbezahlt. Der Betrag wird dem Konto des Scheckausstellers belastet. Stempelt oder schreibt man hingegen auf der linken Scheckseite quer den Vermerk „Nur zur Verrechnung", so wird der Scheck nicht mehr bar ausgezahlt, sondern nur einem Konto gutgeschrieben (bargeldlose Zahlung).

Das Scheckgesetz

enthält genaue Vorschriften, welche Bestandteile ein Scheck haben muss:

▶ die Bezeichnung „Scheck" im Text der Urkunde,
▶ die unbedingte Anweisung, eine bestimmte Geldsumme zu zahlen,
▶ den Namen dessen, der zahlen soll,
▶ die Angabe des Zahlungsortes,
▶ die Angabe des Tages und des Ortes der Ausstellung,
▶ die Unterschrift des Ausstellers.

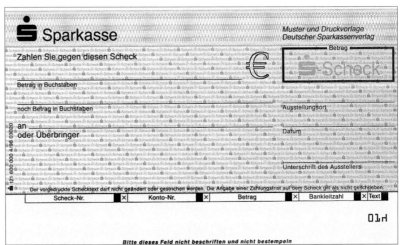

Nachnahme

Einige Unternehmen des Versandhandels (auch im Internet) verschicken ihre Waren nur gegen Nachnahme. Das heißt, der Käufer muss sofort bei Erhalt der Ware den auf der Nachnahme genannten Betrag an den Paketzusteller bar bezahlen (einschließlich der Nachnahmegebühr). Dem Verkäufer wird dann der Rechnungsbetrag auf seinem Bankkonto gutgeschrieben.

Achtung: Nur per Nachnahme bezahlen, wenn man weiß, was geliefert (also bestellt) wurde!

Etikett für einen Nachnahme-Brief

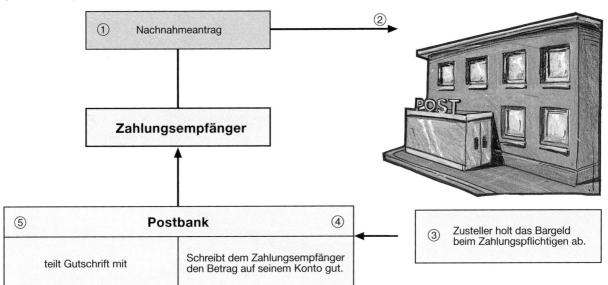

Bareinzahlung

Bareinzahlungen auf das eigene Konto benötigt man, wenn das Guthaben aufgefüllt oder Bargeld sicher aufbewahrt werden soll (allerdings ohne oder mit sehr geringem Zinsertrag). Hierzu benötigt man als Formular den Bareinzahlungsbeleg. Auf ein Konto eingezahltes Geld ist vor Diebstahl oder Verlust gesichert. Man erhält als Nachweis für die Bareinzahlung eine Quittung.

Bareinzahlung am Bankschalter

Bargeldlose Zahlung

Lohn- und Gehaltszahlungen, Mietzahlungen, Zahlung der Telefongebühren oder der Stromrechnung werden heute abgewickelt, ohne dass bares Geld (Banknoten und Münzen) bei Schuldner und Gläubiger zu sehen ist. Voraussetzung ist, dass sowohl Zahlender als auch Empfänger über ein Konto bei einer Bank oder Sparkasse verfügen. Die Zahlungen werden durch Kontoabbuchungen und Kontogutschriften getätigt. Das ist sicher, zweckmäßig, kostensparend und bequem. In unserer modernen, hochentwickelten Gesellschaft wird der Zahlungsverkehr mittlerweile zu großen Teilen auch ohne Formulare per Karten oder PC abgewickelt.

Instrumente des bargeldlosen Zahlungsverkehrs

i

► Überweisung
► Dauerauftrag
► Einzugsermächtigung
► Verrechnungsscheck
► Reisescheck
► Scheck- und Kreditkarten
► Telefon- und Online-Banking

Betrachte das rechts abgebildete Schaubild und gib an, um wie viel Prozent der bargeldlose Zahlungsverkehr seit 1970 zugenommen hat.

© Erich Schmidt Verlag

Bargeldloser Zahlungsverkehr — Kontobelastungen bei deutschen Banken aus Überweisungen, Lastschriften und Scheckverrechnungen. in Billionen €. 1970: 2,3; 1975: 3,7; 1980: 6,0; 1985: 7,9; 1990: 12,3; 1991: 14,0; 1995: 19,9; 2000: 26,2; 2005: 36,7. 1970–90: altes Bundesgebiet ab 1991: Gesamtdeutschland Quelle: Bundesbank. ZAHLENBILDER. 445 215

Überweisung

Das am weitesten verbreitete Instrument der bargeldlosen Zahlung in Deutschland ist die Überweisung. Rechtlich gesehen ist die Überweisung eine Anweisung eines Kontoinhabers an seine Bank, einen bestimmten Betrag vom eigenen Konto abzubuchen und auf das Konto des Zahlungsempfängers zu übertragen.

Bei Überweisungen ins Ausland muss man einige Besonderheiten beachten.
Informiere dich bei deiner Bank über die benötigten Formulare und Gebühren bei Überweisungen ins europäische und außereuropäische Ausland.

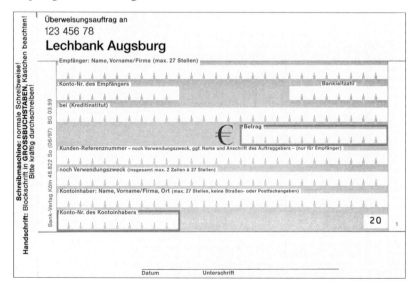

Der Weg einer Überweisung:

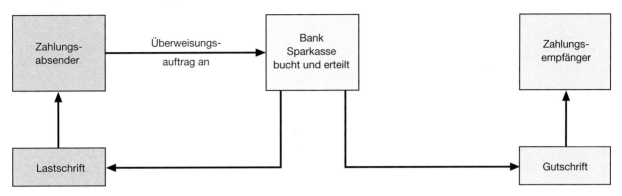

Zahlungsabsender und Zahlungsempfänger können die bargeldlose Zahlung mithilfe ihrer Kontoauszüge überprüfen.

Dauerauftrag

Bei regelmäßig wiederkehrenden, **gleichbleibenden** Zahlungen (Miete, Versicherungsbeiträge u.a.) erteilt der Kunde am besten einen Dauerauftrag. Die Bank (Sparkasse) überweist dann die betreffenden Beträge automatisch zu den angegebenen Terminen an den Empfänger.

Einzugsverfahren

Bei regelmäßig wiederkehrenden Zahlungen mit **wechselnden** Beträgen (z. B. Telefonrechnung) kann kein Dauerauftrag erteilt werden. Hier muss sich der Zahlungsempfänger von dem, der zu zahlen hat, eine Genehmigung für das Einzugsverfahren geben lassen. Bei Fälligkeit der Zahlung gibt der Zahlungsempfänger einen Einzugsauftrag (direkt oder über seine Bank) an die Bank desjenigen, der zu zahlen hat. Bei regelmäßiger Kontrolle der Kontoauszüge kann dem Schuldner grundsätzlich kein Schaden entstehen. Stellt man fest, dass ein falscher Betrag oder gar unrechtmäßig Geld vom Konto abgebucht wurde, kann man von seiner Bank oder Sparkasse eine Rückbuchung fordern. Eine Einzugsermächtigung kann gegenüber dem Vertragspartner auch widerrufen werden; Grund dafür könnten zum Beispiel vorangegangene Unregelmäßigkeiten sein. Von der Zahlungspflicht ist man damit allerdings nicht befreit. Dann muss die Zahlung auf einem anderen Weg, zum Beispiel mittels einer Überweisung erfolgen.

Muster eines Formulars zur Erteilung eines Dauerauftrages

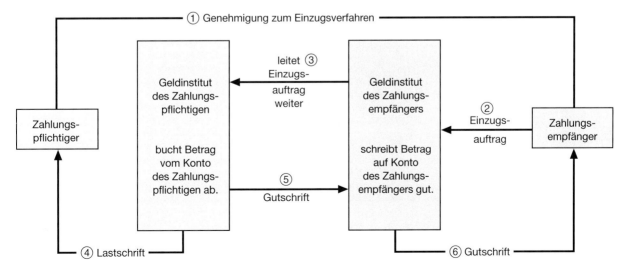

45

Verrechnungsscheck

Wenn Firmen Schecks per Post versenden wollen (z. B. für Gutschriften an ihre Kunden) werden in der Regel Verrechnungsschecks genutzt. Hier wird durch den Vermerk „Nur zur Verrechnung" auf dem Scheck erreicht, dass der Scheck nur im Wege der Kontogutschrift eingelöst werden kann. Dies dient der Sicherheit im Zahlungsverkehr, da nur der Empfänger die Möglichkeit der Scheckverwendung hat. Der Verrechnungsscheck ist somit gewissermaßen eine Sonderform des Barschecks, der allerdings von der Bank nicht bar ausgezahlt werden darf. Der Empfänger muss den Scheck in der Regel bei seiner Bank einreichen und diese bucht eine Gutschrift des Gegenwerts auf seinem Konto.

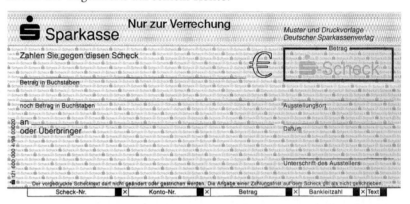

Reisescheck

Urlauber und Geschäftsreisende benötigen oft größere Bargeldbeträge für ihre Auslandsreise. Dies ist aber im Hinblick auf Diebstahl oder anderweitigen Verlust problematisch. Hier bietet sich der Reisescheck als Zahlungsmittel an. Beim Reisescheck ist der Betrag bereits vorgedruckt (z. B. in € oder $) und muss beim Kauf in der Bank und später beim Verkauf (Einlösen) im Ausland nochmals unterschrieben werden.

Bezahlen auf Reisen mit Reiseschecks

Die Bundesbürger gehören zu den reisefreudigsten Menschen der Welt.

1. Gib die drei wichtigsten internationalen Reiseziele der Deutschen an.

2. Nenne zwei Probleme, die der Massentourismus verursachen kann.

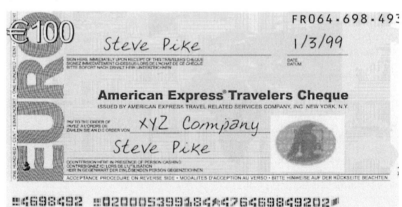

Die **Vorteile** des Reiseschecks:

▶ Bei Verlust oder Diebstahl wird der Wert innerhalb kürzester Zeit vor Ort (also im Reiseland) zurückerstattet. Hierbei muss allerdings zuerst eine Anzeige bei der örtlichen Polizei erfolgt sein.
▶ Reiseschecks werden weltweit bei Banken, Hotels und Geschäften akzeptiert.
▶ Die Gebühr ist niedrig (ca. 1 % vom Betrag).

Zahlungskarten

Das Bezahlen mit „Plastikgeld" hat sich durchgesetzt. Zwar wird in Deutschland im Vergleich mit anderen Ländern immer noch viel mit Bargeld bezahlt, aber allein die Tatsache, dass rund 100 Millionen Bankkundenkarten und 20 Millionen Kreditkarten in Deutschland ausgegeben sind, zeigt, dass diese Form der Bezahlung immer wichtiger wird.

Wir unterscheiden: Kreditkarten, Kundenkarten, Geldkarte.

Kreditkarten

Es gibt vier große Kreditkartenanbieter. Diners Club und American Express werden ausschließlich von diesen Unternehmen ausgegeben, während VISA und Eurocard von Banken oder auch anderen Partnern (z.B. BMW oder TUI) vertrieben werden. Sie kosten im Jahr zwischen 0,00 und ca. 50,00 €.

Kreditkarten

Das Bezahlen mit einer Kreditkarte ist sehr einfach: Alle Geschäfte, die Kreditkarten akzeptieren, haben dies mit einem Aufkleber an ihren Schaufenstern oder Türen deutlich gemacht. Die Bezahlung erfolgt mithilfe eines dreiteiligen Zahlungsbeleges. Die Kreditkarte wird in ein spezielles Gerät (Imprinter) eingelegt und damit werden die Kartendaten auf den Beleg übertragen. Jetzt muss der Kreditkarteninhaber nur noch unterschreiben und erhält einen Teil als Kontrollbeleg. Ein Beleg geht zur Kreditkartengesellschaft und der dritte Beleg verbleibt im Geschäft. Nach einigen Wochen erhält der Kreditkartenkunde eine Abrechnung und der Betrag wird vom entsprechenden Girokonto abgebucht. Auch Bestellungen im Internet werden oftmals durch die Eingabe der Kreditkartendaten abgewickelt.

Kreditkarten werden an über einer Million Stellen in Deutschland akzeptiert und erstrecken sich auf alle Branchen: Hotels, Tankstellen, Reisebüros, Apotheken usw. Auch Bahnfahrkarten und selbst Geldbußen bei Verkehrsdelikten können mit Kreditkarte beglichen werden.

Kreditkartenlesegerät

Ein weiterer Vorteil liegt in den Zusatzleistungen, die Kreditkartenunternehmen gewähren. Dazu gehören das Abheben von Bargeld, besondere Vergünstigungen in Hotels oder bei Flugreisen und je nach Wertigkeit der Kreditkarte spezielle Versicherungen wie Unfall-, Haftpflicht- und Auslandskrankenversicherung.

Es gilt allerdings auch einen großen Nachteil zu beachten: Bei der Einfachheit der Benutzung kann man eventuell die Übersicht über die geleisteten Zahlungen verlieren.

Tagtäglich verwenden auch viele Menschen ihre Kreditkarte zum Bezahlen im Internet. Finanzexperten raten zur Vorsicht bei der Weitergabe der Kreditkarten-Daten über das Internet. Erst die Technologie SET „Secure Electronic Transaction™" soll Sicherheit bringen, da man die Kreditkartennummer beim Einkauf nicht mehr nennen muss.

Unterschrift beim Kreditkartenkauf

Kundenkarten verschiedener Unternehmen

Kundenkarten dienen dazu, Stammkunden zu erkennen und sollen die Kunden an das Unternehmen binden. Oft sind sie mit einer Rabattfunktion ausgestattet, d. h., bei Vorlage der Karte wird ein kleiner Teil des Rechnungsbetrages als Rabatt auf einem Kundenkonto gutgeschrieben, über das bei einem späteren Einkauf verfügt werden kann. Manche Unternehmen lassen ihren Kunden eine bevorzugte Behandlung (z.B. Sitzplatzreservierung bei Reisen) zukommen. Die meisten Kundenkarten werden kostenlos oder gegen eine geringe Schutzgebühr abgegeben.

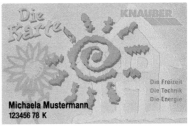

Kundenkarte

Hinweis auf EC-Zahlung

Kundenkarten der Kreditinstitute
Jeder Kunde, der ein Girokonto bei einem Kreditinstitut hat, verfügt über eine Kundenkarte. Mit dieser kann er Kontoinformationen abrufen, Kontoauszüge drucken oder Überweisungen in Auftrag geben.
Fast alle Karten verfügen aber auch über zusätzliche Funktionen, die durch Logos auf den Karten deutlich gemacht werden:

 Das Symbol ec (electronic cash) steht für das Angebot, in Deutschland mit Karte und persönlicher Geheimzahl (PIN) an elektronischen Kassen einfach, sicher und bequem bargeldlos zu zahlen. Ob an der Tankstelle, in der Boutique oder an der Supermarkt-Kasse, der Karteninhaber kann dieses sichere Bezahlverfahren mittlerweile an nahezu 400 000 Terminals in Deutschland nutzen.

Geldautomat

Dafür wird die Karte einfach in einen Kartenleser gesteckt. Der Kunde muss sich dann mit der Eingabe der PIN als rechtmäßiger Karteninhaber identifizieren. Das Rechenzentrum des Kartenherausgebers prüft anschließend, ob die PIN richtig, die Karte nicht gesperrt und das zur Verfügung stehende Limit nicht überschritten ist.

PIN (Persönliche Identifikations-Nummer)

Die PIN besteht aus vier Ziffern. Sie darf nirgends schriftlich vermerkt sein (also auswendig lernen!).

 Wo dieses **Maestro**-Zeichen abgedruckt ist, kann man weltweit mit der EC-Karte und der persönlichen Geheimzahl (PIN) oder mit Unterschrift bezahlen. Außerdem kann man weltweit an allen Geldausgabeautomaten Bargeld abheben.

Auf dem **Magnetsstreifen** sind die wichtigsten Kundendaten gespeichert. Nach dem Erhalt der EC-Karte unterschreibt man auf diesem Feld der Karte. Auf der Rückseite der Karte befindet sich das **Unterschriftenfeld.**

 Wo dieses Zeichen abgebildet ist, kann man mit seiner EC-Karte an einer Kasse bezahlen. Statt der PIN genügen aber Unterschrift und EC-Karte zum bargeldlosen Bezahlen.

Geht die Bankkundenkarte verloren oder wird sie gestohlen, muss man sie direkt beim Kreditinstitut oder unter der zentralen Sperrnummer sperren lassen. Die zentrale Sperrnummer der Kreditwirtschaft lautet **01805 – 021021** und ist rund um die Uhr zu erreichen.

Bezahlen mit electronic cash

Geldkarte

Man kann seine Bankkundenkarte auch als Geldkarte nutzen. Hierfür wird ein Chip in die Karte integriert. Diesen kann man bei speziellen Ladestationen mit einem Betrag bis zu maximal 200,00 € aufladen. Damit kann man überall dort, wo das Geldkartensymbol abgebildet ist, ohne zusätzliche PIN bezahlen. Die Geldkarte ist vor allem für Kleinstbeträge gedacht (Fahrscheine, Briefmarken, Telefon, Parkscheine, Fast Food).

Wenn man mit der Geldkarte bezahlt, steckt man diese in das Zahlterminal an der Kasse. Das Display zeigt das Geldkartenguthaben an. Man bestätigt per Knopfdruck den Geldbetrag, der anschließend vom Chip abgebucht wird. Das Restguthaben der Geldkarte wird jetzt im Display angezeigt. Falls man unabhängig von einem Zahlterminal wissen will, wie viel Guthaben man noch auf seiner Geldkarte hat, kann man dies bei jeder Aufladestation oder mithilfe eines Taschenkartenlesers erfahren. Dabei werden auch noch weitere Informationen, wie die letzten Einkäufe und Ladevorgänge, angezeigt.

Wichtig: Da die Geldkarte unabhängig von einer PIN benutzt werden kann, ist sie so gut wie Bargeld. Bei Verlust oder Diebstahl kann der noch zur Verfügung stehende Betrag von einem nicht berechtigten Finder verwendet werden. Es gibt Kartenlesegeräte, welche die Nutzung der Geldkarte im Internet ermöglichen. Der zu zahlende Betrag wird dem Besitzer der Karte am Display noch einmal angezeigt und muss vor dem Abbuchen bestätigt werden.

Ab dem 1. Januar 2007 greift das neue Jugendschutzgesetz auch an Zigarettenautomaten. Danach sollen lediglich Personen über 16 Jahren die Möglichkeit haben, Zigaretten am Automaten zu erwerben. Daher sind alle Automaten mit einer Technik ausgestattet, die das Alter des Käufers prüft. Ausweisen können sich Raucher mit ihrem GeldKarte-Chip auf der ec-Karte. Darauf ist ein Jugendschutzmerkmal gespeichert, das Auskunft über das Alter des Käufers gibt. Der Automat prüft mit einem speziellen Lesegerät das gespeicherte Altersmerkmal. Ist der Käufer über 16 Jahre alt, schaltet sich das Gerät frei. Andernfalls wird der Kaufvorgang direkt abgebrochen.

Ablauf beim Bezahlen mit der Geldkarte

Geldkarte am Geldkarten-Ladegerät laden

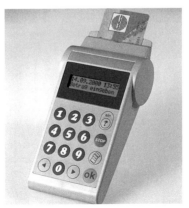

Betrag am Geldkarten-Zahlterminal zahlen

Guthaben auf dem Chip mit Geldkarten-Taschenleser abfragen

Homebanking per Telefon oder Personalcomputer

Homebanking

Heutzutage können Bankgeschäfte unabhängig vom Besuch einer Bankfiliale getätigt werden. Von zu Hause aus können per Telefon oder PC Bankgeschäfte abgewickelt werden.

Telefonbanking

Wer bei seiner Bank oder Sparkasse einen Vertrag über Telefonbanking unterschrieben hat, kann per Fernsprecher, meistens rund um die Uhr, einfache Dienstleistungen in Auftrag geben. Dazu zählen:

▶ Überweisungen,
▶ Daueraufträge anlegen, ändern und löschen,
▶ Kontostandsabfragen,
▶ Umsatzabfragen,
▶ Bestellung von Zahlungsverkehrsvordrucken (Formulare),
▶ Bestellung von Kreditkarten,
▶ Bestellung von Reisezahlungsmittel und
▶ Sperrung von Schecks.

Welchen Vorteil des Homebanking zeigt die Karikatur?

Entweder nehmen Mitarbeiter der Bank oder Sprachcomputer die Anrufe der Kunden entgegen. Zunächst muss sich der Kunde durch Angabe von Namen, Kontonummer und Geheimwort (beim Sprachcomputer Geheimzahl) legitimieren (= sich ausweisen). Danach kann er die oben genannten Dienste in Anspruch nehmen. Besonders so genannte Direktbanken verfügen über ein ausgedehntes Telefonbankingsystem, da sie ohne Filialen auskommen müssen.

Onlinebanking

Bankkunden, die einen PC zur Verfügung haben, können diesen in Verbindung mit einem Modem oder einer ISDN-Karte zur Abwicklung der Bankgeschäfte von zu Hause aus nutzen, wenn ihr Konto für das Onlinebanking freigeschaltet wurde.

Ablauf beim Online-Banking:

▶ Verbindung zum Internet-Provider (z.B. T-Online, AOL, Bürgernetz) herstellen,
▶ www-Browser aufrufen (Netscape Navigator oder Microsoft Internet Explorer u.a.) starten,
▶ Web-Site der Bank eingeben („http://www.xxxx.de"),
▶ Überprüfung der Verbindung und Verbindungsaufbau,
▶ Eingabe von Kontonummer und **PIN**,
▶ Dienst aufrufen (Überweisung, Dauerauftrag, Kontostandsabfrage, Umsatzabfrage, Wertpapierkauf oder -verkauf, PIN-Änderung usw.) und
▶ sechsstellige **TAN** (**T**rans-**A**ktions-**N**ummer) zur Sicherheit eingeben (z.B. bei einer Überweisung).

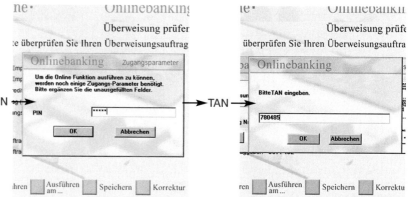

1.6.4 Problematik der neuen Techniken

Die neuen Techniken im Geld- und Zahlungsverkehr haben nicht nur Vorteile, sie sind auch mit Gefahren verbunden. Sie zeigen sich in der mangelnden Sicherheit beim Übermitteln von Daten, z. B. beim Homebanking, bis hin zur Computerkriminalität.

Bisher wird die Sicherheit der Datenübertragung durch die Kombination von PIN und TAN gewährleistet. In Zukunft soll eine verbesserte Sicherheit mithilfe eines neuen Standards, dem HBCI (Homebanking Computer Interface) erreicht werden. Direkte Manipulationen beim Homebanking sind jedoch die Ausnahme.

Es kommen jedoch andere Formen der Computerkriminalität vor:

Computersabotage
Darunter versteht man das widerrechtliche Löschen oder Unbrauchbarmachen von Daten oder das Zerstören und Verändern von Datenverarbeitungsanlagen oder Datenträgern.

Computerhacking
Hierunter versteht man das Eindringen in fremde Computersysteme, das nicht zur Manipulation, Sabotage oder Spionage dient, sondern als Herausforderung, die Sicherheitsmaßnahmen zu überwinden.

Computerspionage
Meistens wird diese durch Mitarbeiter in der eigenen Firma durchgeführt. Bedroht sind vor allem Forschungs- und Rüstungsdaten, aber auch Informationen über die wirtschaftlichen Verhältnisse und Kundendaten.

Computerviren
Eine der größten Gefahren der neuen Technik sind Programme, die über verschieden Wege (Datenträger, E-Mail, Internet) in PC-Systeme gelangen und dort Daten verändern oder zerstören. Diese Viren werden gegen bestimmte Unternehmen eingesetzt (siehe Zeitungsartikel rechts unten) oder betreffen fast alle Benutzer bestimmter Software (siehe Zeitungsartikel rechts oben). Man schätzt, dass zwei Drittel aller Unternehmen bereits von Computerviren attackiert worden sind.

Zum Schutz vor diesen Formen der Kriminalität werden bestimmte Virenwächterprogramme eingesetzt und Datenverarbeitungsanlagen mit zwei- oder dreifacher Sicherheitsüberprüfung ausgestattet.

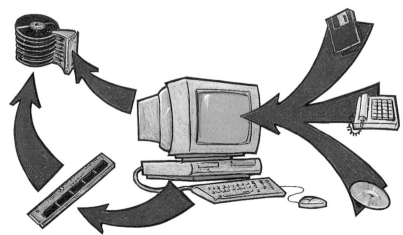

Der Weg von Viren ins PC-System

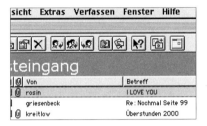

Von	Betreff
rosin	I LOVE YOU
griesenbeck	Re: Nochmal Seite 99
kreitlow	Überstunden 2000

www – world-wide-web

i

steht für die Gesamtheit der Computer, die über HTTP verbunden sind. HTTP steht für Hypertext Transfer Protocol (Hyper-text-Übertragungsprotokoll). HTTP ist ein Standard zur Übermittlung von multimedialen Seiten im Internet, d. h. man kann damit Töne, Videos, Bilder und Texte übermitteln.

Das Internet als Verbindung von Millionen von Computern der Welt

Wer keinen eigenen Internet-Zugang hat kann auch in einem Internetcafe surfen (kostenpflichtig?) oder in der Schule (kostenlos!).

1. Was ist das Internet?

Es ist das weltweit größte Computernetz, in dem Millionen von Rechnern miteinander verbunden sind. Das Internet besteht aus einer Vielzahl von eigenständigen Teilnetzen. Es ist für jeden frei zugänglich, da es niemandem gehört. Von jedem angeschlossenen Computer können **Informationen** gesendet und empfangen werden.

2. Zugang zum Internet

Die Verbindung zum Internet wird über den **Provider** (z. B. Online-Dienste oder regionale Anbieter) hergestellt. Dabei musst du beachten, dass Telefongebühren für die Anwahl des Providers und zusätzlich noch Gebühren für seine Dienste entstehen können.

Der **Browser** (z. B. Microsoft Internet Explorer oder Netscape Communicator) ermöglicht das eigentliche Surfen im Internet. Es ist ein Programm, das die Informationen aus dem **w**orld **w**ide **w**eb (www) holt und sie am Bildschirm grafisch darstellt.

Um ins www zu gelangen, musst du zuerst die Verbindung zum entsprechenden Provider herstellen und anschließend den Browser starten. Benutzername und Kennwort werden geprüft. Bei einem erfolgreichen Verbindungsaufbau erscheint danach automatisch die **Startseite** des Browsers.

Willst du die **Homepage** (Eingangsseite) eines bestimmten Internetangebots ansteuern, dann musst du entweder die genaue Internetadresse kennen oder du kannst mithilfe von Suchmaschinen zu den gewünschten Informationen gelangen.

Öffnet die zuletzt eingegebenen Adressen

Drucken von Webseiten

Durchsucht das Internet mit Suchmaschinen

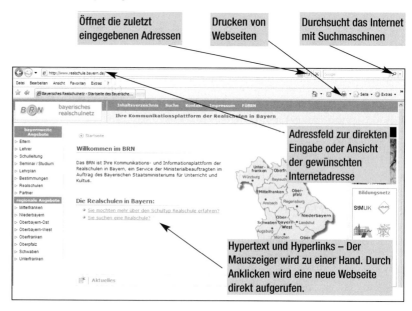

Adressfeld zur direkten Eingabe oder Ansicht der gewünschten Internetadresse

Hypertext und Hyperlinks – Der Mauszeiger wird zu einer Hand. Durch Anklicken wird eine neue Webseite direkt aufgerufen.

3. Die Internetadresse

Der direkte Weg zu einem Internetangebot erfolgt über die Eingabe der Internetadresse, z. B.:

`http://www.realschule.bayern.de`

Protokoll   Netzbereich   Name des Anbieters   Domain   Länderkennung

4. Suchmaschinen

Um sich im Internet, einer ungeordneten Ansammlung von mehr als einer Milliarde Seiten, zurechtzufinden, kann man so genannte Suchmaschinen zu Hilfe nehmen. Eine Suchmaschine greift auf eine Datenbank zu, in der sich die Internetadressen von Anbietern befinden. Die Datenbank ist nach Stichworten geordnet, die den Inhalt der betreffenden Seiten beschreiben.

Verschiedene Arten von Suchmaschinen, Katalogen und Servern:

► Suchmaschinen
  z. B. http://www.google.de
► Meta-Suchmaschinen durchsuchen mehrere Suchmaschinen
  z. B. http://www.multimeta.de
► Kataloge nach Themen geordnet
  z. B. http://www.eduweb.de
► Server
  z. B. http://www.schule.bayern.de

Du kannst einen Suchbegriff oder eine Kombination von Begriffen vorgeben. Je genauer der eingegebene Suchbegriff den gesuchten Inhalt beschreibt, desto größer ist der Sucherfolg.

5. Web-Seiten speichern

Beim Surfen bzw. auf der Suche nach bestimmten Themen stößt du sicherlich immer wieder auf interessante Seiten. Da du beim Surfen **online** (d. h. mit dem Internet verbunden) bist, fallen während dieser Zeit Gebühren an. Um Geld zu sparen solltest du die entsprechenden Seiten speichern und sie dann erst **offline** (d. h. vom Internet getrennt) lesen bzw. ausdrucken.

Vorgehensweise:

► Gehe auf der Web-Seite zum Menüpunkt *Datei, Speichern unter ...,*
► wähle den Ordner aus, in dem du die Datei speichern möchtest (vorher musst du einen Ordner, z. B. Internet, im Explorer angelegt haben),
► du kannst den vorgeschlagenen Dateinamen annehmen und auf *Speichern* klicken,
► jetzt kannst du offline gehen (d. h. die direkte Verbindung zum Internet verlassen).

6. Gespeicherte Web-Seiten öffnen

Gehe über *Start, Explorer* und klicke die gewünschte Datei an.
Über Menü *Datei, Öffnen* lädst du die Datei auf den Bildschirm. Du kannst jetzt die Datei offline lesen. Es ist allerdings nicht möglich, Links aufzurufen, dazu musst du erst wieder online sein.

7. Web-Seiten drucken

Die meisten Web-Seiten lassen sich ausdrucken. Über *Datei, Drucken* öffnest du das Fenster zum Drucken. Besteht eine Homepage aus mehreren Seiten, kannst du auch nur einzelne Seiten ausdrucken. Beachte dabei: Manche Web-Seiten lassen sich nur im Offline-Betrieb ausdrucken.

Die wichtigsten Dienste im Internet:

world wide web (www)
Durch die von allen Computern der Welt zu verstehende Sprache HTML (HyperTextMarkupLanguage) können multimediale Daten (Texte, Bilder, Videos, Töne) ausgetauscht werden.

E-Mail
Damit kannst du Briefe weltweit innerhalb von Sekunden versenden (elektronische Post). Dateien, Bilder, Dokumente und Töne kannst du als Anhang mit diesen Briefen mitschicken.

Homebanking
Bankgeschäfte (z. B. Kontostand abfragen, Überweisungen tätigen) können vom PC aus erledigt werden.

Top-News
Bietet rund um die Uhr aktuelle Nachrichten aus aller Welt.

Newsgroups
Ein weltweites Konferenz- und Diskussionsmedium.

FTP (File Transfer Protocol)
Ein Datenübertragungsprotokoll, das z. B. zum Downloaden von Dateien eingerichtet ist.

Chatten
Online-Unterhaltungen über die Tastatur zwischen zwei oder mehreren Personen.

Internetnutzung in der Schule

I-41

Schildere, wie sich das Geld vom Natural-
tausch bis zum Papiergeld entwickelt hat.

I-42

Welche Funktionen (Aufgaben) hat das Geld
in folgenden Fällen:
1. Familie Krönle spart für ein neues Auto.
2. Familie Krönle kauft einen neuen
   Kühlschrank für 300,00 €.
3. Herr Meier-Krönle erhält sein Gehalt von
   der Firma SYSCOMP.
4. Auf einem Preisschild für einen Computer steht „999,00 €".
5. Du findest in einer Schublade noch einen
   50,00 DM-Schein. Der örtliche CD-Laden
   verweigert die Annahme des Scheines.

I-43

Warum und wie lange sollte man Zahlungs-
quittungen aufbewahren?

I-44

Nimm eine Euro-Banknote zur Hand und
beschreibe die Motive auf der Vorder- und
Rückseite.
Nenne fünf Sicherheitsmerkmale einer
Euro-Banknote.
Welche Werte haben unsere sieben Euro-
Banknoten?

I-45

Nimm eine Euro-Münze zur Hand und
beschreibe die Motive auf der Vorder- und
Rückseite.
Welche Werte gibt es als Münzen?
Welche Besonderheit zeichnen die 1- und
2-Euro-Münzen aus?

I-46

Wodurch unterscheidet sich die halbbare
Zahlung von der reinen Barzahlung?

I-47

Mit welchem Strafmaß hat der Geldfälscher
vom nebenstehenden Artikel laut Gesetz
(siehe Gesetzestext rechts oben) zu
rechnen?

I-48

Nenne fünf Möglichkeiten der bargeldlosen
Zahlung.

StGB § 146

(1) Mit Freiheitsstrafe nicht unter zwei Jahren wird bestraft, wer
1. Geld in der Absicht nachmacht, dass es als echt in Verkehr gebracht
oder dass ein solches Inverkehrbringen ermöglicht werde, oder Geld in
dieser Absicht so verfälscht, dass der Anschein eines höheren Wertes
hervorgerufen wird,
2. falsches Geld in dieser Absicht sich verschafft oder
3. falsches Geld, das er unter den Voraussetzungen der Nummern 1 oder
2 nachgemacht, verfälscht oder sich verschafft hat, als echt in Verkehr
bringt.
(2) In minder schweren Fällen ist die Strafe Freiheitsstrafe bis zu fünf
Jahren oder Geldstrafe.

Falschgeld-Ermittler mit falschen Euro-Banknoten

Falschgeld im Umlauf

Polizei rät zur Vorsicht – Unechte 200-Euro-Scheine aufgetaucht
Zeitz/Weißenfels/MZ/ank. Unbekannte haben Mittwoch in Weißenfels
und Naumburg gefälschte 200-Euro-Scheine in Umlauf gebracht. Laut
Polizei sind sieben Fälle bekannt. Die unechten Geldscheine seien vor
allem in Bekleidungs- und Sportgeschäften zum Bezahlen verwandt worden. Die Polizei bittet die Händler, bei der Annahme von Geldscheinen
mit hohem Wert genau hinzuschauen, um möglicherweise unechtes Geld
identifizieren zu können.
Sollten Zweifel an der Echtheit bestehen, sollte sofort die Polizei benach-
richtigt werden. Auch Privatpersonen rät die Polizei zur Vorsicht, vor
allem, wenn sie mit der Bitte angesprochen werden, größere in kleinere
Scheine zu wechseln. Euro-Banknoten weisen verschiedene Sicherheitsmerkmale auf. Zum Beispiel besitzen sie durch die Anwendung des
Stichtiefdruckverfahrens ein ertastbares Relief auf der Vorderseite. Wenn
man die Banknote gegen das Licht hält, zeigen links oben unregelmäßige
Zeichen auf Vorder- und Rückseite den Wert der Note.

Quelle: Mitteldeutsche Zeitung, www.mz-web.de

I-49
Beschreibe den Unterschied zwischen dem Dauerauftrag und dem Einzugsverfahren.

I-50
Beschreibe den Vorgang bei der Benutzung von Reiseschecks.
Welche Vorteile bietet der Reisescheck?
In welchen Fällen sollte man Reiseschecks mit sich führen?

I-51
Nenne die vier wichtigsten Arten von Zahlungskarten.
Nenne je einen Vorteil und einen Nachteil bei der Bezahlung mit einer Kreditkarte.
Warum geben immer mehr Unternehmen eigene Kundenkarten heraus?

I-52
Auf der linken Seite sind einige Symbole abgedruckt, wie sie sich auf der EC-Karte befinden können.
Welche Bedeutung haben diese Symbole jeweils?

I-53
Die EC-Karte wird auch als Multifunktions-karte bezeichnet. Nenne fünf mögliche Verwendungsarten dieser Karte.

I-54
Beschreibe die Benutzung einer Geldkarte vom Ladevorgang bis zur Bezahlung.

I-55
Beschreibe den Ablauf einer Überweisung per Online-Banking.

I-56
Welche Probleme können sich bei der modernen Art des Zahlungsverkehrs per PC ergeben?

I-57
Martin Wagner hat sich neue Küchengeräte gekauft. Links ist die dazugehörige Rechnung abgebildet. Besorge dir einen Überweisungs- und Barscheckvordruck (oder frage deinen Lehrer nach einer Kopie) und fülle diese beiden Formulare sorgfältig aus.

Krönle
Küchengeräte und Hotelleriebedarf e. K.

Krönle e. K., Augsburger Straße 12, 86368 Gersthofen

Martin Wagner
Alpenweg 8
80688 München

RECHNUNG

Krönle Küchengeräte und
Hotelleriebedarf e. K.
Augsburger Straße 12
86368 Gersthofen
Amtsgericht Augsburg HRA 3345
☎ 0821 497244
🖷 0821 497255
🖳 www.kroenle-online.de

Gersthofen, 25. Januar 20..

Für die Lieferung vom **22. Januar** erlauben wir uns, Ihnen zu berechnen:

Artikel	Artikel-Nr.	Einzelpreis €	Stück	Gesamtpreis €
Schöpflöffel "Maxi"	SL-24	21,00	3	63,00
Schöpfkelle "Midi"	SM-22	14,50	2	29,00
Warenwert netto				92,00
Frachtkosten				10,00
Umsatzsteuer 19 %				19,38
				121,38

Zahlung fällig am 25. März 20.. rein netto
Bei Zahlung bis zum 5. Februar 20.. gewähren wir 2 % Skonto.
Die gelieferte Ware bleibt bis zur vollständigen Bezahlung unser Eigentum.

Bankverbindung: Konto-Nr.: 1270008374 Lechbank Augsburg · BLZ 790 550 00
USt-IdNr. DE 233555621   Steuernr. 178/2045/3428

Seite 12	**Einkommensarten** Arbeit Vermögen Staatliche Leistungen Sonstiges
Seite 13	**Einkommensverwendung** Regelmäßige Ausgaben Persönliche Ausgaben Sparen
Seite 18	Der **Haushaltsplan** ist eine Übersicht über alle monatlichen (jährlichen) Einnahmen und Ausgaben eines Haushaltes.

Die **Prozentrechnung** ist eine Vergleichsrechnung.

Seite 26

Grundwert	Ausgangsgröße, Größe in €, kg, m, … entspricht stets 100 %	z.B. 2.000,00 €
Prozentwert	Zahlenwert des Prozentsatzes in €, kg, m, … ausgedrückt. Ein Teil oder Vielfaches vom Grundwert	z.B. 200,00 €
Prozentsatz	Verhältniszahl, relativer Wert, drückt den Prozentwert in % aus.	z.B. 10 %

Seite 36	**Geld im Wandel** Warengeld Metallgeld Münzgeld Papiergeld

Seite 38

Funktionen des Geldes:
- Allgemeines Tauschmittel
- Wertübertragungsmittel
- Gesetzliches Zahlungsmittel
- Wertmesser und Recheneinheit
- Wertaufbewahrungsmittel

Seite 39	**Zahlungsarten** Barzahlung Halbbare Zahlung Bargeldlose Zahlung

Seite 51

Problematik der neuen Techniken
- Computersabotage
- Computerspionage
- Computerhacking
- Computerviren

Seite 20	Die **Tabellenkalkulation** ermöglicht die übersichtliche Darstellung von Daten und die Durchführung von Berechnungen.
Seite 22	Die **Geschäftsgrafik** ermöglicht den schnellen Überblick über Informationen und bietet eine anschauliche und übersichtliche Darstellung.
Seite 52	Das **Internet** ist die modernste Form der Informationsbeschaffung und bietet die Möglichkeit des multimedialen Datenaustausches.

2 Wirtschaftliches Handeln in Unternehmen

2.1 Unternehmen

Christians Lehrer für Betriebswirtschaftslehre/Rechnungswesen informiert die Klasse, dass er die Erkundung eines Fertigungsunternehmens plant. Christians Opa hat sich bereit erklärt die Erkundung in seinem Unternehmen Krönle durchzuführen. Bei dieser Erkundung sollen die Schüler einen ersten Einblick in die moderne Arbeitswelt gewinnen.

Zunächst überlegen die Schülerinnen und Schüler, welche anderen Unternehmen der nahen Umgebung auch noch für eine Erkundung geeignet gewesen wären und wodurch sich diese unterscheiden lassen:

| Großhandel Maier | Schreinerei Huber | Sägewerk Gruber |

1. Überlege, welche Unternehmen es in der Umgebung deiner Realschule gibt.

2. Ordne die links abgebildeten Unternehmen den drei Wirtschaftsbereichen zu.

| Versicherung Schnell | Groß-Bank | Autohaus Kunz |

| Landwirt Kober | Maler Müller | Möbelfertigung Klein |

Wenn wir die Herstellung eines Produktes betrachten, lassen sich drei Wirtschaftsbereiche unterscheiden: Es werden die benötigten Rohstoffe gewonnen (Urproduktion), dann werden diese weiterverarbeitet (Verarbeitung) und schließlich an die Kunden gebracht (Handel):

Urproduktion

z. B.
► Landwirtschaft
► Forstwirtschaft
► Bergbau
► Fischerei

Verarbeitung

z. B.
► Industrie
► Handwerk

Handel/Dienstleistungen

z. B.
► Groß- u. Einzelhandel
► Hotel- und Gaststättengewerbe
► Banken/Versicherungen
► Verkehrswesen

2.2 Aufbau und Wandel unserer Wirtschaft

Der Aufbau der Wirtschaft eines Landes ist immer mit Veränderungen im Laufe der Zeit verbunden. War die Wirtschaft der Bundesrepublik Deutschland im Jahre 1950 noch sehr landwirtschaftlich geprägt, so folgte der Übergang zur Industriegesellschaft und seit einigen Jahren ist die Wirtschaft in unserem Lande durch die Dienstleistungen geprägt. Dieser Wandel der Wirtschaftsstruktur (gegliederter Aufbau) ist eng verbunden mit dem technischen Fortschritt einer Gesellschaft. Auch der Arbeitsmarkt und die Bildung sind von diesem Bestreben nach Verbesserungen in allen Lebensbereichen betroffen. Neue Berufsbilder entstehen, alte gehen verloren. Diese für manche Menschen schmerzhafte Entwicklung (Arbeitslosigkeit!) ist aber für unsere Gesellschaft wichtig, um im Wettbewerb mit anderen Ländern konkurrenzfähig zu bleiben. Wie hat sich die Struktur unserer Wirtschaft im letzten Jahrhundert geändert?

Betrachte rechts stehendes Schaubild.

1. Woran wird die Veränderung unserer Wirtschaftsstruktur hier deutlich gemacht?

2. Berechne für die jeweiligen Wirtschaftsbereiche die Zahl der Beschäftigten 1960 und 2005. Gehe dabei von einer Gesamtbeschäftigtenzahl von 40 Millionen aus.

3. Formuliere drei Aussagesätze, welche die Veränderung der Wirtschaftsstruktur im letzten Jahrhundert deutlich machen.

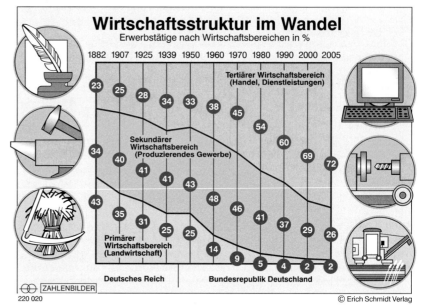

Wirtschaftsstruktur im Wandel
Erwerbstätige nach Wirtschaftsbereichen in %

1882 1907 1925 1939 1950 1960 1970 1980 1990 2000 2005

Tertiärer Wirtschaftsbereich (Handel, Dienstleistungen)
23 25 28 34 33 38 45 54 60 69 72

Sekundärer Wirtschaftsbereich (Produzierendes Gewerbe)
34 40 41 41 43 48 46 41 37 29 26

Primärer Wirtschaftsbereich (Landwirtschaft)
43 35 31 25 25 14 9 5 4 2 2

Deutsches Reich   Bundesrepublik Deutschland

ZAHLENBILDER
220 020   © Erich Schmidt Verlag

Landwirtschaft 1950

Produktion 1950

Dienstleistung 1950

Bedeutung der Landwirtschaft

Die Bedeutung der Landwirtschaft ist nach der Zahl der Beschäftigten oder dem Beitrag zum Bruttoinlandsprodukt (=Wert aller Güter und Dienstleistungen, die in einem Jahr geschaffen werden) als gering anzusehen. Dennoch erfüllt sie wichtige Aufgaben in unserer Gesellschaft. So erzeugt die deutsche Landwirtschaft rund 90 % dessen, was die Bevölkerung an Nahrungsmitteln braucht. Außerdem kaufen die Landwirte im Jahr für rund 25 Milliarden Euro Maschinen, Vieh, Saatgut, Dünge- und Futtermittel sowie Energie. Weitere wichtige Aufgaben erfüllen die Landwirte als Pfleger und Bewahrer unserer Kulturlandschaft und im Umweltschutz, z. B. indem sie vielfach alternative Energiequellen (Solartechnik, Wasser, Pflanzenöle) nutzen. Somit schafft die Landwirtschaft Erholungsräume für andere Menschen und leistet auch einen wichtigen Beitrag zum Tourismus. In den landwirtschaftlichen Berufen kommt man mit Natur und Technik in Berührung, der Umgang mit Maschinen und Computern ist genauso selbstverständlich wie der mit Pflanzen und Tieren.

Bedeutung von Industrie und Handwerk

Die deutsche Industrie ist eine gesunde Mischung aus Klein-, Mittel- und Großbetrieben, in denen rund 6,4 Millionen Beschäftigte arbeiten. Nach den Umsätzen sind die größten Industriezweige der Fahrzeugbau (z. B. Automobilindustrie, Luft- und Raumfahrzeugbau, Schiffbau, Schienenfahrzeugbau), der Maschinenbau (z. B. Werkzeugmaschinen, Motoren und Getriebe, Bau-, Druck- und Verpackungsmaschinen, Haushaltsgeräte), die Elektrotechnik (z. B. Computer, Büromaschinen, Medizintechnik, Optische Geräte), die Chemische Industrie (z. B. chemische Grundstoffe, Farbenindustrie, Pharmaindustrie), die Metallindustrie (z. B. Metallerzeugung und -bearbeitung, Metallerzeugnisse) und das Ernährungsgewerbe. Autos, Maschinen, chemische und elektrotechnische Erzeugnisse sind die Hauptexportgüter Deutschlands (Güter, die ins Ausland verkauft werden).

Auch das Handwerk spielt eine große Rolle in unserer Wirtschaft. In rund 800 000 Betrieben gibt es mehr als 6,5 Millionen Beschäftigte. Besondere Bedeutung hat das Handwerk für junge Leute. Jedes Jahr werden mehr als 200 000 Ausbildungsplätze angeboten. Die meist mittelständischen Betriebe kann man in folgende Gruppen einteilen: Elektro- und Metallgewerbe, Bau- und Ausbaugewerbe, Gesundheits- und Körperpflege, Nahrungsmittelgewerbe, Holzgewerbe, Bekleidungs- und Textilgewerbe.

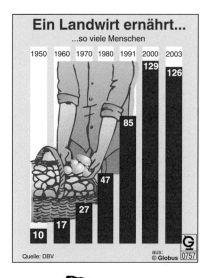

Ein Landwirt ernährt...
...so viele Menschen

1950	1960	1970	1980	1991	2000	2003
10	17	27	47	85	129	126

Quelle: DBV
aus: © Globus 0757

1. Welche Entwicklung zeigt das oben dargestellte Schaubild?

2. Welche Auswirkungen hatte diese Entwicklung auf die Zahl der Erwerbstätigen in der Landwirtschaft?

Logo des Deutschen Handwerks

Landwirtschaft heute

Produktion heute

Dienstleistung heute

Informations- und Kommunikationstechnik

Sammelbezeichnung für die verschiedenen Techniken und Verfahren in der Datenverarbeitung und Telekommunikation sowie ihre Kombination.

© Bibliographisches Institut & F.A. Brockhaus AG, 1999

PC-Einsatz

Handy als Kommunikationsmittel

Um wie viel Prozent ist der Umsatz in der Tul von 2003 bis 2007 gestiegen?

Bedeutung der Dienstleistungen am Beispiel der Informations- und Kommunikationtechnik (IuK)

In den letzten Jahren hat sich der Strukturwandel, weg von der Landwirtschaft und der Industrie, hin zu den Dienstleistungen (wirtschaftliche Leistungen, die nicht Teil der Warenproduktion sind, z. B. Bankdienste, Versicherungsleistungen, Rechtsberatung, Fremdenverkehr, Computerservice, Behördenleistungen) verstärkt. Im Jahr 2010 werden nach einer Prognose des Instituts für Arbeitsmarkt- und Berufsforschung rund 69 % der Erwerbstätigen im Dienstleistungssektor beschäftigt sein. Viele dieser Dienstleistungen sind eng mit der Industrie verknüpft und diese ist damit als Grundlage für unsere Wirtschaft weiterhin sehr wichtig.

Besonders deutlich wird diese Verknüpfung im Bereich der Informations- und Kommunikationstechnik. Damit ist die Hardware und Software gemeint, die zur Verarbeitung und Übertragung von Daten in allen Formen nötig ist. Daten können verschiedene Medien (Multimedia) wie Texte, Ton und Bilder sein. Zur IuK gehören auch die Telekommunikation (über Festnetz, Satellit oder mobil, also per Handy), die elektronische Unterhaltung (Video- und Konsolenspiele, Fernsehen), die Mikroelektronik (einschließlich der Herstellung von Speicherelementen/Chips und elektronischen Bauteilen) und nicht zuletzt das Internet.

Die Herstellung der Güter aus der IuK ist eng mit den dazugehörigen Dienstleistungen verknüpft, ohne die die rasante Entwicklung in diesem Bereich nicht möglich wäre. Die angebotenen Dienste reichen vom Verkauf der Güter aus der IuK bis hin zur Beratung und zum Service. Im Zusammenhang mit dem Internet werden Dienste, wie das Gestalten und Betreuen von Homepages, angeboten (Webdesigner und Webmaster); das Kaufen im Internet (E-Commerce), Bankgeschäfte per PC oder die Abfrage von Informationen sind selbstverständlich geworden.

Diese Entwicklung hin zu einer Informationsgesellschaft und die zunehmende Bedeutung der Dienstleistungen wirkt sich auch auf die Arbeitswelt, die Bildung und die Freizeitgestaltung aus. Die Verwendung von PC und Handy in der Freizeit ist besonders bei Jugendlichen weit verbreitet. Insbesondere die Verbreitung von Meldungen per SMS (**S**hort **M**essage **S**ervice) gehört heute zum Alltag vieler Jugendlicher.

Der deutsche Markt für Telekommunikation und Informationstechnologie

	2003	2004	2005	2006*	2007*
insgesamt in Mrd. Euro	133,1	137,9	142,8	146,4	148,8
davon digitale Konsumelektronik	5,3	6,8	8,6	10,1	10,6
Informationstechnologie	65,2	66,3	68,1	69,9	71,9
Telekommunikation	62,5	64,8	66,0	66,4	66,3

Marktanteile 2006* in Prozent

Informationstechnologie 47,7 %

Telekommunikation 45,4 %
TK-Dienste

2,0 Bürotechnik
2,9 Datenkommunikations-Infrastruktur
Computer Hardware
Software

11,3
11,6
38,7
19,9
3,5
3,2

TK-Endgeräte
TK-Infrastruktur

IT-Dienstleistungen

Digitale Konsumelektronik 6,9 %

Quelle: BITKOM, September 2006   rundungsbedingte Differenzen, *Schätzung

dpa
Grafik 3066

Veränderung der Arbeitswelt

Der Strukturwandel in unserer Gesellschaft führte zum Abbau von Arbeitsplätzen in den Bereichen Landwirtschaft und Industrie und zur Schaffung von neuen Arbeitsplätzen im Bereich der Dienstleistungen. Da jedoch im Verhältnis zum Arbeitsplatzabbau nicht genügend neue Arbeitsplätze geschaffen wurden, führte dies zu einem Ansteigen der Arbeitslosigkeit. Dieser Prozess ist jedoch zur Erhaltung der Wettbewerbsfähigkeit auf dem Weltmarkt unvermeidbar.

Darüber hinaus entstanden auch neue Berufe. So entwickelten sich in der IuK neue Berufsbilder, wie der „Info-Broker", der seinen Auftraggebern spezielle Informationen per Internet oder anderen Datenbanken beschafft, oder der „Webmaster", der für das technisch einwandfreie Funktionieren von Webseiten verantwortlich ist.

Neue Berufsbilder

Es entstanden auch neue Ausbildungsberufe in diesem Bereich, wie z.B. der „Event-Elektroniker", der „Fachinformatiker", der „Informatikkaufmann", der „IT-System-Elektroniker" oder der „IT-System-Kaufmann".

Veränderung der Schulbildung

Eine Veränderung der Wirtschaftsstruktur eines Landes wirkt sich immer auch auf das Ausbildungssystem aus. So sind bereits alle Schulen mit entsprechender Hard- und Software ausgerüstet worden um den Ansprüchen der Gesellschaft und der Wirtschaft an die Schule gerecht werden zu können. Unterricht im Bereich der Informations- und Kommunikationstechnik ist heutzutage eine Selbstverständlichkeit. In vielen Fächern wird mit dem PC und mit multimedialen Unterrichtsmaterialien (CD-ROM) gearbeitet oder der Gebrauch von Standardanwendungen geübt. Auch die sinnvolle Nutzung des Internets als Informationsquelle wird in Projekten oder im Unterricht gelernt. Unterstützung erhalten die Schulen dabei von verschiedenen Unternehmen und dem Staatsministerium für Unterricht und Kultus. Auch das Projekt „Schulen ans Netz", eine gemeinsame Initiative des Bundesministeriums für Bildung und Forschung und der Deutschen Telekom AG, fördert die Schulen beim Zugang ins Internet.

Begeisterung für PC und Internet: Schüler lernen die verschiedenenen Suchmaschinen im www richtig zu nutzen.

Ein Verein unterstützt die Schulen beim Gang ins Internet.

Welche Kenntnisse am PC für Ausbildungsplatzbewerber und für den späteren Beruf wichtig sind, zeigt folgende Infografik:

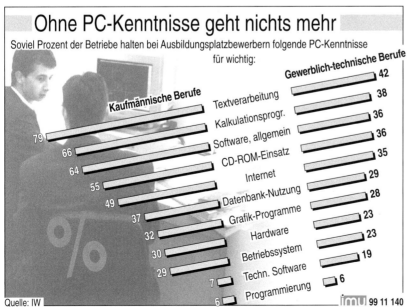

Ohne PC-Kenntnisse geht nichts mehr

Soviel Prozent der Betriebe halten bei Ausbildungsplatzbewerbern folgende PC-Kenntnisse für wichtig:

	Kaufmännische Berufe	Gewerblich-technische Berufe
Textverarbeitung	79	42
Kalkulationsprogr.	66	38
Software, allgemein	64	36
CD-ROM-Einsatz	55	36
Internet	49	35
Datenbank-Nutzung	37	29
Grafik-Programme	32	28
Hardware	30	23
Betriebssystem	29	23
Techn. Software	7	19
Programmierung	6	6

Quelle: IW

imu 99 11 140

Siegeszug des PC

Zahl der Personal Computer je 100 Einwohner in Deutschland

1993	'94	'95	'96	'97	'98	'99	2000	'01	2005
12	15	19	24	26	29	32	36	40	61

Quelle: BITKOM

6155 © Globus

ab 2000 Prognose

I-58

In welche drei Bereiche lässt sich unsere Wirtschaft einteilen?

I-59

Ordne folgende Unternehmen den drei Wirtschaftsbereichen zu:
Sägewerk, Schuhgeschäft, Autohersteller, Bank, Schlosserei, Bäckerei, Großmarkt, Elektrofachgeschäft, Versicherung, Fischzucht, Erzabbau, Möbelfertigung.

I-60

Beantworte folgende Fragen zum Schaubild:
1. Welche Unternehmen sind, gemessen am Umsatz, die drei größten in Deutschland?
2. Um wie viel Prozent machte Daimler-Chrysler mehr Umsatz als Volkswagen?
3. Daimler-Chrysler erzielte 2005 einen Gewinn von 5,7 Milliarden Euro. Wie viel Prozent vom Umsatz sind dies?

I-61

Formuliere drei Aussagen, die Auskunft über die Veränderung des Aufbaus unserer Wirtschaft in den letzten 50 Jahren geben.

I-62

Welche Bedeutung haben die Landwirtschaft, die Industrie und die Dienstleistungen heutzutage?

I-63

Die Veränderungen unserer Wirtschaftsstruktur hat auch Einfluss auf die Arbeitswelt.
Nenne zwei Kennzeichen, an denen man diese Veränderung sehen kann.

I-64

Welche Kenntnisse am PC sollte ein Ausbildungsplatzbewerber haben?

I-65

Welche Kenntnisse und Fähigkeiten muss deiner Meinung nach ein Jugendlicher ins Berufsleben mitbringen, um für die ständigen Veränderungen der Wirtschaftswelt gerüstet zu sein?

Die Umsatz-Riesen

Die größten Unternehmen in Deutschland
Umsatz im Jahr 2005 in Milliarden Euro

Unternehmen	Umsatz
DaimlerChrysler	150
Volkswagen	95
Siemens	75
Deutsche Telekom	60
E.ON	56
Metro	56
BMW	47
Deutsche Post	45
BASF	43
ThyssenKrupp	42
RWE	42
Rewe-Gruppe	42
Bosch	41
Schwarz-Gruppe	40
Edeka	38
Deutsche BP	37
Aldi-Gruppe	36
Bayer	27
Haniel	26
Ford Europa	26
Deutsche Bahn	25
Shell Deutschland	24
Tengelmann	22
RAG	22
Phoenix-Gruppe	20
TUI	20
Deutsche Lufthansa	18
Bertelsmann	18
KarstadtQuelle	15
Hochtief	15

Quelle: Geschäftsberichte
© Globus
z. T. geschätzt
1110

Rufe folgende Internetseiten auf und informiere dich über die neuesten Umsatzzahlen:
www.daimlerchrysler.de
www.volkswagen.de
www.siemens.de

2.3 Vorbereitung der Betriebserkundung bei Krönle

Eine Betriebserkundung lässt sich in die folgenden drei Abschnitte gliedern:

1. Vorbereitung der Erkundung in der Schule

- ▶ Terminabsprache

- ▶ Geschichtlicher Überblick zum Unternehmen

- ▶ Bearbeitung von Informationsmaterial (z. B. Firmenprospekt)

- ▶ Erarbeiten eines Erkundungsbogens mit Fragen zum Unternehmen

- ▶ Bereitstellen von Arbeitsmaterialien

2. Durchführung der Betriebserkundung im Unternehmen

- ▶ Einführungsgespräch

- ▶ Erkundung des Unternehmens (in Arbeitsgruppen)

- ▶ Diskussion über offen gebliebene Fragen, Probleme

3. Nachbereitung der Betriebserkundung in der Schule

- ▶ Auswertung der gewonnenen Informationen durch Erstellen von Berichten, Grafiken, Statistiken, Schautafeln, usw.

- ▶ Präsentieren der Ergebnisse durch **Referate**, Ausstellungen, Wandtafeln oder im Internet

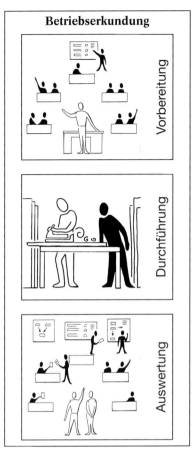

Betriebserkundung

Vorbereitung

Durchführung

Auswertung

Referat zur Vorbereitung der Betriebserkundung

Christians Lehrer hat mit Opa Krönle bereits einen Termin für die Betriebserkundung vereinbart und die Klasse hat einen Erkundungsbogen entworfen, auf dem alle Fragen notiert wurden, die man während der Erkundung stellen will. Es sollen Fotoapparate, Stifte und Notizblöcke mitgenommen werden.

Christian hat sich bereit erklärt vor seinen Klassenkameraden ein Kurzreferat über die Geschichte des Unternehmens zu halten.

Ein Referat ist eine kurze, sachliche Darstellung eines vorgegebenen oder selbst gewählten Themas, das mündlich in freier Rede vorgetragen (d. h. nicht vorgelesen) wird.

Man braucht vor diesem Vortrag keine Scheu zu haben, denn auch die freie Rede zu einem Thema kann man lernen und durch Üben trainieren.

Drei Schritte führen zu einem gelungenen Vortrag:

1. Planung des Referates

2. Vorbereitung des Referates

3. Vortrag des Referates

Diese Schritte werden auf den folgenden Methodikseiten näher ausgeführt.

Vorbereitung

Überlege dir Fragen zum Unternehmen, die du während der Erkundung stellen kannst.

Erkundungsmaterialien

Die Geschichte der Firma Krönle in fünf Minuten

Überblick über die Entwicklung der Firma Krönle zur Vorbereitung der Betriebserkundung

Schülerinnnen und Schüler der 7. Klasse

Christian hat Aufzeichnungen von seinem Opa, einen Firmenprospekt von Krönle und betrachtet die Homepage der Firma:

Firmenprospekt von Krönle

Homepage von Krönle

Firmenlogo

1. Planung

Zunächst musst du ein **Thema genau erfassen** und eingrenzen, da du in der Regel nur wenig Zeit (ca. 5 – 15 Minuten) für deinen Vortrag zur Verfügung hast.

Frage dich anschließend, **welches Ziel** mit dem **Vortrag erreicht werden** soll. Sollen neue oder den Schulunterricht ergänzende Informationen dargelegt werden oder sollst du zu einer Frage Stellung nehmen?

An wen richtet sich dein Vortrag? Diese Fragestellung ist wichtig im Hinblick auf den Kenntnisstand der Zuhörer.

2. Vorbereitung

Als Referent bist du der Spezialist zu einem Thema, deshalb musst du hierfür **Material sammeln**. Einen ersten Überblick kann man sich oft aus Schulbüchern oder einem großen Lexikon verschaffen (Denke auch an die Lexika auf CD-ROM!).

Benötigst du noch mehr Informationen, so musst du diese aus Fachbüchern und Fachzeitschriften gewinnen. Welche Literatur man benötigt, hängt natürlich vom jeweiligen Thema ab, aber die Hauptbezugsquellen sind:
► Schulbibliotheken, Jugendbüchereien, Pfarrbüchereien,
► Stadtbüchereien,
► Private Bibliotheken (frag doch mal deine Lehrer!),
► Buchhandlungen und
► das Internet.

Eine Riesenauswahl von Informationen bietet das Internet. Allerdings besteht hier die Gefahr, dass du viel zu viele Informationen erhältst. Du solltest die Dienste der großen Suchmaschinen in Anspruch nehmen um eine eingegrenzte Auswahl von Seiten zu erhalten (siehe Methodikseite zur Internetnutzung).

Auch das Aufrufen von speziellen Internet-Referatdiensten für Schüler bringt nicht immer den erhofften Erfolg, denn den Vortrag musst du halten und du musst auch auf genaue Fragen deiner Mitschüler und Lehrer antworten können!

Ein vorgefertigtes Referat sollte dir nur zur Orientierung für deinen Vortrag dienen und nicht als Ersatz für deine Arbeit.

Jetzt beginnt die schwierige Arbeit **die gesammelten Materialien** für das Referat **auszuwerten**. Hier solltest du vor allem die Inhaltsverzeichnisse der Bücher und Zeitschriften betrachten um zu sehen, ob geeignete Informationen vorhanden sind.

Schreibe die wichtigsten Informationen heraus. Du wirst feststellen, dass man **Informationen zusammenfassen** und nach bestimmten Gesichtspunkten (z.B. zeitliche Abfolge) in Teilbereiche gliedern muss. Versehe diese mit einer Überschrift und du hast ein erstes Manuskript für deinen Vortrag.

Überarbeite den ersten Entwurf, indem du wichtige Aussagen markierst und Unwichtiges streichst. Überlege, welche Fragen die Zuhörer zu deinen Ausführungen stellen könnten oder welche Teile des Referates zu kompliziert oder zu umfangreich sind. Erstelle nun die Vortragsfassung.

Wenn du dein Referat ausformulierst, dann besteht die Gefahr, dass du es vorliest. Deshalb solltest du **nur Kernsätze und gedankliche Übergänge ausformulieren** und ansonsten **Stichpunkte notieren**, auf die du zurückgreifen kannst. Beim Vortrag sind deshalb Karteikarten oder Blätter im DIN-A5-Format günstig. Schreibe darauf dein Konzept so groß, dass du es auch aus einem Meter Abstand (z. B. auf dem Lehrerpult liegend) noch lesen kannst.

Bei einem Referat werden deine Zuhörer mit einer Menge von neuen Sachverhalten und speziellen Informationen konfrontiert. Deshalb solltest du ein **Infoblatt für deine Zuhörer** gestalten. Hierauf sind zum einen die Gliederung deines Referates und zum anderen Stichwörter und Zusatzinformationen zum Vortrag abgedruckt. Außerdem kannst du noch Platz für Notizen vorsehen und am Ende die wichtigsten Informationsquellen nennen.

3. Vortrag

Du brauchst keine Angst vor einem Referat haben, denn du hast dich gut vorbereitet. Ein bisschen nervös ist jeder Mensch, aber Lampenfieber gehört zu einem Vortrag dazu.

Eine **Begrüßung** der Zuhörer und kurze **Vorstellung der Person** gehören normalerweise auch zu einem Referat. In der Schule kann man auf diese Informationen verzichten, da sie unseren Zuhörern bekannt sind.

Ein guter **Einstieg** ins Referat mindert die Nervosität und erhöht die Aufmerksamkeit der Zuhörer. Der Einstieg soll zum Thema hinführen, das Interesse wecken und zum Mitdenken anregen. Deshalb solltest du dir hier genaue Gedanken machen, welche Geschichte, welches Bild oder welches Beispiel geeignet wäre.

Tipps zum Vortrag:
► Sprich laut und langsam in kurzen, betonten, klaren Sätzen!
► Halte den Blickkontakt mit deinen Zuhörern!
► Achte auf eine offene Körperhaltung (Körpersprache)!
► Erkläre Fachbegriffe und Fremdwörter, mache keine Gedankensprünge!
► Vermeide lange Aufzählungen und veranschauliche deinen Vortrag!
► Fasse deinen Vortrag am Ende noch einmal kurz zusammen!

Besonders wichtig sind deine Überlegungen, welche Hilfsmittel den Vortrag auflockern oder das Thema verständlicher machen. Der Mensch kann sich ca. 50 % der Informationen eines Bildes merken, aber nur ca. 20 % dessen, was er hört. Deshalb ist eine **Veranschaulichung des Vortrages** unbedingt nötig und lockert ihn auf.

Die Tafel kannst du nutzen um Namen, Zahlen oder Fachausdrücke anzuschreiben. Tabellen, Infografiken, Zeichnungen und Bilder können mittels des Tageslichtprojektors dargestellt werden. Schön sind auch kurze Filmausschnitte, ein Kassettenrecorder- oder Wandkarteneinsatz. Ideal ist es, wenn man Dinge darbietet, die man anfassen kann (Modelle, Gegenstände, usw.)

Der **Schluss** eines Referates ist besonders wichtig. Zunächst solltest du eine etwas größere Pause machen und dabei nochmals den Blickkontakt mit deinen Zuhörern suchen. Jetzt **fasst** du die **Ergebnisse des Hauptteiles kurz zusammen** und kannst eine **persönliche Stellungnahme** („Ich bin der Meinung …") abgeben. Gib deinen Zuhörern die Gelegenheit **Fragen** zum Referatsthema zu stellen. Denke zum Abschluss des Referates an den **Dank an die Zuhörer** für ihre Aufmerksamkeit.

Christian gliedert seinen Vortrag chronologisch, d. h. zeitlich geordnet von der Gründung des Unternehmens Krönle 1888 bis heute und entwirft ein Infoblatt:

Christian veranschaulicht sein Referat:

Kartenausschnitt von Augsburg mit Gersthofen

Luftbild der Firma Krönle

Christians Bildmaterial

Christians Referat über die Geschichte der Firma Krönle

Christian zeigt zum Einstieg in sein Referat typische Küchengeräte, wie sie bei Krönle hergestellt werden.

Sein Referat hat einen zeitlich geordneten (chronologischen) Ablauf, wie es sich natürlich bei der Darstellung einer geschichtlichen Entwicklung anbietet. Er veranschaulicht sein Referat durch eine Reihe von Bildern, die er mittels Tageslichtprojektor an die Wand projiziert. Hier seine Notizen auf DIN-A5-Karteikarten:

1888 Firmengründung
Karl Theodor Krönle, Spenglermeister aus Augsburg, gründete 1888 in Gersthofen seinen Spenglereibetrieb. Er wollte die althergebrachten Arbeitsweisen des Handwerks ohne Qualitätsverlust zu modernen industriellen Fertigungsmethoden ausbauen. Mit einem kleinen Mitarbeiterteam fertigte er Produkte für Bau und Bedachung.

1903–1919 Erste Küchengeräte
Bereits 1903 kam das erste Kochgeschirr, damals zuerst noch in Email, ins Produktions- und Verkaufsprogramm. Nach dem Tod von Karl Theodor Krönle 1907 übernahmen seine Söhne Karl und Georg das Geschäft und bauten das Bedachungsprogramm aus.

1920–1950 Rostfrei schon in den Dreißigern
Stahlpfannen und verzinnte Küchengeräte wurden jetzt ins Fertigungsprogramm aufgenommen. Verchromte Küchenartikel und solche aus Messing folgten. In den dreißiger Jahren gab es die ersten rostfreien Küchengeräte und Bestecke bei Krönle. Ab 1945 wurde das Programm hochwertiger Haushalts- und Hotelgeräte systematisch ausgebaut.

1950–1980 Konstantes Wachstum über drei Jahrzehnte
Produktpalette, Mitarbeiterzahl und Verkaufszahlen wuchsen in dieser Zeit kontinuierlich. 1957 kam die erste Löffelschleifmaschine zum Einsatz. 1960 übernahm Günter Krönle, mein Opa, die Firma. In den folgenden Jahren wurden immer wieder Fabrikerweiterungen durchgeführt.

1980–2000 Professionelles Küchenwerkzeug für den Haushalt
Seit 1993 werden in Gersthofen ausschließlich Haushalts- und Küchengeräte unter der Handelsmarke Krönle gefertigt. Neben dem Profi-Programm für den Gastronomie-Bereich bietet Krönle heute ebenso ein umfassendes Programm an hochwertigen Küchengeräten für den anspruchsvollen Privathaushalt.

2001 Moderne, praktische Küchenausrüstung
2000 wurde ein neues, modernes Verwaltungsgebäude fertig gestellt.
Es wurde eine neue Schüsselserie gefertigt und das Krönle-Dosenprogramm setzte neue Maßstäbe als Aufbewahrungssystem. Ein Jahr später brachte Krönle einen neuen, funktionelleren Kochlöffel auf den Markt. Krönle wurde mehrmals als Fachhandelslieferer Nr. 1 ausgezeichnet.

Zum Ende seines Referates zeigt Christian noch einen Kartenausschnitt von Gersthofen und ein Luftbild der Firma Krönle (siehe vorige Seite).

Das ist Christians Referats-Infoblatt für seine Mitschüler:

Infoblatt zur
Firma Krönle

Geschichte

1888 Firmengründung

1903–1919 Erste Küchengeräte

1920–1950 Rostfrei schon in den Dreißigern

1950–1980 Konstantes Wachstum über drei Jahrzehnte

1980–2000 Professionelles Küchenwerkzeug für den Haushalt

2000–heute Moderne, praktische Küchenausrüstung

Notizen

Produkte der Firma Krönle

Küchengeräte für den Haushaltsbedarf

Gastronomie-/ Hotelleriebedarf

Werbeprodukte

Streuer aus Edelstahl
Dosen aus Edelstahl
Küchenspezialgeräte aus Edelstahl

Auszeichnungen

Lage

2.4 Durchführung der Betriebserkundung bei Krönle in Bildern – von

Stahltafeln

Stahl auf Rolle

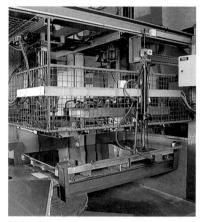

Stahltafeltransport zur Fertigung

Qualitätsprüfung

Materialprüfung

Computergesteuerte Fertigungsmaschine

Verwaltungsgebäude

Produktdesign mit CAD

Verpackungskarton

der Beschaffung über den Fertigungsprozess zur Auslieferung

Durchführung

Unfertige Erzeugnisse

Schöpflöffel-Fertigung

Schüssel-Fertigung

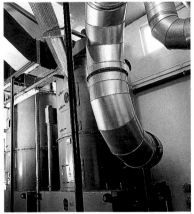

Anlage zur Staubabsaugung

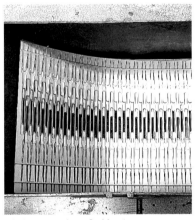

Wiederverwertbare Stahlreste

Polierpaste

Verpackungsfolie

Fertigerzeugnislager

Auslieferung der Fertigerzeugnisse

Auswertung

2.5 Auswertung der Betriebserkundung bei Krönle

In den Unterrichtsstunden nach der Betriebserkundung wurden die Eindrücke und Ergebnisse ausgewertet und schriftlich festgehalten.

2.5.1 Standortwahl

Eine der ersten Fragen während der Erkundung hieß: Warum wurde der Betrieb gerade hier gegründet und blieb an diesem Ort?

Solch einen Ort nennt man **Standort** eines Betriebes und die Gründe, warum sich ein Unternehmen dort niederlässt, werden als **Standortfaktoren** bezeichnet.

Standortfaktoren:

Absatzmarkt

Steuern/Abgaben

Arbeitskräfte

Zulieferer

Verkehrsverbindungen

Rohstoffvorkommen

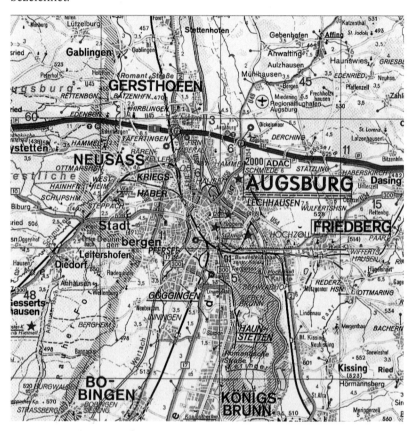

Natürlich hängt die Entscheidung für einen bestimmten Standort von der Art des Unternehmens ab. Wir unterscheiden **materialorientierte** Betriebe, wie Eisen- und Stahlwerke, die sich in der Nähe der Rohstoffvorkommen ansiedeln, um die Kosten für den Transport der Rohstoffe niedrig zu halten. Manche Betriebe benötigen viele Arbeitskräfte oder Facharbeiter für die Produktion, man bezeichnet sie als **arbeits- und lohnorientierte** Betriebe, die sich z.B. in der Nähe von Universitäten oder im ländlichen Raum niederlassen. Unternehmen des Nahrungsmittelgewerbes oder des Baugewerbes entscheiden sich oft für die Nähe zu ihren Kunden oder Großabnehmern, sind also **absatzorientierte** Betriebe. Fast alle Betriebe sind **verkehrsorientiert**, benötigen also eine gute Verkehrsanbindung per Auto, Lkw, Bahn oder Flugzeug. Aber auch andere Gründe sprechen für die Niederlassung an einem bestimmten Ort, wie die Energieversorgung, die Konkurrenzsituation oder auch die Grundstückspreise.

Wähle ein größeres Unternehmen in der Umgebung deiner Realschule aus und überlege, warum dieses Unternehmen sich hier niedergelassen hat. Nimm hierfür eine Karte der Umgebung zur Hilfe.

Die Wahl des Standortes muss gut überlegt sein, da sich hierbei auch die Frage nach den Gewinnaussichten für das Unternehmen mitentscheidet.

Warum hat sich die Firma Krönle in **Gersthofen** angesiedelt und ist dort geblieben?

Zunächst hat das natürlich damit zu tun, dass Familie Krönle aus diesem Gebiet stammt. Heutzutage sprechen vor allem die hervorragende Verkehrsanbindung (Autobahn A8 München/Stuttgart, Bundesstraße B2, Eisenbahnanbindung und der naheliegende Flughafen) und die Nähe zu zwei großen Absatzmärkten (Augsburg und München) für das Verbleiben an diesem Standort. Auch die Tatsache, dass sich viele Speditionen und andere mittelständische Unternehmen hier angesiedelt haben, zeigt die Attraktivität dieses Standortes auf.

Wappen von Gersthofen

Betrachte das Luftbild von Gersthofen auf der linken Seite.

1. Beschreibe, welche Informationen sich aus dem Luftbild über die Stadt Gersthofen ergeben.

2. Welche verkehrsbedingten Standortfaktoren erkennst du?

Luftbild von Gersthofen

Rathaus von Gersthofen

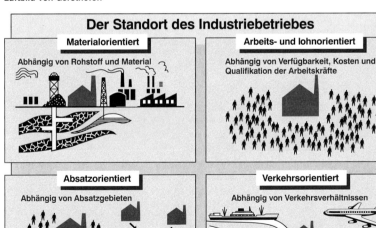

Der Standort des Industriebetriebes

Materialorientiert
Abhängig von Rohstoff und Material

Arbeits- und lohnorientiert
Abhängig von Verfügbarkeit, Kosten und Qualifikation der Arbeitskräfte

Absatzorientiert
Abhängig von Absatzgebieten
Großbetrieb
Zulieferbetriebe

Verkehrsorientiert
Abhängig von Verkehrsverhältnissen

ZAHLENBILDER

201 105

Betrachte die Infografik auf der linken Seite.

Erstelle ein Kurzreferat zur Bedeutung des Standortes für ein Unternehmen, d.h. wovon die Entscheidung für einen bestimmten Standort abhängig ist.

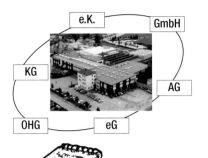

Sieh in einem Lexikon nach, wofür die oben abgdruckten Abkürzungen stehen.

Krönle Küchengeräte und
Hotelleriebedarf e. K.

Augsburger Straße 12
D-86368 Gersthofen
Postfach 12 66

Amtsgericht Augsburg HRA 3345

2.5.2 Rechtsform der Unternehmen

Bei der Betriebserkundung stellten Christians Mitschüler viele Fragen zur Firma Krönle wie

▶ Wer leitet das Unternehmen Krönle?
▶ Wer erhält den Gewinn des Unternehmens und wer trägt einen eventuellen Verlust?
▶ Wie werden neue Maschinen finanziert?
▶ Muss das Unternehmen Krönle auch Steuern bezahlen?
▶ Wer muss für die Schulden einstehen, wenn Krönle Pleite geht?

Entscheidend für die Beantwortung dieser Fragen ist die Wahl der Rechtsform. Der Eigentümer eines Unternehmens hat die freie Wahl zwischen mehreren gesetzlich (z. B. im Handelsgesetzbuch oder GmbH-Gesetz) vorgeschriebenen Unternehmensformen. Damit wird festgelegt, wem das Unternehmen gehört, wer die Entscheidungen zu treffen hat und wer die Verantwortung trägt, wenn das Unternehmen zahlungsunfähig wird. Die Rechtsform ist aber auch für diejenigen interessant, die mit dem Unternehmen in Geschäftsverbindung treten wollen. Deshalb ist es wichtig, dass man schon am Firmennamen die Rechtsform erkennen kann. Auskunft darüber gibt der Zusatz zum Firmennamen.

Sehen wir uns die Rechtsformen der Einzelunternehmung (Unternehmen Krönle) und der Aktiengesellschaft etwas genauer an:

Gesichtspunkte	Einzelunternehmen	Aktiengesellschaft
▶ Gründung	Ein Einzelunternehmen wird einfach, schnell und formlos gegründet.	Man benötigt nur eine Person zur Gründung einer Aktiengesellschaft.
▶ Kapital	Es gibt keine Vorschriften über die Höhe des Startkapitals.	Die Inhaber stellen ihr Kapital in Form von Anteilen (Aktien) zur Verfügung. Es ist ein Grundkapital von mindestens 50.000,00 € nötig.
▶ Geschäftsführung	Der Inhaber arbeitet selbst mit und ihm gehört das Unternehmen allein. Er kann ganz alleine in seinem Betrieb entscheiden.	Die Geschäfte führt der Vorstand in eigener Verantwortung. Die Vorstandsmitglieder sind bezahlte Manager, die bestellt und wieder abberufen werden können.
▶ Gewinn/Verlust	Er erhält den Gewinn und trägt auch die Verluste.	Gewinne werden an die Eigentümer (Aktionäre) ausgeschüttet (Dividende) oder den Rücklagen zugeführt.
▶ Haftung	Der Inhaber trägt das Risiko allein. Bei einer Überschuldung haftet er mit seinem gesamten Vermögen.	Bei einer Überschuldung beschränkt sich die Haftung auf das Vermögen der Gesellschaft.
▶ Handelregister	Ein Eintrag ins Handelsregister (siehe Seite 75) ist erst ab einem gewissen Umsatz und einer bestimmten Mitarbeiterzahl nötig.	Ein Eintrag ins Handelsregister ist vorgeschrieben.
▶ Finanzierung	Will der Inhaber eine neue Maschine kaufen, kann er diese mit seinem Vermögen oder über einen Kredit finanzieren oder er nimmt einen stillen Gesellschafter auf.	Eine Aktiengesellschaft kann zur Finanzierung von Anschaffungen oder Beteiligungen die Rücklagen auflösen, neue Aktien ausgeben oder Kredite aufnehmen.

Zu den am häufigsten vorkommenden Rechtsformen gehört die **Gesellschaft mit beschränkter Haftung**. Du erkennst sie an dem Zusatz GmbH hinter dem Firmennamen. Es gibt einen oder mehrere Gesellschafter, die insgesamt ein Stammkapital von 25.000,00 € aufbringen müssen. Der Geschäftsführer leitet die Geschäfte und trifft Entscheidungen. Er muss nicht Gesellschafter der GmbH sein.

Der Name GmbH sagt schon aus, dass die Gesellschafter nur beschränkt in Höhe ihrer Einlage haften, also nicht mit ihrem Privatvermögen. Eine GmbH muss im Handelsregister eingetragen werden und der Gesellschaftervertrag muss vor einem Notar abgeschlossen werden.

Die Gewinne einer GmbH werden je nach Gesellschaftsanteilen an die Gesellschafter verteilt.

Will eine GmbH eine größere Anschaffung finanzieren, so könnten die einzelnen Gesellschafter jeweils einen Betrag zuschießen oder es werden neue Gesellschafter aufgenommen. Natürlich kann eine GmbH auch einen Kredit bei einem Kreditinstitut aufnehmen.

Neben diesen drei Rechtsformen gibt es noch weitere wie die Kommanditgesellschaft (**KG**), die Offene Handelsgesellschaft (**OHG**), die Gesellschaft des bürgerlichen Rechts (**GdbR**) oder Mischformen (**GmbH & Co. KG**, **KGaA**).

Hier eine Übersicht über die Einteilung der wichtigsten Rechtsformen:

Einzelunternehmung	Personengesellschaft	Kapitalgesellschaft
freiberufliche Tätigkeit (Arzt, Rechtsanwalt) gewerbliche Tätigkeit (Krönle)	GdbR OHG KG	GmbH AG

Folgendes Schaubild gibt Auskunft über die Häufigkeit der gewählten Rechtsformen:

Stiller Gesellschafter

ist eine Person, die einem Unternehmen Geld zur Verfügung stellt und damit auch am Gewinn beteiligt ist. Still nennt man ihn, weil er nach außen nicht sichtbar wird und kein Mitspracherecht hat.

Notar

Ein Notar ist eine unabhängige Person, die Rechtsvorgänge (z. B. Grundstücksverträge, Testamente) beurkundet. Notare prüfen Vorgänge, belehren die Ratsuchenden und betreuen sie in schwierigen Rechtsfragen. Notare müssen die Befähigung zum Richteramt haben.

Nimm ein Branchenadressbuch zur Hand. Schlage irgendeine Seite auf und stelle fest, wie oft die links dargestellten Rechtsformen vorkommen.

Betrachte die links abgebildete Infografik:
1. Wie viele umsatzsteuerpflichtige Unternehmen gab es 2005 in Deutschland?
2. Berechne, wie viel Prozent der Unternehmen die Rechtsform der Einzelunternehmung haben.
3. Berechne, wie viel Prozent der Unternehmen die Rechtsform der Gesellschaft mit beschränkter Haftung haben?
4. Welche der aufgeführten Rechtsformen zählen zu den Mischformen?
5. Welche Behörde wird als Quelle für die dargestellten Daten genannt?
6. Übernehme die Daten aus dem Schaubild in das Rechenblatt einer Tabellenkalkulation und erstelle ein geeignetes Diagramm.

Firmenname

Das Einzelunternehmen Krönle heißt:

Krönle Küchengeräte und Hotelleriebdarf e. K.

Es hätte sich auch so nennen können:

Günter Krönle e. K.

Günter e. K.

Krönle Küchengeräte e. K.

Küchfix e. K.
(Fantasiebezeichnung)

Auch andere Rechtsformen müssen einen Rechtsformzusatz führen:

Kommanditgesellschaft → KG

Offene Handelsgesellschaft → OHG

Gesellschaft mit beschränkter Haftung → GmbH

Aktiengesellschaft → AG

Genossenschaft → eG

Der Geschäftsbrief der Firma Krönle enthält alle notwendigen Angaben:

① **Firma**

② **Rechtsformzusatz**

③ **Handelsniederlassung**

④ **Registergericht**

⑤ **Handelsregisternummer**

2.5.3 Firma

Die Firma ist im rechtlichen Sinne der **Name**, unter dem ein Unternehmen tätig wird und in der Öffentlichkeit bekannt ist. Solch ein Firmenname hat eine große wirtschaftliche Bedeutung, da man sich damit von anderen Unternehmen unterscheiden kann. Nach dem Handelsrecht (steht im HGB = Handelsgesetzbuch) haben alle im Handelsregister (siehe nächstes Kapitel) eingetragenen Firmen die freie Wahl sich einen werbewirksamen und einprägsamen Firmennamen zu geben. Sie müssen dabei nur auf eine deutliche **Unterscheidungsmöglichkeit** zu anderen Firmen achten und dürfen **nicht irreführend** sein. Außerdem muss aus dem Firmennamen hervorgehen, wer im Unternehmen das Sagen hat und wer im Falle einer Insolvenz (=Zahlungsunfähigkeit) für die Schulden eintritt (=**haftet**).

Diese Informationen enthält das Kürzel, das jedem Firmennamen angehängt werden muss (**Rechtsformzusatz**). So muss jedes Einzelunternehmen, also auch die Firma Krönle, den **Zusatz „eingetragener Kaufmann"** oder „**eingetragene Kauffrau"** führen. Erlaubt sind auch eindeutige Abkürzungen wie „e. K." bzw. „e. Kfm." oder „e. Kfr.".

Im Handelsgesetzbuch wird auch geregelt, welche Angaben die Geschäftsbriefe (z.B. Rechnungen, die an Kunden geschrieben werden) haben müssen: Angabe der **Firma**, den **Rechtsformzusatz** (bei AG und GmbH zusätzlich wer haftet), den **Ort der Handelsniederlassung**, das **Registergericht** (Amtsgericht, wo die Firma schriftlich eingetragen ist), die **Nummer**, unter der die Firma **im Handelsregister** eingetragen ist.

① # Krönle

Küchengeräte und ② Hotelleriebedarf e. K.

Krönle e. K., Augsburger Straße 12, 86368 Gersthofen

Martin Wagner
Alpenweg 8
80688 München

RECHNUNG

Krönle Küchengeräte und Hotelleriebedarf e. K.
③ Augsburger Straße 12
④ 86368 Gersthofen ⑤
Amtsgericht Augsburg HRA 3345
☎ 0821 497244
🖷 0821 497255
💻 www.kroenle-online.de

Gersthofen, 25. Mai 20..

Für die Lieferung vom **22. Mai** erlauben wir uns, Ihnen zu berechnen:				
Artikel	Artikel-Nr.	Einzelpreis €	Stück	Gesamtpreis €
Schöpflöffel "Maxi"	SL-24	21,00	50	1.050,00
Schöpfkelle "Midi"	SM-22	14,50	50	725,00
Warenwert netto				1.775,00
Frachtkosten				80,00
Umsatzsteuer 19 %				352,45
				2.207,45

2.5.4 Handelsregister

Wenn ein Unternehmer als Kaufmann gilt (das ist abhängig von der Art der Tätigkeit, vom Umsatz, der Mitarbeiterzahl; ein kleiner Zeitschriftenladen fällt nicht hierunter), muss er sich in das Handelsregister eintragen lassen. Es ist ein Verzeichnis, das alle wichtigen Informationen über das Unternehmen enthält. Dazu zählen u. a. die **Firma**, der **Name des Inhabers**, die **Rechtsform** und der **Unternehmenszweck**. Dieses Register wird vom zuständigen Amtsgericht (Registergericht) geführt. Jedermann kann das Handelsregister einsehen und sich so über das Unternehmen informieren. Auf die Angaben im Handelsregister kann man sich verlassen, also z. B. wer das Unternehmen leitet. Übrigens werden die Informationen aus dem Handelsregister bei Gründung, Verkauf oder Auflösung auch immer im Bundesanzeiger und einer örtlichen Tageszeitung veröffentlicht.

Registergericht Augsburg

Das Handelsregister besteht aus zwei Abteilungen. In der Abteilung A werden Einzelkaufleute und Personengesellschaften (KG, OHG) eingetragen, in der Abteilung B werden die Kapitalgesellschaften (GmbH, AG) verzeichnet. Genossenschaften und Vereine stehen in besonderen Registern.

Der Eintrag in das Handelsregister ist nicht kostenlos, sondern beträgt bei Einzelunternehmen ca. 100 bis 250 €, bei einer GmbH rund 1.000 € und muss auch von einem Notar angemeldet werden.

Wer sich in das Handelsregister eintragen lässt (auch der Inhaber des oben genannten Zeitschriftenladens kann sein Geschäft freiwillig eintragen lassen), genießt bei den Geschäftspartnern Vertrauen, hat ein professionelles Image und kann leichter Geschäftsbeziehungen mit Partnern im Ausland anbahnen. Allerdings müssen dann auch gewisse Pflichten erfüllt werden. So muss man eine Buchführung nach den strengen Regeln des Handelsgesetzbuches durchführen.

Insgesamt bedeutet der Eintrag in das Handelsregister einen großen Rechtsschutz, insbesondere für die Geschäftspartner, da man auf die Richtigkeit der Eintragungen oder Bekanntmachungen vertrauen darf. Ein Eintrag ins Handelsregister ist nicht nur bei Neugründung eines Unternehmens nötig, sondern z. B. auch bei einer Verlegung des Unternehmenssitzes an einen anderen Ort oder bei einer Errichtung einer Zweigniederlassung.

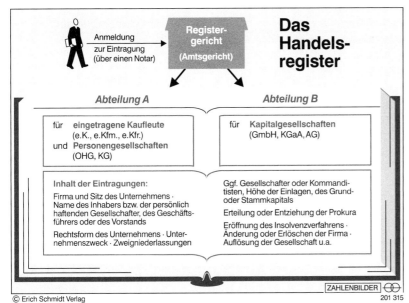

© Erich Schmidt Verlag

Auszug aus einem Handelsregister

75

2.5.5 Aufbau und Aufgaben eines Fertigungsunternehmens

Firma Krönle will ihre Produkte mit Erfolg auf dem Markt verkaufen. Damit sie dies kann, benötigt sie eine bestimmte Organisation, d. h. einen Aufbau, der einen geregelten, störungsfreien betrieblichen Ablauf gewährleistet.

Christian und seine Klassenkameraden betrachten eine Übersichtsskizze von der Firma Krönle und fassen zusammen, was sie alles über den Aufbau der Firma Krönle während der Betriebserkundung erfahren haben.

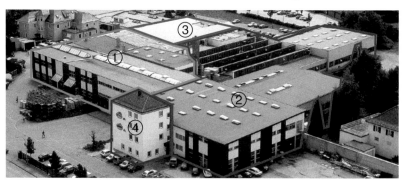

① **Beschaffung**

② **Fertigung**

③ **Absatz (Vertrieb)**

④ **Verwaltung**

Jedes Unternehmen umfasst die Bereiche Beschaffung, Fertigung, Absatz (Vertrieb) und die Verwaltung.

Die **Beschaffung**, auch Materialwirtschaft genannt, kümmert sich um die Materialbestellung, prüft das Material auf Qualität und überwacht die Lagerung. In der **Fertigung** werden die Arbeitsabläufe vorbereitet, es wird produziert und am Ende die Qualität des Produktes kontrolliert. Der **Vertrieb** muss neue Aufträge hereinholen, die Endprodukte prüfen, ausliefern und sich der Werbung für die Produkte annehmen. Die **Verwaltung** umfasst die Leitung des Unternehmens. Man kann sie in eine technische und eine kaufmännische Leitung unterteilen. Die technische Leitung forscht und entwickelt neue Produkte, plant die einzelnen Fertigungsschritte und ist für die EDV (Elektronische Datenverarbeitung) zuständig. Die kaufmännische Leitung organisiert den gesamten Betrieb, sie beinhaltet das betriebliche Rechnungswesen, die Personalverwaltung und die Finanzierung der betrieblichen Vorhaben.

1. In welche vier Bereiche kann man jedes Unternehmen einteilen?

2. Warum sind organisatorische Regelungen in einem Betrieb unbedingt notwendig?

3. Betrachte das Schaubild zum Aufbau eines Betriebes.
   In welche vier Teilbereiche kann man das Betriebliche Rechnungswesen einteilen?

Die Hauptaufgabe der Unternehmen ist die Herstellung von Sachgütern oder Dienstleistungen für den Bedarf Dritter, also anderer Personen, so stellt Firma Krönle aus bezogenem Material Küchengeräte und Hotelleriebedarf her:

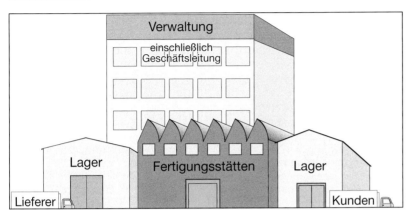

Das Unternehmen Krönle steht neben den Lieferern und den Kunden noch mit vielen anderen Personen und Behörden im Kontakt.

Nenne mindestens fünf weitere Personen oder Behörden, mit denen Krönle in Verbindung steht.

Ziel des Unternehmens ist es, Einnahmen (durch den Verkauf der Küchengeräte) zu erzielen, die größer sind als die Ausgaben (z.B. für Material, Maschinen, Arbeitskräfte). Ständig sind die Vorgänge der Beschaffung, der Fertigung und des Absatzes zu **kontrollieren**, **Entscheidungen zu treffen** und **Planungen** für die Zukunft nötig.

Die Unternehmensleitung (Herr Krönle) hat auch gegenüber den Mitarbeitern eine hohe **Verantwortung**, denn als Arbeitgeber trifft er täglich Entscheidungen im Unternehmen und diese wirken sich auch auf die Familien jedes einzelnen Beschäftigten aus.

Herr Krönle hat als Unternehmer eine Reihe von Aufgaben zu bewältigen.

Sehen wir uns die Hauptaufgabe der Firma Krönle, das Produzieren von Küchengeräten, nochmals im Schema an:

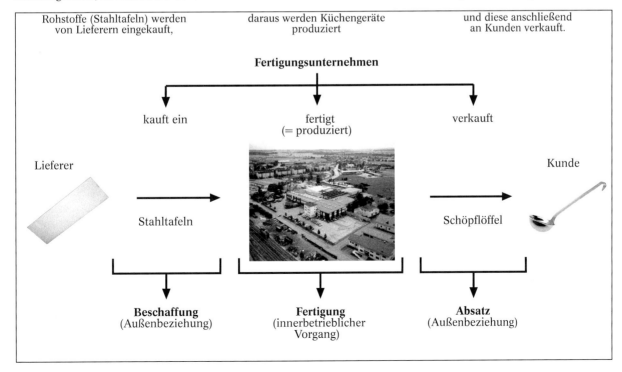

Homepage der Firma Krönle, gestaltet von der Werbeagentur Konrad Müller

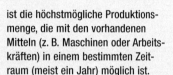

Kapazität

ist die höchstmögliche Produktionsmenge, die mit den vorhandenen Mitteln (z. B. Maschinen oder Arbeitskräften) in einem bestimmten Zeitraum (meist ein Jahr) möglich ist.

2.5.6 Aufgaben von Dienstleistungsunternehmen

Firma Krönle arbeitet als Hersteller von Küchengeräten (Sachgüter) eng mit anderen Unternehmen zusammen, die Dienstleistungen anbieten. Die Werbeagentur Konrad Müller in Bamberg entwirft für Krönle die Internetseiten, Prospekte und sonstiges Werbematerial. **Was unterscheidet diesen Dienstleistungsbetrieb vom Fertigungsunternehmen?**

Konrad Müller stellt keine Sachgüter her, sondern bietet **ein nicht fassbares (immaterielles) Gut** an (z. B. eine Werbekampagne). Firma Krönle und Firma Müller müssen **persönlich zusammenarbeiten** (Firma Krönle muss ihre eigenen Vorstellungen miteinbringen). Außerdem stellt Firma Müller keine Massenprodukte her, sondern spezielle, **individuelle** auf jeden Kunden ausgerichtete Leistungen (z. B. eine bestimmte Homepage).

Dies bedeutet, dass

▸ die Dienste von der Werbeagentur Müller **nicht lagerfähig** sind (sie kann keine Werbemaßnahme im Voraus erstellen).

▸ Müller immer **Kapazitäten frei halten muss** (z. B. wenn Krönle einen neuen Werbeprospekt benötigt).

▸ Müller seine **Dienstleistungen kaum durch Maschinen ersetzen kann** (der Mensch steht im Mittelpunkt der Dienste).

Firma Krönle arbeitet neben der Werbeagentur Müller noch mit einer Vielzahl von industrienahen Dienstleistungsunternehmen zusammen:

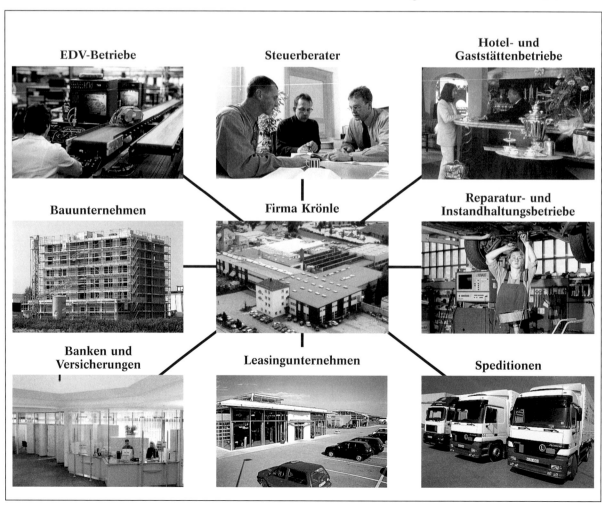

2.5.7 Kundenorientierung

Firma Krönle richtet seine Tätigkeiten an den Bedürfnissen und Erwartungen ihrer Kunden aus. Man nennt diese Einstellung **kundenorientiert**, d.h. alle betrieblichen Aktivitäten werden aus Sicht des Kunden betrachtet.

Firma Krönle stellt sich deshalb immer drei Fragen:
1. Was erwartet der Kunde von mir?
2. Was hat der Kunde von dem, was wir für ihn tun?
3. Wie können wir unseren Kunden noch nützlicher werden?

Der König Kunde ...

... will nicht streiten, sondern **zufrieden gestellt** werden.

... bleibt dem Unternehmen treu, wenn er sich damit **identifizieren** kann.

... erwartet **individuelle** Problemlösungen.

... **entscheidet** über Erfolg und Misserfolg.

... **beurteilt** die Leistungsfähigkeit des Unternehmens.

... **schaut auf Qualität** der Produkte.

Unternehmen, die sich **nicht** kundenorientiert verhalten, müssen mit folgenden negativen Auswirkungen rechnen:
▶ weniger Absatz,
▶ höhere Servicekosten durch Behebung von Fehlern oder Nachbesserungen,
▶ große Unzufriedenheit bei den Kunden,
▶ weniger Weiterempfehlungen (Mundpropaganda),
▶ mehr Abwanderungen der Kunden zur Konkurrenz,
▶ weniger Toleranz der Kunden gegenüber Preiserhöhungen.

Damit diese negativen Folgen vermieden werden, muss die Kundenorientierung geschult werden. Dazu gehören z.B. das Training des Beschwerdemanagements (Umgang mit Reklamationen von Kunden), der Kommunikationsfähigkeit (Wie spreche ich mit dem Kunden?) und der Sozialkompetenz (Wie verhalte ich mich Kunden gegenüber?).

Durch Schulung der Mitarbeiter gelingt es Firma Krönle, die Kundenzufriedenheit zu erhöhen. Damit werden Stammkunden gehalten und neue Kunden durch Weiterempfehlung gewonnen. Hohe Kundenzufriedenheit bedeutet mehr Umsatz und Gewinn!

Betrachte die unten abgebildete Karikatur.

1. Was wird hier überspitzt dargestellt?

2. Wie hätte die Verkäuferin kundenorientiert handeln können?

3. Wie sollte deiner Meinung nach gutes Verkaufspersonal sein?

Das neueste Produkt der Firma Krönle

Stahltafeln

Kunststoffgriffe

Spezialkleber

Polierpaste

1. Bei der Fertigung von Metallwaren wird besonders gerne das Metall Aluminium verwendet.
   Welche Vorzüge bietet dieses Metall?

2. Erstelle eine Liste mit den Werkstoffen, die du bei deiner Betriebserkundung erkannt hast.

3. Nimm ein Lexikon zur Hand und informiere dich, was man unter „Stanzen" versteht.

2.5.8 Die betrieblichen Produktionsfaktoren

Bei der Erkundung wurde auch das neueste Produkt der Firma Krönle, ein sehr modernes Essbesteck, vorgestellt.

Christian bringt dieses Essbesteck in den Unterricht mit um zu untersuchen, welche Güter (Sachgüter und Dienstleistungen) für die Herstellung erforderlich sind. Alle beim Produktionsprozess eingesetzten Güter werden als **betriebliche Produktionsfaktoren** bezeichnet.

Werkstoffe

Zunächst listet die Klasse alle verwendeten Ausgangsstoffe auf. Sie werden als **Werkstoffe** bezeichnet und man teilt sie folgendermaßen ein:

Der Hauptbestandteil der Bestecke wird in Form von Stahltafeln oder Stahlblechen geliefert, man nennt sie **Rohstoffe**. Sie werden im Betrieb zu Schöpflöffeln, Bestecken, Töpfen usw. verarbeitet und sind ein **Hauptbestandteil** des Endproduktes.

Griffe für Bestecke (aus Holz oder Kunststoff) werden von der Firma Krönle nicht selbst hergestellt, sondern nur in das Besteck eingesetzt. Der Lieferer fertigt sie nach den Angaben der Firma Krönle. Man bezeichnet derartige Gegenstände als bezogene Fertigteile oder **Fremdbauteile**. Auch sie gehören zu den **Hauptbestandteilen** des Endproduktes.

Nieten oder Spezialkleber halten die einzelnen Teile eines Produktes zusammen. Man bezeichnet sie als **Hilfsstoffe**. Sie gehen ebenfalls in das Endprodukt ein, sind jedoch ein **Nebenbestandteil**.

Die Fertigungsmaschinen müssen angetrieben, geschmiert und geputzt werden. Bohrer und Stanzmaschinen müssen mit Wasser oder speziellen Flüssigkeiten gekühlt werden, damit sie nicht heiß laufen. Zur Oberflächenbehandlung des Essbesteckes wird Polierpaste verwendet. Diese Stoffe bezeichnet man als **Betriebsstoffe**. Sie sind **kein Bestandteil** des Endproduktes, aber für seine Herstellung unentbehrlich.

Hier alle Ausgangsmaterialien auf einen Blick:

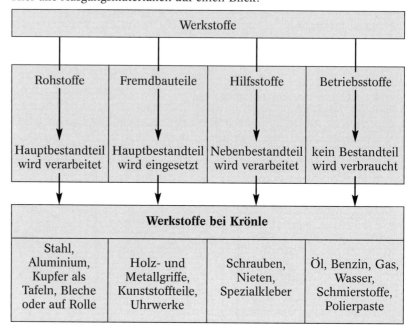

Werkstoffe			
Rohstoffe	Fremdbauteile	Hilfsstoffe	Betriebsstoffe
Hauptbestandteil wird verarbeitet	Hauptbestandteil wird eingesetzt	Nebenbestandteil wird verarbeitet	kein Bestandteil wird verbraucht
Werkstoffe bei Krönle			
Stahl, Aluminium, Kupfer als Tafeln, Bleche oder auf Rolle	Holz- und Metallgriffe, Kunststoffteile, Uhrwerke	Schrauben, Nieten, Spezialkleber	Öl, Benzin, Gas, Wasser, Schmierstoffe, Polierpaste

Werkstoffe mit hoher Qualität sind für jedes Fertigungsunternehmen wichtig, aber für die Herstellung des Produktes benötigt man noch weitere Faktoren:

Betriebsmittel
Dazu gehören Grundstücke und Gebäude, Maschinen und Transportbänder, Zeichentische für die Konstruktion, aber auch die gesamte kaufmännische Büroausstattung und die Einrichtungen der Kommunikation. Sie stehen **dem Betrieb auf Dauer oder zumindest für längere Zeit zur Verfügung**. Sie gehören zum **Anlagevermögen** (Gegenstände, die langfristig im Betrieb genutzt werden!).

Betriebsmittel sind ein betrieblicher Produktionsfaktor, der alle Sachgüter umfasst, die bei Krönle für die Fertigung der Küchengeräte benötigt werden, ohne Teil der Produkte selbst zu werden.

1. Maschinen können oft mehrere Tonnen schwer sein. Trotzdem bezeichnen wir sie, genauso wie einen Lkw (Automobil) als Mobilien (lateinisch: mobilis = beweglich). Was kennzeichnet demnach eine Mobilie im Vergleich zur Immobilie?

2. Finde weitere Beispiele für Betriebsmittel in einem Metall verarbeitenden Betrieb.

Immobilien = unbewegliche Gegenstände

Grundstück

Verwaltungsgebäude

Fertigungshallen

Mobilien = bewegliche Gegenstände

Fertigungsmaschine

Gabelstapler

Werkzeuge

Büroeinrichtung

Lieferwagen

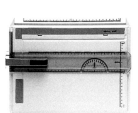

Zeichenplatte

Computer

Transportband

Hubwagen

Neben den Werkstoffen und den Betriebsmitteln benötigt man vor allem die menschliche Arbeitskraft zur Erstellung der Produkte.

Menschliche Arbeitskraft

Wir verstehen darunter den Einsatz aller geistigen und körperlichen Fähigkeiten der Mitarbeiter des Betriebes.

Anton Maier, Werkzeugmacher, arbeitet seit 23 Jahren als Facharbeiter im Betrieb.

Izgür Morat, türkischer Staatsbürger, Mechatroniker, ist seit sieben Jahren verantwortlicher Monteur.

Katharina Hölzle, Industriekauffrau, ist seit zwölf Jahren in der technischen Leitung tätig.

Robert Kümmer, Werkzeugmechaniker, ist seit sechs Jahren Leiter der Abteilung „Stanzerei".

Miriam Löffler, Bürokauffrau, arbeitet seit 14 Jahren als Sekretärin in der Abteilung Rechnungswesen.

Ein Teil der Belegschaft der Firma Krönle

Man kann die Mitarbeiter im Betrieb nach verschiedenen Kriterien einteilen. Möglich wäre diese Einteilung nach der Vorbildung, die ein Mitarbeiter hat, oder nach dem Umfang der Verantwortung, die ein Mitarbeiter im Betrieb trägt.

Nimm die aktuelle Ausgabe von „Beruf Aktuell" des Arbeitsamtes zur Hand (frage evtl. deinen Lehrer!) und lies nach, welche Tätigkeiten die oben genannten Personen in ihren jeweiligen Berufen auszuüben haben.

Benutze eine Suchmaschine im Internet und sammle Informationen zum Berufsbild des Werkzeugmechanikers.

Erstelle anschließend ein Informationsblatt zu diesem Berufsbild.

All diese sehr verschiedenen Menschen verbindet die gemeinsame Arbeit, nämlich die Herstellung von Küchengeräten.

Sie setzen ihre Arbeitskraft ein, erzielen für sich Einkommen und tragen zum erfolgreichen Wirtschaften des Unternehmens Krönle bei.

Werkstoffe, Betriebsmittel und menschliche Arbeitskraft werden als Elementarfaktoren (lat.: elementum = Grundbestandteil) der Betriebswirtschaft bezeichnet. Hinzu kommt die Betriebsleitung.

Betriebsleitung
Ihre Aufgaben sind:

▶ Dem Betrieb Ziele vorzugeben (z.B. „Wir wollen im laufenden Jahr unseren Umsatz um fünf Prozent steigern.").
▶ Zu entscheiden, was mit welchen Mitteln und auf welche Weise produziert werden soll.
▶ Dafür Sorge zu tragen, dass die Mitarbeiter gerne im Betrieb arbeiten (Mitarbeitermotivation).

Diese Aufgaben werden heutzutage als Management eines Betriebes bezeichnet.

In kleineren Betrieben nimmt der Betriebsinhaber selbst noch alle Aufgaben der Betriebsleitung wahr. In größeren Betrieben sind es qualifizierte leitende Angestellte, in Aktiengesellschaften die Mitglieder des Vorstandes.

Werkstoffe, Betriebsmittel, menschliche Arbeitskraft und Betriebsleitung bilden zusammen die **betrieblichen Produktionsfaktoren**. Du kennst das Wort Faktor aus der Mathematik: Mindestens zwei Rechenglieder (Faktoren) ergeben ein Produkt (lateinisch: producere = hervorbringen). Auf wirtschaftliche Sachverhalte übertragen bedeutet das: Werden Bestandteile, die für sich allein nicht in der Lage sind, etwas hervorzubringen, **sinnvoll** miteinander verbunden, dann entstehen neue Güter.

Die sinnvolle Kombination aller betrieblichen Produktionsfaktoren führt zum neuen fertigen Produkt:

Werkstoffe
X

Betriebsmittel
X

Arbeitskraft
X

Betriebsleitung

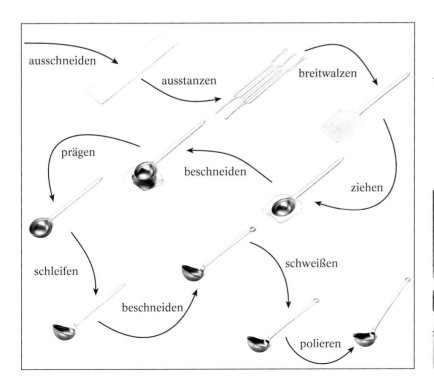

ausschneiden

ausstanzen

breitwalzen

prägen

beschneiden

ziehen

schleifen

beschneiden

schweißen

polieren

neues Produkt

2.5.9 Rechnungswesen als Teilaufgabe der Unternehmensleitung

Ähnlich wie Christians Familie alle Einnahmen und Ausgaben im so genannten Haushaltsbuch aufschreibt (wir sprechen dann von Haushaltsbuchführung), zeichnet auch Herr Krönle alle Ausgaben und Einnahmen (Vorgänge mit Außenbeziehungen) und die innerbetrieblichen Vorgänge genau auf. So kann er stets einen Überblick über sein Unternehmen behalten und wird seiner hohen Verantwortung gerecht. Er führt Buch (**Buchführung**) und stellt Berechnungen an zu den Preisen, die er fordern muss, um seine Kosten zu decken und einen Gewinn zu erzielen (**Rechnen, Kalkulation**).

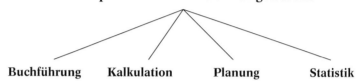

Hauptbereiche des Rechnungswesens

Buchführung **Kalkulation** **Planung** **Statistik**

Die **Buchführung** erfüllt in erster Linie eine Dokumentationsaufgabe. Alle betrieblichen Vorgänge werden lückenlos und chronologisch aufgezeichnet. Sie ist gesetzlich vorgeschrieben.

Die **Kalkulation** (Kosten-Leistungs-Rechnung) dient der Kontrolle der innerbetrieblichen Vorgänge und der Wirtschaftlichkeit des Unternehmens.

Die **Planung** der zukünftigen Entwicklung des Unternehmens ist eine wichtige Aufgabe des Rechnungswesens. Prognosen über voraussichtliche Marktchancen oder die Zielsetzung des Betriebes bedürfen einer genauen Auswertung der vorhandenen Daten.

Die **Statistik** bereitet die vorhandenen Daten auf, ordnet sie und wertet diese aus. Sie entwickelt Tabellen, Schaubilder und Diagramme und berechnet Zahlen für den Vergleich mit anderen Unternehmen oder den Zahlen aus dem Vorjahr.

„Summa de Arithmetica, Geometria, Proportioni et Proportionalità", das Buch von Luca Pacioli, der 1494 die Doppelte Buchführung als erster schriftlich festhielt.

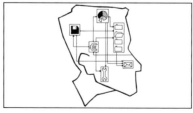

1. Sieh im Fremdwörterbuch nach, woher das Wort Kalkulation stammt und was es übersetzt bedeutet.

2. Ordne den vier Abbildungen rechts die Hauptbereiche des Rechnungswesens zu.

Das Rechnungswesen ist ein wichtiges **Führungs- und Kontrollinstrument der Unternehmensleitung**. Buchführung und Kalkulation sind die grundlegenden Voraussetzungen für jedes Unternehmen, um erfolgreich, d. h. mit Gewinn, wirtschaften zu können.

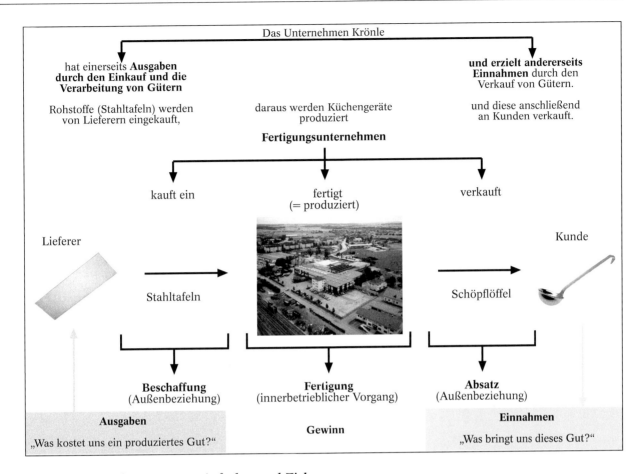

Das Unternehmen Krönle

hat einerseits **Ausgaben durch den Einkauf und die Verarbeitung von Gütern**

und erzielt andererseits Einnahmen durch den Verkauf von Gütern.

Rohstoffe (Stahltafeln) werden von Lieferern eingekauft,

daraus werden Küchengeräte produziert

und diese anschließend an Kunden verkauft.

Fertigungsunternehmen

kauft ein

fertigt (= produziert)

verkauft

Lieferer

Kunde

Stahltafeln

Schöpflöffel

Beschaffung (Außenbeziehung)

Fertigung (innerbetrieblicher Vorgang)

Absatz (Außenbeziehung)

Ausgaben

Gewinn

Einnahmen

„Was kostet uns ein produziertes Gut?"

„Was bringt uns dieses Gut?"

Betriebliches Rechnungswesen: Aufgaben und Ziele

Aufgabe des Rechnungswesens im Allgemeinen ist zunächst die exakte zahlenmäßige Erfassung aller betrieblichen Vorgänge; dazu gehören **Buchführung** und **Berechnungen** (Kalkulation).

Buchführung und Kalkulation sind die Grundlage für alle

Kontrollen des Betriebsgeschehens,

Entscheidungen der Gegenwart,

Planungen für die Zukunft.

Für jedes Unternehmen ist das Rechnungswesen geradezu lebenswichtig; nur so kann es erfolgreich geführt werden und ist die Gefahr des Unternehmenszusammenbruchs (Insolvenz = Zahlungsunfähigkeit) mit seinen Folgen (z.B. Verlust der Arbeitsplätze) auszuschließen.

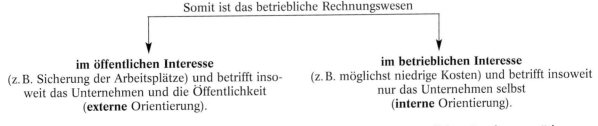

Somit ist das betriebliche Rechnungswesen

im öffentlichen Interesse
(z.B. Sicherung der Arbeitsplätze) und betrifft insoweit das Unternehmen und die Öffentlichkeit (**externe** Orientierung).

Der Gesetzgeber erzwingt ein gewisses Maß an Rechnungswesen, z.B. durch die Vorschriften des Handelsgesetzbuches (**HGB**).

im betrieblichen Interesse
(z.B. möglichst niedrige Kosten) und betrifft insoweit nur das Unternehmen selbst (**interne** Orientierung).

Hier sind keine gesetzlichen Regelungen nötig sondern **betriebswirtschaftlicher Sachverstand**.

Gefährdung der Luft

Gefährdung des Bodens

Gefährdung des Wassers

2.5.10 Umweltschutz im Unternehmen

Die Betriebserkundung bei Krönle zeigte deutlich auf, dass der Umweltschutz für diese Firma einen sehr hohen Stellenwert hat. So wurde bereits vor 25 Jahren eine Wärmerückgewinnungsanlage eingerichtet.

Bei der Gütererstellung entnehmen wir aus der Natur Rohstoffe und verändern sie im Produktionsprozess. Dabei kann die Umwelt hinsichtlich Luft, Wasser und Boden Schaden nehmen oder auch Lärm die Umwelt belasten.

Immer mehr Unternehmer erkennen, dass Gewinne auf Dauer nur erzielt werden können, wenn der Umweltschutz als eine weitere wichtige betriebliche Aufgabe gesehen wird. Außerdem hat auch der Staat mit einer Reihe von Gesetzen Vorschriften geschaffen, welche die Betriebe einzuhalten haben (z.B. Kreislaufwirtschafts- und Abfallgesetz).

Aber nicht nur die **Verantwortung gegenüber der Natur** ist ein Grund für den Umweltschutz. Immer deutlicher wird, dass Umweltschutzmaßnahmen auch **kostensenkend** sein können. Durch Anschaffung verbrauchssparender Maschinen lassen sich Energie und Werkstoffe einsparen. Innerbetriebliches Wiederverwenden von Werkstoffen führt zur Reduzierung der Abfallstoffe oder sogar zu zusätzlichen Erträgen, wenn man Abfallstoffe des Betriebes für eine andere Verwendung verkaufen kann.

Ein weiterer, heutzutage entscheidender Punkt für den Einsatz im Umweltschutz ist das damit verbundene **Ansehen in der Öffentlichkeit (Image)**. Auch die **Werbung** mit umweltfreundlichen Produkten oder Fertigungsprozessen kann neue Kunden anlocken und das Unternehmen bekannt machen.

Diese Vielzahl von Möglichkeiten zeigt, dass von der Firmenleitung auch für den Umweltschutz ein durchdachtes Konzept entworfen werden muss (Umweltmanagement).

Folgende Umweltschutzmaßnahmen führen im Unternehmen Krönle zu einer Senkung der Kosten, dabei wird das umfassende Umweltmanagement deutlich:

Werkstoffe	Wasser/Abwasser	Entsorgung
Rückgewinnung von Fertigungsresten und Verwerten von Altwerkstoffen in neuen Produkten. Einsatz neuer, werkstoffsparender Produktionsmethoden.	Wasser mehrfach nutzen und reinigen. Einsatz neuer, wassersparender Methoden.	Abfalltrennung (sortenrein, z.B. Metalle, Holz, Papier, Kunststoffe) Abfallvermeidung und Abfallrecycling.
Verpackung	**Verkehr**	**Energie**
Verwendung oder Neuentwicklung von Mehrwegverpackungen (Kartons, Paletten). Reduzierung und Ersatz von umweltschädlichen Verpackungsmaterialien.	Auslastung der vorhandenen Fahrzeuge zur Vermeidung von Standzeiten und Leerfahrten. Einsatz von Fahrrädern als umweltfreundliches und kostengünstiges Verkehrsmittel.	Abwärme von Maschinen und Kühlwasser für das Heizen von Räumen nutzen. Einsatz von Heizung, Beleuchtung und Klimaanlagen nur nach Bedarf.

Bei Krönle hat der Umweltschutz eine herausragende Stellung. Der Betrieb ist seit vielen Jahren Mitglied beim **B**undesdeutschen **A**rbeitskreis für **U**mweltbewusstes **M**anagement e.V. - **B.A.U.M**

Dieser Verein hat sich folgende Ziele gesetzt:
► Verbreitung und Weiterentwicklung des Systems vorsorgender umweltorientierter Unternehmensführung,
► Einführung von Methoden und Maßnahmen umweltbewussten Managements und
► Sensibilisierung von Unternehmen, Institutionen, Politik und Bevölkerung für die Probleme des Umweltschutzes.

Außerdem hat sich die Firma Krönle einer Umweltbetriebsprüfung der Europäischen Union nach der **EMAS** (**E**co-**M**anagement and **A**udit **S**cheme) unterzogen, bei der umwelttechnische und umweltrechtliche Untersuchungen durchgeführt wurden. Dabei wurden direkte Umweltaspekte (z. B. Wasser-, Energieverbrauch) und indirekte Umweltaspekte (z. B. Befragung von Lieferanten zu deren Umweltverhalten) genau geprüft. Die Untersuchung ergab, dass Krönle ein ausgezeichnetes Umweltmanagement hat und deshalb das nebenstehende Logo zur Werbung und auf Geschäftsbriefen verwenden darf.

Krönle hat auch ein Handbuch herausgegeben, in dem alle bisher durchgeführten und geplanten Umweltschutzmaßnahmen kurz beschrieben werden (siehe nächste Seite).

Den großen Erfolg der Firma Krönle hinsichtlich einer umweltschützenden Fertigung ihrer Küchengeräte zeigen die Gütesiegel, die bisher für einige Produkte verliehen wurden. Besonders bekannt ist der „Blaue Engel" als Kennzeichen für umweltfreundliche Produkte und Herstellungsverfahren. Dieses Kennzeichen wurde 1978 ins Leben gerufen und seitdem mehr als 10 000 Produkten verliehen. Der Name „Blauer Engel" ist keine offizielle Bezeichnung, sondern bezieht sich auf die in der Mitte des Zeichens befindliche blaue Figur mit ausgebreiteten Armen. Darüber hinaus tragen viele Produkte der Firma Krönle ein **RAL**-Gütezeichen. Es wird für Produkte vergeben, die eine hohe Gebrauchsqualität aufweisen und Umwelt- und Gesundheitsgesichtspunkte beachten.

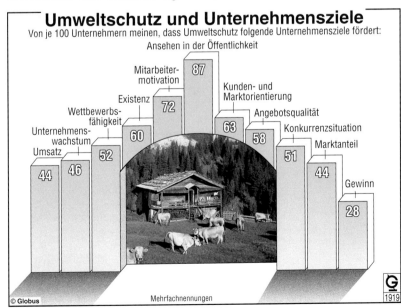

Umweltschutz und Unternehmensziele

Von je 100 Unternehmern meinen, dass Umweltschutz folgende Unternehmensziele fördert:

Ansehen in der Öffentlichkeit 87
Mitarbeitermotivation 72
Kunden- und Marktorientierung 63
Existenz 60
Angebotsqualität 58
Wettbewerbsfähigkeit 52
Konkurrenzsituation 51
Unternehmenswachstum 46
Marktanteil 44
Umsatz 44
Gewinn 28

© Globus   Mehrfachnennungen   1919

Löse folgende Aufgaben zu nebenstehender Infografik:

1. Nenne die wichtigsten Ziele, die Unternehmen beim Einsatz für den Umweltschutz anführen.

2. Erkläre, warum Unternehmen der Meinung sind, dass Umweltschutz zu mehr Umsatz oder Marktanteil führt.

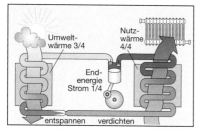

Prinzip der Wärmerückgewinnung

Durch Wärmerückgewinnung beheizte Produktionshalle

Auszug aus dem Umwelt-Handbuch der Firma Krönle

Prinzip der Wärmerückgewinnung

In der Glühabteilung von Krönle wird es immer sehr heiß. Zur besseren Entlüftung wurde eine Wärmerückgewinnungsanlage eingebaut, welche die überschüssige Wärme der Glühabteilung speichert und sie über einen Wärmetauscher (langes Rohr) an das Wasser abgibt. Hiermit wird also geheizt und Warmwasser erzeugt.

Auch Solaranlagen haben eine positive Energiebilanz, d.h. es wird mit ihnen mehr Energie gewonnen als zu ihrer Produktion benötigt wird. Der Einsatz von Solaranlagen wird vom Staat finanziell gefördert.

Solaranlage auf dem Firmendach

Umweltschutz in der Beschaffung

Verpackungsabfälle werden gesammelt, sortiert, wieder verwertet und brauchbare Verpackungsgroßteile an den Lieferer zurückgesendet.

Biologisch abbaubare Verpackungsfolien

Behälter zur Mülltrennung

Wieder verwendbare Europalette

Umweltschutz in der Produktion

Produktionsabfälle werden gesammelt und der Produktion wieder zugeführt. Krönle verwendet nur abbaubare Schmier- und Lösungsmittel und energiesparende Maschinen.

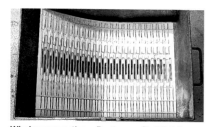

Wieder verwertbare Reste von Stahltafeln

Energiesparende Fertigungsmaschine

Biologisch abbaubare Schmiermittel

Umweltschutz in der Verwaltung und im Vertrieb

Büroabfälle und Verpackungsabfälle werden recycelt, Energiesparlampen, ozonfreie Drucker und Kopierer sowie Umwelt-PCs verwendet.

Umwelt-PC

ozonfreier Kopierer

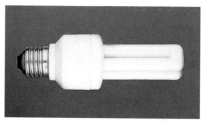

Energiesparlampe

Recycling

Die wichtigste Umweltschutzmaßnahme in Betrieben ist die Wiederverwendung (Recycling) von Abfällen, Nebenprodukten oder (verbrauchten) Endprodukten als Rohstoffe für die Herstellung neuer Produkte. Es lassen sich verschiedene Recyclingwege unterscheiden: **Wiederverwendung** (z.B. bei Holzpaletten), **Weiterverwendung** in einem anderen Anwendungsbereich (z.B. Altpapier als Dämmmaterial), **Wiederverwertung**, das heißt Rückführung in die Produktion (z.B. hochwertige Kunststoffe zu niederwertigen Kunststoffen, Glasflaschen zu Altglas), **Weiterverwertung** in einem anderen Produktionsprozess (z.B. Stahl aus Schrott). Ziel des Recyclings ist die Senkung des Rohstoffverbrauchs und der zu entsorgenden Abfallmengen. Diese Aspekte haben in den letzten Jahren stark an Bedeutung gewonnen, wobei neben dem Recycling von Industrieabfällen das Wiederverwerten von Hausmüll mit Einführung des dualen Entsorgungssystems (Duales System Deutschland GmbH) zunehmend in den Mittelpunkt gerückt ist.

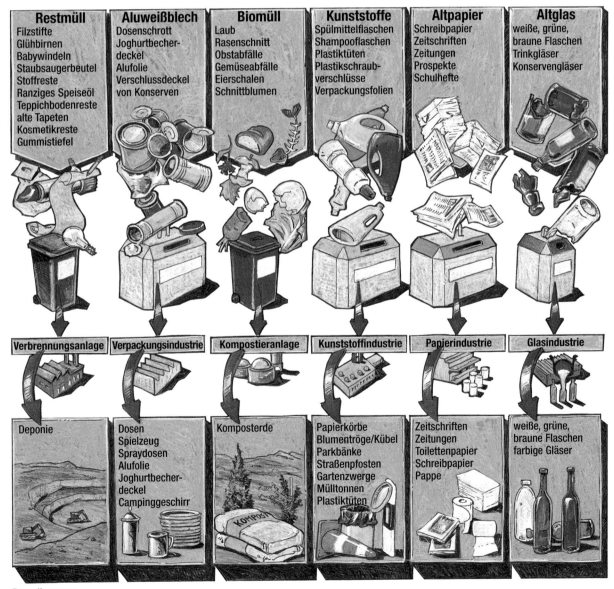

Recyclingwege

I-66

1. Was versteht man unter Standortfaktoren?
2. Nenne fünf Standortfaktoren.

I-67

Angenommen du würdest die folgenden
Unternehmen gründen:
Butter- und Käsewerk,
Porzellanfabrik,
Sägewerk,
Marmeladenfabrik,
Computerhersteller und
Brauerei.
Wo in Bayern würdest du diese Unterneh-
men gründen und warum gerade dort?
Nimm als Hilfsmittel für deine Entscheidung
auch den Atlas zur Hand.

I-68

Worüber gibt die Rechtsform eines Unternehmens Auskunft?

I-69

Beschreibe vier wesentliche Unterschei-
dungsmerkmale zwischen einer Einzelunternehmung und einer Aktiengesellschaft.

I-70

Schlage in einem Branchenadressbuch deiner Gemeinde die Rubrik „Malerbetriebe"
auf. Stelle bei den ersten 20 Unternehmen
die Rechtsform fest.

I-71

1. Wozu dient der Firmenname?
2. Was bedeuten folgende Rechtsformzu-
   sätze: e. K.; OHG; AG; GmbH?
3. Welche Angaben müssen Geschäftsbriefe enthalten?

I-72

1. Was ist ein Handelsregister?
2. Welche Inhalte muss ein Eintrag im
   Handelsregister haben?
3. Welche Bedeutung haben die beiden
   Abteilungen A und B des Handelsregis-
   ters?

I-73

In welche vier Bereiche lassen sich Fertigungsunternehmen einteilen?

I-74

Welche Aufgaben hat Günter Krönle als
Unternehmer?

I-75

Worin unterscheiden sich Dienstleistungsunternehmen von Fertigungsunternehmen?

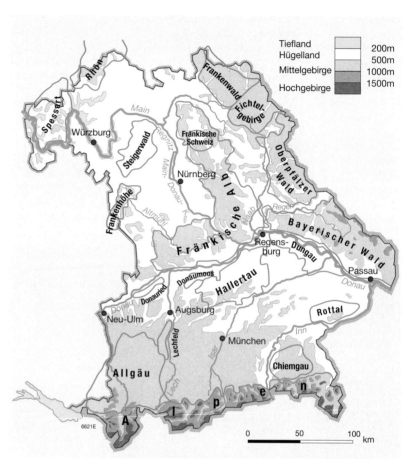

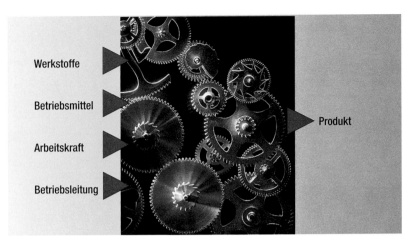

I-76

1. Erkläre den Begriff „Kundenorientierung".
2. Worin müssen Mitarbeiter eines Unternehmens geschult werden, damit sie sich kundenorientiert verhalten?

I-77

Nenne die vier betrieblichen Produktionsfaktoren.

I-78

Definiere die vier verschiedenen Arten von Werkstoffen und gib jeweils ein Beispiel aus der Küchengeräteherstellung an.

I-79

Nenne acht verschiedene Betriebsmittel eines Fertigungsunternehmens.

I-80

Welche Aufgaben hat die Betriebsleitung eines Unternehmens?

I-81

Nenne die vier Hauptbereiche des Rechnungswesens.

I-82

Warum ist der Umweltschutz ein wichtiges Teilziel für ein Unternehmen?

I-83

Nenne vier konkrete Beispiele, in denen Umweltschutzmaßnahmen auch zu einer Kostensenkung in einem Unternehmen führen können.

I-84

Erstelle ein Kurzreferat zu den Umweltschutzmaßnahmen des von dir erkundeten Unternehmens.

I-85

Wie kannst du in der Schule zum Umweltschutz beitragen?

I-86

Nenne drei Produkte, die aus recycelten Materialien entstanden sind.

I-87

Welche Aussage trifft der Karikaturist mit der links abgebildeten Karikatur?

I-88

Nimm Stellung zur Aussage: „Wir haben die Erde nur von unseren Kindern geborgt!"

91

Wirtschaftliches Handeln in Unternehmen

Seite 70	Den Ort, an dem sich ein Unternehmen niederlässt, nennt man **Standort**, die Gründe für die Niederlassung **Standortfaktoren**.
Seite 72	Die **Rechtsform** einer Unternehmung gibt unter anderem Auskunft über die Eigentumsverhältnisse, die Geschäftsführung und die Haftung.
Seite 74	Der **Firmenname** eines Unternehmens ermöglicht die Unterscheidung zu anderen Firmen. Ihm angehängt ist ein **Rechtsformzusatz** wie beispielsweise „e. K." oder „AG".
Seite 75	Das **Handelsregister** ermöglicht Außenstehenden die Information über ein Unternehmen. Es wird vom zuständigen Amtsgericht geführt.
Seite 76	Ein **Fertigungsunternehmen** umfasst die Bereiche **Beschaffung, Fertigung, Vertrieb** und **Verwaltung**.
Seite 77	Die **Hauptaufgabe von Unternehmen** ist die Herstellung von Sachgütern (Fertigungsunternehmen) oder Dienstleistungen (Dienstleistungsunternehmen).
Seite 78	**Dienstleistungsunternehmen** arbeiten eng mit Fertigungsunternehmen zusammen, wobei der Kontakt zwischen den Unternehmen im Mittelpunkt steht.
Seite 79	**Kundenorientierung** bedeutet die Ausrichtung der betrieblichen Aktivitäten auf die Wünsche der Kunden.
Seite 80	**Produktionsfaktoren** Werkstoffe Betriebsmittel Arbeitskräfte Betriebsleitung
Seite 80	**Werkstoffe** Rohstoffe Fremdbauteile Hilfsstoffe Betriebsstoffe
Seite 81	**Betriebsmittel** Immobilien Mobilien
Seite 84	**Hauptbereiche des Rechnungswesens** Buchführung Kalkulation Planung Statistik
Seite 86	Der **Umweltschutz** als weitere betriebliche Aufgabe ermöglicht unter anderem die Kostensenkung und Imagepflege.

3 Zusammenwirken von privaten Haushalten und Unternehmen

3.1 Modell des Wirtschaftskreislaufs

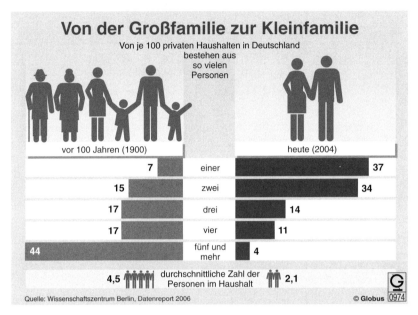

Von der Großfamilie zur Kleinfamilie

Von je 100 privaten Haushalten in Deutschland bestehen aus so vielen Personen

vor 100 Jahren (1900)		heute (2004)
7	einer	37
15	zwei	34
17	drei	14
17	vier	11
44	fünf und mehr	4
4,5	durchschnittliche Zahl der Personen im Haushalt	2,1

Quelle: Wissenschaftszentrum Berlin, Datenreport 2006

© Globus 0974

Familie Krönle als Wirtschaftseinheit

Unternehmen Krönle als Wirtschaftseinheit

Nicht alle Menschen der Bundesrepublik Deutschland leben in Familien. Denke nur an ältere Menschen, die allein oder zu zweit wohnen, oder an junge Leute (sog. Singles), die nicht mehr bei den Eltern leben wollen oder können. Die obenstehende Grafik zeigt dir, wie sich das Familienleben gewandelt hat. Der Anteil derjenigen Menschen, die alleine leben – nicht in einer Familie –, nimmt ständig zu. Wir sprechen deshalb nicht von der Wirtschaftseinheit „Familie", sondern von „privaten Haushalten". In jedem Haushalt, egal wie viele Personen ihm angehören, wird täglich vieles gebraucht und verbraucht.

Unterscheide:

Tätigkeit	Gebrauch	Verbrauch
Zähneputzen	Zahnbürste	Zahnpasta, Wasser
Abspülen	Spülmaschine	Reinigungsmittel
Brief schreiben	Tintenstrahldrucker	Papier, Tintenpatrone

Die wirtschaftliche Tätigkeit der Haushalte bezeichnen wir als **Konsum**. Konsum heißt übersetzt: Verbrauch. Denn letztlich werden die Gebrauchsgüter im Laufe der Zeit auch verbraucht (z. B. Zahnbürste). Alle Ge- und Verbrauchsgüter werden außerhalb des Haushalts bezogen. Die Person/en des Haushalts kauft/kaufen die Güter von Unternehmen.

Die Unternehmen stellen diese Güter her, ihre Hauptaufgabe ist also die **Produktion**.

Die Wirtschaftseinheiten Haushalte und Unternehmen stehen in folgender Beziehung:
▶ Die Haushalte bekommen die Güter **von** den Unternehmen.
▶ Die Haushalte zahlen für die Güter **an** die Unternehmen.

Gehe ins Internet und finde heraus, wie viele Haushalte es zurzeit in Deutschland gibt.

www.destatis.de

Konsum

lateinisch: consumere = verbrauchen

Produktion

lateinisch: producere = erzeugen

i

93

Gehe ins Internet und finde heraus, wie viele Unternehmen es zurzeit in Deutschland gibt.

www.statistik-bund.de/
basis/d/fist/fist011.htm

Wirtschaftseinheiten	
Unternehmen Stätten der Gütererzeugung Produktionswirtschaften	**Haushalte** Stätten des Güterverbrauchs Verbrauchswirtschaften

Zunächst müssen wir klären:
► Woher haben die Haushalte das Geld, die Güter zu kaufen? und
► Was machen die Unternehmen mit dem Geld, das sie für die Produkte einnehmen?

Die Haushalte stellen den Unternehmen die Arbeitskraft zur Verfügung und erhalten dafür Geld (Einkommen). Mit dem eingenommenen Geld kaufen die Haushalte die Güter, welche die Unternehmen produziert haben.

Modellhaft bilden diese wirtschaftlichen Beziehungen einen Kreislauf, den **einfachen Wirtschaftskreislauf**:

Der Wirtschaftskreislauf besteht aus zwei **entgegengesetzt** verlaufenden Strömen:

Güterstrom
Strom der Güterentstehung
(Arbeitskraft, Produktionsmittel)
Strom der Güterverwendung
(Ge- und Verbrauchsgüter)

Geldstrom
Strom der Einkommensentstehung
(Lohn, Gehalt, Zinsen)
Strom der Einkommensverwendung
(Konsumausgaben, Ersparnis)

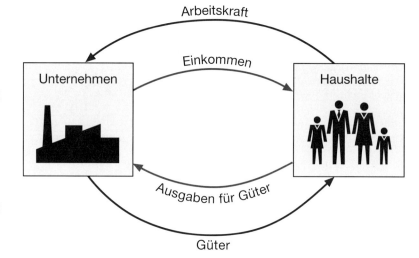

Modell

Das Arbeiten mit Modellen dient dazu, einen komplizierten und für unser Auge unsichtbaren Sachverhalt vorstellbar zu machen (z.B. auch in der Architektur).

Zu den Unternehmen gehören alle, die Güter und Dienstleistungen gegen Entgelt herstellen: Krönle Küchengeräte genauso wie eine Brauerei, ein Taxiunternehmen, das Softwarehaus SYSCOMP, eine Gärtnerei oder eine Arztpraxis. Auch Banken und Versicherungen zählen zu den Unternehmen.

Das Kreislaufmodell ist ein „Bauplan" der Wirtschaft in einem Staat. Mit diesem Modell können wir uns besser vorstellen, wer in unserer Wirtschaft handelt (Wirtschaftseinheiten) und was geschieht (Ströme).

3.2 Rolle des Staates

Im vereinfachten Modell des Wirtschaftskreislaufes werden nur zwei Wirtschaftseinheiten betrachtet. Eine wichtige Rolle im Wirtschaftsleben nimmt aber eine weitere Wirtschaftseinheit ein: der **Staat**. Unter „Staat" verstehen wir dabei die Entscheidungsträger der Bundesrepublik Deutschland und der einzelnen Bundesländer. Auch die vielen Städte und Gemeinden und sonstige Einrichtungen, wie z.B. Schulen, übernehmen vielfältige Aufgaben in unserem Staat. Anstelle von „Staat" gebrauchen wir auch die Bezeichnung „öffentliche Hand".

Die Einrichtungen des Staates beschränken sich nicht nur darauf, Gesetze zu erlassen und ihre Einhaltung zu überwachen, sondern sie nehmen selbst aktiv am Wirtschaftsleben teil. Straßen, Krankenhäuser, Schulen und andere Bildungseinrichtungen müssen in Auftrag gegeben, gebaut und bezahlt werden. Die staatlichen Organe Polizei und Bundeswehr sorgen für unsere Sicherheit. Die Kosten für diese Aufwendungen und Einrichtungen zahlen alle Erwerbstätigen in Form von Steuern an den Staat (das Finanzamt). Zu den wichtigsten Steuerarten zählen: die Umsatzsteuer, die Einkommens- oder Lohnsteuer, die Mineralöl- und Gewerbesteuer. Diese vier Steuerarten erbringen alleine mehr als zwei Drittel der Steuereinnahmen. Insgesamt gibt es rund fünfzig verschiedene Steuerarten.

Von den eingenommenen Steuern unterstützt der Staat außerdem z.B. Familien durch das Kindergeld und hilft Unternehmen durch Subventionen. Alle diese staatlichen Zuschüsse nennen wir Transferzahlungen.

Sicher hast du die weiteren Ströme erkannt, die in unser Kreislaufmodell eingebaut werden können.

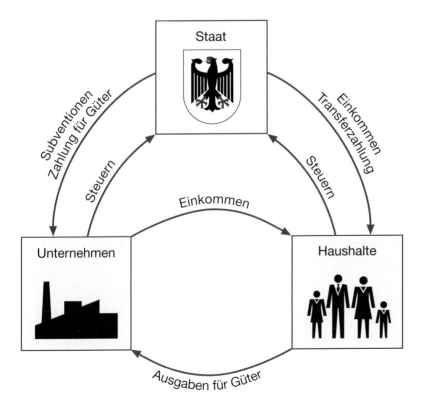

Hinweis:
Zur besseren Übersichtlichkeit sind hier nur die Geldströme eingetragen

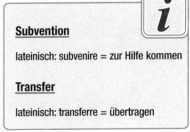

Subvention

lateinisch: subvenire = zur Hilfe kommen

Transfer

lateinisch: transferre = übertragen

1. Vergleiche die dargestellten Modelle auf dieser Doppelseite. Welche Unterschiede stellst du fest?
2. Nenne die drei größten Einnahmen- und Ausgabenposten des Staates (siehe dazu auch die Infografik auf Seite 16).

I-89

1. Beschreibe die Ströme im Kreislaufmodell.

2. Berate dich mit deiner Banknachbarin/ deinem Banknachbarn und zähle fünf verschiedene Steuerarten auf.

3. Du hast den Staat als einen der Beteiligten im Kreislaufmodell kennen gelernt. Nenne mindestens zehn Ausgaben des Staates.

4. Ordne folgende wirtschaftliche Tätigkeiten einem der Ströme im Kreislaufmodell zu:

   a) Frau A. arbeitet als Sekretärin in der Fa. Krönle.

   a) Barbara kauft Schulhefte.

   b) Herr C. zahlt die Kfz-Steuer.

   c) Frau D. lässt ihre Jacke reinigen.

   d) Der Auftrag zum Ausbau der Autobahn A94 wird erteilt.

   e) Die Diskothek „Jive" zahlt Vergnügungssteuer.

5. Warum lassen sich folgende Tätigkeiten nicht in das Kreislaufmodell einordnen?

   a) Frau K. schneidet ihrer Tochter die Haare.

   b) Martin tapeziert sein Zimmer.

   c) Alex macht Hausaufgaben.

6. Wenn wir die Banken in das Kreislaufmodell einbinden würden, welche Ströme könntest du zwischen den Banken und den privaten Haushalten sowie den Unternehmen nennen?

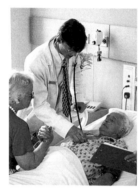

Seite 93	Im **einfachen Wirtschaftskreislauf** werden die Zusammenhänge zwischen den Wirtschaftseinheiten „Unternehmen" und „private Haushalte" dargestellt.
Seite 93	Die wirtschaftliche Tätigkeit der privaten Haushalte bezeichnen wir als **Konsum**, die wirtschaftliche Tätigkeit der Unternehmen als **Produktion**.
Seite 94	Der Wirtschaftskreislauf besteht aus zwei **entgegengesetzt** verlaufenden Strömen, dem **Güterstrom** und dem **Geldstrom**.
Seite 94	Das Kreislaufmodell ist ein „Bauplan" der Wirtschaft in einem Staat. Mit diesem **Modell** können wir uns besser vorstellen, wer in unserer Wirtschaft handelt (Wirtschaftseinheiten) und was geschieht (Ströme).
Seite 95	Der **Staat** stellt der Gemeinschaft Güter, wie z.B. die öffentliche Sicherheit, das Gesundheitswesen, das Bildungswesen zur Verfügung. Die Polizisten, Ärzte und Lehrer müssen bezahlt werden; ebenso sind Rechnungen für die Anschaffung z.B. der Schulmöbel und medizinischer Geräte zu begleichen. Zur Deckung dieser Ausgaben erhebt der Staat Steuern und Abgaben. Einen Teil davon gibt er als Transferzahlungen an private Haushalte (z.B. Kindergeld) und als Subventionen an Unternehmen zurück. Die beim Staat Beschäftigten (Beamte und Angestellte) erhalten Löhne und Gehälter (= Einkommen).

1 Krönle erhält eine neue Unternehmensleitung

Nach vierzigjähriger Unternehmertätigkeit überträgt Günter Krönle die Leitung des Unternehmens an Christians Mutter, Sonja Krönle. Sowohl Herr Krönle (senior) als auch seine Frau Renate werden aus dem Unternehmen ausscheiden. Damit übernimmt Sonja Krönle als Einzelunternehmerin nicht nur die Vermögenswerte, sondern auch die Gesamtleitung und damit die Gesamtverantwortung für das Unternehmen.

Bei der Besprechung der Firmenübergabe wird vereinbart, dass
▶ der **Firmenname** beibehalten werden soll und
▶ **Versicherungen** übertragen bzw. neu abgeschlossen werden: z.B. Berufsgenossenschaft (Unfallversicherung), Feuer, Haftpflicht.
▶ Weiterhin sind **Behördengänge** zu erledigen: z.B. Gemeinde, Industrie- und Handelskammer, Finanzamt.

Daneben muss Sonja Krönle sich einen genauen **Überblick über das Unternehmen** verschaffen. Besonders zwei Fragen sind für sie von großer Bedeutung:

1. **Welche Vermögenswerte werden ihr übertragen?**
2. **Wem gehören diese Vermögenswerte beziehungsweise mit welchen Mitteln sind sie finanziert (Eigen- oder Fremdmittel)?**

1.1 Sonja Krönle macht Inventur

Um die oben stehenden Fragen beantworten zu können, muss Sonja Krönle alle Vermögenswerte und Vermögensquellen mengen- und wertmäßig erfassen; sie macht Inventur. Dies schreibt ihr auch der Gesetzgeber im Handelsgesetzbuch (HGB) vor.

> **§ 240 HGB Inventar.**
> (1) Jeder Kaufmann hat zu Beginn seines Handelsgewerbes seine Grundstücke, seine Forderungen und Schulden, den Betrag seines baren Geldes sowie seine sonstigen Vermögensgegenstände genau zu verzeichnen und dabei den Wert der einzelnen Vermögensgegenstände und Schulden anzugeben.

Die Inventur nimmt beim Unternehmen Krönle einige Tage in Anspruch. Dabei sind alle Mitarbeiter beschäftigt, um Inventurlisten zu erstellen. Dazu werden in vorbereiteten Listen die verschiedenen Vermögensgegenstände genau erfasst (zählen, messen, wiegen).

Krönle Küchengeräte und Hotelleriebedarf e. K. Inventurliste		Stichtag: Seite: aufgenommen durch:	
Artikel		Menge (Stück,	Wert
Nr.	genaue Bezeichnung	kg, m, m², m³, l)	€/Einheit	€/gesamt

> Die **Inventur** ist die mengen- und wertmäßige Bestandsaufnahme aller Vermögens- und Schuldenteile eines Unternehmens.

Eine ordnungsgemäße Inventur ist grundsätzlich am Geschäftsjahresende (meistens der 31. Dezember) oder innerhalb von zehn Tagen vor oder nach diesem Termin durchzuführen.

Fa. Krönle ist wegen Inventur geschlossen!

1.2 Die Inventur führt zum Inventar

Die Inventurlisten werden in mehreren DIN-A4-Ordnern zusammengestellt und ergeben zusammen das Inventar.

> Das **Inventar** ist ein ausführliches Bestandsverzeichnis aller Vermögenswerte, der Schulden und des Reinvermögens.

Das ausführliche Verzeichnis aller Vermögens- und Schuldenwerte und des Reinvermögens ist nach bestimmten Gesichtspunkten in Staffelform gegliedert. Dabei werden die einzelnen Vermögenswerte, Schuldenteile und das Reinvermögen untereinander aufgelistet, sodass sie zu Summen zusammengefasst werden können.

Gliederung des Inventars		Ordnung der einzelnen Posten nach ...
A. Vermögen		
I. Anlagevermögen	Zum Anlagevermögen (AV) gehören alle Vermögensteile, die langfristig im Betrieb genutzt werden.	... der Anlagedauer (= Dauer der Benutzbarkeit)
1. Grundstücke		
2. Gebäude		
3. Maschinen und Anlagen		
4. Fuhrpark (Fahrzeuge)		
Lastkraftwagen A-SK-102		
Lastkraftwagen A-SK-104		
Firmen-PKW A-KS-301		
5. Büromaschinen		
6. Büroausstattung		
II. Umlaufvermögen	Zum Umlaufvermögen (UV) gehören alle Vermögensteile, die nur kurze Zeit im Betrieb verbleiben oder rasch umgesetzt werden, d.h. ständigen Änderungen unterworfen sind.	... der Liquidität (= Grad der Flüssigkeit, Zahlungsfähigkeit)
1. Vorräte		
2. Forderungen an Kunden		
3. Bankguthaben		
4. Kassenbestand		
B. Schulden	Zu Schulden sagt man auch Fremdkapital oder Verbindlichkeiten. Schulden, die innerhalb eines Jahres zurückgezahlt werden müssen, sind kurzfristig. Ist die Fälligkeit später (z.B. in 5 Jahren), sprechen wir von langfristigen Schulden.	... der Fälligkeit (= wann müssen die Schulden zurückgezahlt werden?)
I. Langfristige Schulden		
1. Langfristige Bankverbindlichkeiten		
II. Kurzfristige Schulden		
1. Verbindlichkeiten an Lieferer		
2. Kurzfristige Bankverbindlichkeiten		
C. Ermittlung des Reinvermögens	Das Reinvermögen wird auch als Eigenkapital (oder kurz Kapital) bezeichnet.	Hier ist keine besondere Ordnung nötig, da es sich nur um einen Posten handelt.
Summe des Vermögens		
– Summe der Schulden		
=Reinvermögen (Eigenkapital)		

Im Unternehmen Krönle ergibt sich folgendes Inventar:

**Krönle Küchengeräte und
Hotelleriebedarf e. K.
Augsburger Straße 12
86368 Gersthofen**

Inventar

(Bestandsverzeichnis zum 1. Januar 2007 – verkürzte Übersicht)

	€	€
	(Vorspalte)	(Hauptspalte)
A. Vermögen		
I. Anlagevermögen		
1. Bebaute Grundstücke	400.000,00	
2. Betriebs- u. Verwaltungsgebäude	800.000,00	
3. Maschinen und Anlagen laut Verzeichnis *)	2.150.000,00	
4. Fuhrpark		
Lastkraftwagen A-SK-102	75.000,00	
Lastkraftwagen A-SK-104	245.000,00	
Personenkraftwagen A-KS-301	25.000,00	
5. Büromaschinen laut Verzeichnis *)	265.000,00	
6. Büroausstattung laut Verzeichnis *)	460.000,00	4.420.000,00
II. Umlaufvermögen		
1. Vorräte laut Verzeichnis *)	150.000,00	
2. Forderungen an Kunden *)	425.000,00	
3. Bankguthaben	230.000,00	
4. Kassenbestand	5.000,00	810.000,00
Summe des Vermögens		5.230.000,00
B. Schulden		
I. Langfristige Schulden		
1. Langfristige Bankverbindlichkeiten	1.800.000,00	1.800.000,00
II. Kurzfristige Schulden		
1. Kurzfristige Bankverbindlichkeiten	803.000,00	
2. Verbindlichkeiten an Lieferer *)	527.000,00	1.330.000,00
Summe der Schulden		3.130.000,00
C. Ermittlung des Reinvermögens		
Summe des Vermögens		5.230.000,00
− Summe der Schulden		- 3.130.000,00
= Eigenkapital (Reinvermögen)		2.100.000,00

*) Für diese Positionen wurden von den Mitarbeitern der Firma Krönle eigene Verzeichnisse erstellt. Würden z.B. alle Büromaschinen hier einzeln aufgeführt, ginge die Übersichtlichkeit verloren. Die Verzeichnisse können aus Platzgründen hier nicht abgedruckt werden.

**Langfristige
Bankverbindlichkeiten**

Beispiele hierfür sind **Grundschulden**
oder **Hypotheken**. Dabei handelt es
sich um langfristige Bankverbindlichkeiten, für die vor allem Immobilien
(Grundstücke, Gebäude) als Sicherheit
herangezogen werden.

Das Bestandsverzeichnis ist in eine **Vorspalte** und in eine **Hauptspalte** gegliedert. Die Vorspalte nimmt die Summen aller Einzelpositionen der Vermögens- und Schuldenwerte auf. Diese Zwischenergebnisse werden in der Hauptspalte zu jeweils einer Größe für
► Anlagevermögen,
► Umlaufvermögen,
► langfristige Schulden,
► kurzfristige Schulden addiert.

Auf diese Weise lassen sich die drei Zwischensummen **Vermögen**, **Schulden** und als Ergebnis das **Reinvermögen** berechnen.

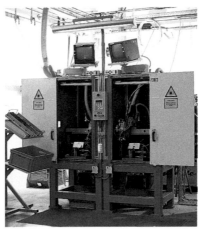

II-1

1. Was versteht man unter Inventur, was unter Inventar?
2. Erkläre den Unterschied zwischen Inventur und Inventar.
3. Nenne je drei Vermögensgegenstände, die zum Anlage- bzw. zum Umlaufvermögen gehören.
4. Welche Formvorschriften gelten für das Inventar?
5. Welche Aufgabe haben Vor- und Hauptspalte des Inventars?

II-2

1. Stelle die folgenden Posten in der richtigen Gliederung zu einem Inventarschema zusammen:
   Maschinen, Fahrzeuge, Vorräte, Gebäude, Bankguthaben, Langfristige Bankverbindlichkeiten, Kurzfristige Bankverbindlichkeiten, Forderungen an Kunden, Verbindlichkeiten bei Lieferern, Bargeld.

II-3

Beantworte die folgenden Fragen zum Inventar der Firma Krönle (siehe Seite 100):
1. Welche Höhe hat das Vermögen in €?
2. Welche Höhe haben die Schulden in €?
3. Welche Höhe hat das Eigenkapital in €?
4. Welche Höhe hat das Umlaufvermögen in €?
5. Welche Vermögensposten gehören zum Anlagevermögen bzw. zum Umlaufvermögen?

II-4

Berechne die fehlenden Werte:
1. Eigenkapital 139.000,00 €, Summe des Vermögens 295.000,00 €
2. Summe des Vermögens 999.000,00 €, Summe der Schulden 820.000,00 €

II-5

Untersuche nebenstehenden Gesetzestext und formuliere kurz die wichtigsten Aussagen aus dem Text.

II-6

Das Inventar ist in Staffelform aufgebaut und umfasst zahlreiche Fachbegriffe.
1. Erkläre den Aufbau des Inventars.
2. Gib jeweils eine kurze Erklärung für folgende Fachbegriffe:
   a) Maschinen und Anlagen
   b) Fuhrpark
   c) Bankguthaben
   d) Bankverbindlichkeiten

§ 240 HGB Inventar.
(1) Jeder Kaufmann hat zu Beginn seines Handelsgewerbes seine Grundstücke, seine Forderungen und Schulden, den Betrag seines baren Geldes sowie seine sonstigen Vermögensgegenstände genau zu verzeichnen und dabei den Wert der einzelnen Vermögensgegenstände und Schulden anzugeben.

101

1.3 Die Bilanz des Unternehmens Krönle zur Geschäftsübernahme

Mit der Aufstellung des Inventars (siehe Seite 100) ist es Sonja Krönle nicht zu ihrer Zufriedenheit gelungen, einen guten Überblick über das Unternehmen Krönle zu gewinnen. Insbesondere die zweite der beiden folgenden Fragen ist für sie noch nicht zufrieden stellend beantwortet:

1. Welche Vermögenswerte werden ihr übertragen?
2. Wem gehören diese Vermögenswerte beziehungsweise mit welchen Mitteln sind sie finanziert (Eigen- oder Fremdmittel)?

Ferner schreibt der Gesetzgeber im Handelsgesetz vor, dass bei der Geschäftsübernahme auch eine **Bilanz** zu erstellen ist.

> **§ 242 HGB Pflicht zur Aufstellung.**
> (1) Der Kaufmann hat zu Beginn seines Handelsgewerbes und für den Schluss eines jeden Geschäftsjahrs einen das Verhältnis seines Vermögens und seiner Schulden darstellenden Abschluss (Eröffnungsbilanz, Bilanz) aufzustellen. ...

> **§ 243 HGB Aufstellungsgrundsatz.**
> (1) Der Jahresabschluss ist nach den Grundsätzen ordnungsmäßiger Buchführung aufzustellen.
>
> (2) Er muss klar und übersichtlich sein.
>
> (3) Der Jahresabschluss ist innerhalb der einem ordnungsmäßigen Geschäftsgang entsprechenden Zeit aufzustellen.

Anlässlich der Geschäftsübernahme zum 1. Januar 2007, die mit dem Beginn eines Handelsgewerbes durch Sonja Krönle gleichzusetzen ist, muss eine Bilanz erstellt werden.

> Die **Bilanz** ist die kurzgefasste Gegenüberstellung von Vermögenswerten und Vermögensquellen und vermittelt wie das Inventar ein Bild des augenblicklichen Vermögensstandes.

Zum besseren Überblick in einer **Bilanz** werden deshalb:
▶ alle gleichartigen Posten (z. B. die verschiedenen Maschinen) zusammengefasst,
▶ die Mengenangaben weggelassen sowie
▶ die Bestände nur in zusammengefassten €-Beträgen aufgenommen.

In der Bilanz werden die Vermögenswerte den Vermögensquellen (Schulden und Reinvermögen) in der einfacheren und kürzeren **T-Konto-Form** in zwei Spalten gegenübergestellt:
▶ Die Vermögenswerte (Aktiva) werden auf die linke Seite der Bilanz (**Aktivseite**) übernommen und
▶ die Vermögensquellen (Passiva) auf die rechte Seite der Bilanz (**Passivseite**) geschrieben.

Der Aufbau der Bilanz und die Reihenfolge der einzelnen Bestände sind wie im Inventar genau festgelegt und müssen stets beachtet werden.
▶ Gliederung der Aktivseite in Anlagevermögen und Umlaufvermögen.
▶ Gliederung der Passivseite in Eigenkapital und Fremdkapital.
▶ Die Aktivseite stellt die Vermögenswerte, die Passivseite die Vermögensquelle dar.

Die T-Konto-Form

hat den Vorteil, dass bestimmte Größen nicht untereinander aufgelistet, sondern wie in einem **T** gegenübergestellt werden können. Dies erhöht die Übersichtlichkeit und die Aussagekraft entscheidend.

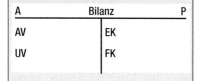

A	Bilanz	P
AV		EK
UV		FK

Die **Bilanz** zeigt, dass die Summe der Vermögenswerte genauso groß ist wie die Summe des zur Verfügung stehenden Kapitals (Vermögensquellen). Bei den Vermögenswerten und Vermögensquellen handelt es sich um gleiche Rechnungsgrößen, die nur von verschiedenen Standpunkten aus betrachtet werden.

Weil die Endsummen auf beiden Seiten gleich sind, nennt man diese Gegenüberstellung „Bilanz" (italienisch „bilancia" = zwei Schalen oder Waage).

Die **Bilanz** zeigt auf der	
Aktivseite (Aktiva)	**Passivseite (Passiva)**
die **Verwendung** der Mittel, also die Form des Vermögens, die Art des Mitteleinsatzes: Kapitalverwendungsseite	die **Herkunft** der Mittel, also die Quelle des Kapitals, die Art der Finanzierung: Kapitalbeschaffungsseite
Anlagevermögen + Umlaufvermögen = Vermögen	Eigenkapital + Fremdkapital = Kapital

Bilanzgleichung:

$$\text{Vermögen (V)} = \text{Eigenkapital (EK)} + \text{Fremdkapital (FK)}$$
$$V = EK + FK$$
$$\text{Aktiva} = \text{Passiva}$$

Aus dem Inventar des Unternehmens Krönle erstellt Sonja folgende Bilanz:

Bilanz
Krönle Küchengeräte und Hotelleriebedarf e. K., Gersthofen
zum 1. Januar 2007
(als Eröffnungsbilanz bei Übernahme des Unternehmens)

Aktiva		Passiva	
Anlagevermögen		**Eigenkapital**	2.100.000,00 €
Bebaute Grundstücke	400.000,00 €	**Fremdkapital**	
Betriebs- und Verwaltungsgebäude	800.000,00 €	<u>Langfristige Schulden</u>	
Maschinen und Anlagen	2.150.000,00 €	Langfristige Bankverbindlichkeiten	1.800.000,00 €
Fuhrpark	345.000,00 €	<u>Kurzfristige Schulden</u>	
Büromaschinen	265.000,00 €	Kurzfristige Bankverbindlichkeiten	803.000,00 €
Büroausstattung	460.000,00 €	Verbindlichkeiten an Lieferer	527.000,00 €
Umlaufvermögen			
Vorräte	150.000,00 €		
Forderungen an Kunden	425.000,00 €		
Bankguthaben	230.000,00 €		
Kassenbestand	5.000,00 €		
	5.230.000,00 €		**5.230.000,00 €**

Gersthofen, 1. Januar 2007
Sonja Krönle

Jahresabschluss

Wenn in diesem Zusammenhang vom **Jahresabschluss** gesprochen wird, so ist festzuhalten, dass der Jahresabschluss zum Ende eines Geschäftsjahres erstellt wird.

Im Fall der Firma Krönle ist dies zuletzt zum 31. Dezember 2006 gewesen. Bei der Übernahme des Unternehmens durch Sonja Krönle zum 1. Januar 2007 können wir davon ausgehen, dass die Vermögenswerte und Schulden des alten Jahres (31. Dezember 2006, 24:00 Uhr) mit jenen des neuen Jahres (1. Januar 2007, 0:00 Uhr) vollkommen übereinstimmen.

Somit treffen die Bestimmungen des Handelsrechts (siehe §§ 242, 243 HGB) nicht nur auf das Ende des alten Geschäftsjahres, sondern auch auf den Beginn des neuen Geschäftsjahres zu.

Mit der Geschäftsübernahme schließt Herr Krönle das alte Geschäftsjahr ab (Jahresabschluss) und gleichzeitig beginnt Sonja Krönle zum 1. Januar 2007 ihre unternehmerische Tätigkeit. Für diesen Zweck werden die Inventur durchgeführt, das Inventar erstellt und daraus die Bilanz entwickelt.

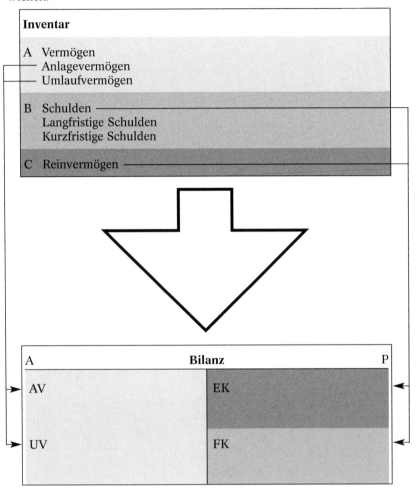

Inventar und Bilanz

Inventar und Bilanz zeigen beide den Stand des Vermögens und der Schulden einer Unternehmung. Sie sind beide Bestandsverzeichnisse, nur die Art der Darstellung ist unterschiedlich.

Inventar

▶ **ausführliche** Darstellung der einzelnen Vermögens- und Schuldwerte nach Menge, Art und Einzelwerten

▶ Aufstellung des Vermögens, der Schulden und des Reinvermögens in **Staffelform**

Bilanz

▶ **kurzgefasste** Darstellung des Vermögens und der Schulden nur mit den jeweiligen Gesamtwerten und ohne Mengenangabe

▶ Aufstellung des Vermögens und des Kapitals in einer Kurzfassung, der **T-Kontoform**

1.4 Grundsätze ordnungsmäßiger Buchführung (GoB)

Die Grundsätze ordnungsmäßiger Buchführung (abgekürzt GoB) sind vom Gesetzgeber nirgends im Wortlaut beschrieben. Vielmehr handelt es sich hierbei um eine Zusammenfassung von Einzelbestimmungen, Vorschriften und Regelungen, die das Handeln des Kaufmanns im Rechnungswesen, insbesondere in der Buchführung, bestimmen. Einige Grundsätze sind nachstehenden Gesetzestexten zu entnehmen.

Teste deinen eigenen Sinn für Gewissenhaftigkeit und Genauigkeit!

> **§ 239 HGB Führung der Handelsbücher.**
> (1) Bei der Führung der Handelsbücher und bei den sonst erforderlichen Aufzeichnungen hat sich der Kaufmann einer lebenden Sprache zu bedienen. Werden Abkürzungen, Ziffern, Buchstaben und Symbole verwendet, muss im Einzelfall deren Bedeutung eindeutig festliegen.
>
> (2) Die Eintragungen in Büchern und die sonst erforderlichen Aufzeichnungen müssen vollständig, richtig, zeitgerecht und geordnet vorgenommen werden.
>
> (3) Eine Eintragung oder eine Aufzeichnung darf nicht in einer Weise verändert werden, dass der ursprüngliche Inhalt nicht mehr feststellbar ist. Auch solche Veränderungen dürfen nicht vorgenommen werden, deren Beschaffenheit es ungewiss lässt, ob sie ursprünglich oder erst später gemacht worden sind. ...

Lies die §§ 239 und 243 HGB genau durch und beantworte dann folgende Fragen (begründe deine Antworten durch Verweise auf die Gesetzestexte):

1. Dürfen in der Bilanz Abkürzungen verwendet werden (z. B. „K" für Kasse)?

2. Darf ein Fan der Kunstsprache Esperanto diese zur Buchführung verwenden?

3. Gibt es eine Möglichkeit, unangenehme Buchungen auszulassen?

4. Jeder Mensch verschreibt sich einmal. Zum Glück gibt es im Schreibwarenladen so genannte „Tintenkiller" – oder?

5. Manche Zahlen lassen sich, wenn nötig, ganz gut überschreiben: So kann man aus einer „5" leicht eine „6" machen; da spart man sich das Radieren und die richtige Zahl ist deutlich zu lesen. Was sagst du dazu?

Das Führen von Büchern (z. B. Inventar, Bilanz) hat sehr viel mit **Wahrheit**, **Klarheit** und **Übersichtlichkeit** zu tun. Alle Aufzeichnungen werden so zusammengestellt, dass sie jederzeit eindeutig nachvollzogen werden können. Das erfordert auch ein hohes Maß an **Gewissenhaftigkeit**.

> **§ 243 HGB Aufstellungsgrundsatz.**
> (1) Der Jahresabschluss ist nach den Grundsätzen ordnungsmäßiger Buchführung aufzustellen.
>
> (2) Er muss klar und übersichtlich sein.
>
> (3) Der Jahresabschluss ist innerhalb der einem ordnungsmäßigen Geschäftsgang entsprechenden Zeit aufzustellen.

Die GoB lassen sich in folgenden Aussagen zusammenfassen:

▶ Die Buchführung muss klar und übersichtlich sein.

▶ Die Buchführung muss in einer lebenden Sprache abgefasst sein.

▶ Die Buchführung muss mit urkundensicheren Schreibmaterialien verfasst werden.

▶ Die Geschäftsfälle müssen fortlaufend, vollständig, richtig, zeitgerecht und sachlich geordnet erfasst werden.

▶ Die Aufzeichnungen dürfen nicht unleserlich sein.

Die Grundsätze ordnungsmäßiger Buchführung sorgen für Klarheit, Wahrheit und Übersichtlichkeit in der Buchführung und sind von jedem Kaufmann zu beachten. Sie ermöglichen es, dass sich ein sachverständiger Dritter (z. B. ein Finanzbeamter) innerhalb angemessener Zeit einen Überblick über die wirtschaftliche Lage des Unternehmens verschaffen kann.

Tintenkiller und Radierer verboten!

II-7

1. Inwieweit erfüllt ein Inventar die Anforderungen des § 243 HGB nicht?
2. Wann ist von jedem Kaufmann nach § 242 eine Bilanz aufzustellen?

§ 242 HGB Pflicht zur Aufstellung.
(1) Der Kaufmann hat zu Beginn seines Handelsgewerbes und für den Schluss eines jeden Geschäftsjahrs einen das Verhältnis seines Vermögens und seiner Schulden darstellenden Abschluss (Eröffnungsbilanz, Bilanz) aufzustellen. ...

II-8

Stelle fest, ob die folgenden Aussagen richtig oder falsch sind, begründe deine Entscheidung und schlage gegebenenfalls Verbesserungen vor:

1. Auf der Passivseite der Bilanz wird die Form des Vermögens dargestellt.
2. Die Bilanz ist mit dem Inventar „verwandt".
3. Für Kaufleute besteht eine gesetzliche Pflicht zur Aufstellung einer Bilanz.
4. Die Gleichung Aktiva = Passiva kann auch so dargestellt werden:
   Anlagevermögen
   + Umlaufvermögen
   = Eigenkapital.
5. Die Bilanz ist ähnlich wie das Inventar gegliedert.
6. Bilanz und Inventar unterscheiden sich nur in der Form.
7. Die Staffelform der Bilanz ist gekennzeichnet durch die Gegenüberstellung von Vermögen und Kapital.

§ 243 HGB Aufstellungsgrundsatz.
(1) Der Jahresabschluss ist nach den Grundsätzen ordnungsmäßiger Buchführung aufzustellen.

(2) Er muss klar und übersichtlich sein.

(3) Der Jahresabschluss ist innerhalb der einem ordnungsmäßigen Geschäftsgang entsprechenden Zeit aufzustellen.

II-9

1. Wie lautet die Bilanzgleichung?
2. Gib zwei weitere Möglichkeiten für die Bilanzgleichung an, indem du folgende Begriffe bzw. Abkürzungen verwendest:
   Vermögen (V), Anlagevermögen (AV), Umlaufvermögen (UV), Kapital (K), Fremdkapital (FK), Eigenkapital (EK).
3. Was zeigt die Passivseite der Bilanz? Wie ist diese gegliedert?
4. Was zeigt die Aktivseite der Bilanz? Wie ist diese gegliedert?

II-10

Formuliere vier Aussagen, die die Grundsätze ordnungsmäßiger Buchführung beschreiben.

II-11

Erstelle anhand des rechts abgebildeten Inventars eine Bilanz.

Maier Möbelbau e. K.
Augsburger Straße 16
86368 Gersthofen

Inventar
(Bestandsverzeichnis zum 1. Januar 2007 in € – verkürzte Übersicht)

	(Vorspalte)	(Hauptspalte)
A. Vermögen		
I. Anlagevermögen		
1. Bebaute Grundstücke	300.000,00	
2. Betriebs- u. Verwaltungsgebäude	900.000,00	
3. Maschinen und Anlagen laut Verzeichnis	2.000.000,00	
4. Fuhrpark		
Lastkraftwagen A-MM-102	75.000,00	
Lastkraftwagen A-MM-104	245.000,00	
Personenkraftwagen A-MM-301	25.000,00	
5. Büromaschinen laut Verzeichnis	415.000,00	
6. Büroausstattung laut Verzeichnis	460.000,00	4.420.000,00
II. Umlaufvermögen		
1. Vorräte laut Verzeichnis	300.000,00	
2. Forderungen an Kunden	275.000,00	
3. Bankguthaben	210.000,00	
4. Kassenbestand	25.000,00	810.000,00
Summe des Vermögens		5.230.000,00
B. Schulden		
I. Langfristige Schulden		
1. Langfristige Bankverbindlichkeiten	1.600.000,00	1.600.000,00
II. Kurzfristige Schulden		
1. Kurzfristige Bankverbindlichkeiten	903.000,00	
2. Verbindlichkeiten an Lieferer	627.000,00	1.530.000,00
Summe der Schulden		3.130.000,00
C. Ermittlung des Reinvermögens		
Summe des Vermögens		5.230.000,00
-Summe der Schulden		-3.130.000,00
= Eigenkapital (Reinvermögen)		2.100.000,00

	€
Vorräte	32.700,00
Maschinen	40.000,00
Gebäude	100.000,00
Verbindlichkeiten an Lieferer	13.640,00
Bankguthaben	8.900,00
Kurzfristige Bankverbindlichkeiten	20.000,00
Forderungen an Kunden	11.300,00
Langfristige Bankverbindlichkeiten	48.000,00
Geschäftsausstattung	17.900,00
Bargeld	1.900,00
Fahrzeuge	18.000,00

II-12

Ordne die links stehenden Posten nach dem Inventarschema von Seite 99 und stelle danach eine Bilanz auf.

	€
Kassenbestand	4.130,00
Geschäftsausstattung	17.200,00
Langfristige Bankverbindlichkeiten	36.200,00
Bankguthaben:	
Sparbank	6.200,00
Donaubank	6.500,00
Verbindlichkeiten aus Lieferungen:	
Lieferer Aumann	4.700,00
Lieferer Bergmann	32.500,00
Maschinen	132.500,00
Vorräte:	
A	22.000,00
B	36.000,00
C	3.600,00
Forderungen aus Lieferungen:	
Kunde Altmeister	2.000,00
Kunde Blumig	4.000,00
Kunde Stachling	2.890,00

II-13

Erstelle aufgrund der links stehenden Angaben das Inventar und die Bilanz der Firma Schwarz e. K, Ingolstadt.

	€
Vorräte laut besonderem Verzeichnis	89.000,00
Geschäftsausstattung laut Anlagekartei	72.000,00
Lastkraftwagen	88.000,00
Maschinen	42.000,00
Langfristige Bankverbindlichkeiten	210.000,00
Verbindlichkeiten aus Lieferungen:	
Lieferer Weiß	17.000,00
Lieferer Schwarz	5.000,00
Gebäude	360.000,00
Grundstücke	210.000,00
Bares Geld	5.000,00
Guthaben bei:	
Sparbank	9.000,00
Gewerbebank	8.000,00
Forderungen an Kunden	11.000,00
Kurzfristige Schulden bei:	
Kreditbank	16.000,00
Handelsbank	6.000,00

II-14

Erstelle nach den links aufgeführten Inventurbeständen der Firma Egon Haizmann e. K., Karlstadt, das Inventar und die Bilanz.

2 Sonja Krönles erstes Geschäftsjahr beginnt

2.1 Auflösung der Bilanz in Konten

Sonja Krönle beachtet die Grundsätze ordnungsmäßiger Buchführung ganz genau und strebt stets nach **Wahrheit**, **Klarheit** und **Übersichtlichkeit** in ihren Aufzeichnungen.

Kurz nachdem sie das Unternehmen Krönle übernommen hat, findet sie auf ihrem Schreibtisch im Büro zahlreiche Unterlagen, vor allem Briefe von Lieferern und Durchschriften von Schreiben an Kunden sowie Bankauszüge. Sonja sortiert diese Unterlagen und bereitet ihre Buchführung für das Erfassen der neuen Vorgänge im Unternehmen Krönle vor.

Sonja Krönle bei der Sichtung von Belegen

Durch jeden geschäftlichen Vorgang (**Geschäftsfall**) werden Werte der Bilanz verändert.

Beispiel:
Kauf einer neuen Fertigungsmaschine gegen Bankscheck, 240.000,00 €.

Der **Bilanzposten** Maschinen und Anlagen nimmt um 240.000,00 € zu, das Bankguthaben um den selben Betrag ab. Die Bilanz ändert sich damit bei zwei Posten.

Geschäftsfälle
Geschäftsvorfälle

Alle Vorgänge, bei denen die Unternehmung mit der Außenwelt in Verbindung tritt, aber auch alle Vorgänge innerhalb des Unternehmens im Zusammenhang mit der Herstellung, nennt man Geschäftsfälle (im HGB auch „Geschäftsvorfälle" genannt).

Würde Sonja Krönle bei jeder Änderung eines Bilanzpostens die Bilanz neu schreiben müssen, könnten die Grundsätze ordnungsmäßiger Buchführung, z.B. die Übersichtlichkeit, nicht eingehalten werden. Zudem ist diese Vorgehensweise sehr arbeitsaufwändig, weil die gesamte Bilanz immer wieder neu anzufertigen wäre, obwohl sich nur wenige Werte ändern.

Änderungen von Bilanzposten aufgrund der sehr zahlreichen Geschäftsfälle werden deshalb nicht in der Bilanz selbst vorgenommen. Für jeden Bilanzposten richtet Sonja Krönle ein eigenes **Konto** ein, z.B. das Konto Maschinen:

Soll	Maschinen	Haben

Ein **Konto** muss man sich als zweiseitige Verrechnungsstelle in **T-Form** vorstellen. Es dient dazu, Änderungen von Beständen aufzunehmen, die die Bilanz betreffen würden. Das Konto ist ebenso wie die Bilanz in T-Form aufgemacht, aber: Die linke Seite des Kontos wird mit „Soll", die rechte mit „Haben" überschrieben.

Das Konto **Maschinen** nimmt beispielsweise im **Soll** den Inventurbestand zum 1. Januar 2007 (**AB** = **Anfangsbestand**) und alle **Zugänge** während des Geschäftsjahres auf. Im **Haben** werden demzufolge die **Bestandsminderungen** (z.B. beim Verkauf einer Maschine) eingetragen.

Bilanzposten

Die Bilanz wird in T-Konto-Form aufgemacht. Mit Ausnahme des Eigenkapitals sind alle anderen Hauptbereiche weiter untergliedert. Diese Untergliederungsteile werden als Posten der Bilanz (**Bilanzposten**) bezeichnet.
„Maschinen" ist beispielsweise ein Bilanzposten im Aktiva der Bilanz.

Soll	Maschinen	Haben
AB	2.150.000,00 €	Abgänge
Zugang	240.000,00 €	

Das passive Bestandskonto **Verbindlichkeiten** nimmt beispielsweise im **Haben** den Inventurbestand zum 1. Januar 2007 (**AB** = **Anfangsbestand**) und alle **Zugänge** während des Geschäftsjahres auf. Im **Soll** werden demzufolge die **Bestandsminderungen** (z.B. Begleichung einer Liefererrechnung) eingetragen.

Eröffnung der Bestandskonten in der Übersicht

Bilanz
Krönle Küchengeräte und Hotelleriebedarf e. K., Gersthofen
zum 1. Januar 2007
(als Eröffnungsbilanz bei Übernahme des Unternehmens)

Aktiva		Passiva	
Anlagevermögen		**Eigenkapital**	2.100.000,00 €
Bebaute Grundstücke	400.000,00 €	**Fremdkapital**	
Betriebs- und Verwaltungsgebäude	800.000,00 €	Langfristige Schulden	
Maschinen und Anlagen	2.150.000,00 €	Langfristige Bankverbindlichkeiten	1.800.000,00 €
Fuhrpark	345.000,00 €	Kurzfristige Schulden	
Büromaschinen	265.000,00 €	Kurzfristige Bankverbindlichkeiten	803.000,00 €
Büroausstattung	460.000,00 €	Verbindlichkeiten an Lieferer	527.000,00 €
Umlaufvermögen			
Vorräte	150.000,00 €		
Forderungen an Kunden	425.000,00 €		
Bankguthaben	230.000,00 €		
Kassenbestand	5.000,00 €		
	5.230.000,00 €		**5.230.000,00 €**

Gersthofen, 1. Januar 2007
Sonja Krönle

S	Bebaute Grundstücke (BGR)	H
AB	400.000,00 €	

S	Betriebs- u. Verwaltungsgebäude (BVG)	H
AB	800.000,00 €	

S	Maschinen (MA)	H
AB	2.150.000,00 €	

S	Fuhrpark (FP)	H
AB	345.000,00 €	

S	Büromaschinen (BM)	H
AB	265.000,00 €	

S	Büroausstattung (BA)	H
AB	460.000,00 €	

S	Vorräte (VOR)	H
AB	150.000,00 €	

S	Forderungen an Kunden (FO)	H
AB	425.000,00 €	

S	Bankguthaben (BK)	H
AB	230.000,00 €	

S	Kassenbestand (KA)	H
AB	5.000,00 €	

S	Eigenkapital (EK)	H
	AB	2.100.000,00 €

S	Langfristige Bankverbindlichkeiten (LBKV)	H
	AB	1.800.000,00 €

S	Kurzfristige Bankverbindlichkeiten (KBKV)	H
	AB	803.000,00 €

S	Verbindlichkeiten an Lieferer (VE)	H
	AB	527.000,00 €

Hinweis:

Für den Kontonamen werden nachfolgend im Buch in der Regel nur mehr die Abkürzungen verwendet (hier in Klammern angegeben!), für „Kasse" zum Beispiel „KA". Dies erspart überflüssige Schreibarbeit.

Der Anfangsbestand wird bei einem aktiven Bestandskonto im Soll, bei einem passiven Bestandskonto im Haben eingetragen.

Hinweis:

Durch die Auflösung der Bilanz in Konten muss nun nicht bei jedem Geschäftsfall die Bilanz neu geschrieben werden.

Für jede Bilanzposition eröffnet Sonja Krönle ein eigenes Konto, indem sie im T-Konto auf der Sollseite (Aktivkonto) bzw. Habenseite (Passivkonto) den Anfangsbestand einträgt. Dabei gelten folgende Grundregeln:

Aktiva	**Bilanz**	Passiva
Aktiv-Posten		Passiv-Posten

Für jeden Bilanzposten richtet Sonja Krönle ein eigenes Konto (von ital. conto = Rechnung) ein und zwar

für Posten aus der **Aktivseite** der Bilanz	für Posten aus der **Passivseite** der Bilanz
Aktivkonten	Passivkonten

Da die Konten – wie die Bilanz auch – Bestände aufzeigen, nennt man sie auch

aktive Bestandskonten	passive Bestandskonten

Die Werte aus der Inventur, die auch in der Eröffnungsbilanz enthalten sind, nennt man **Anfangsbestände** (AB); sie stehen in den Konten auf der Seite, auf der sie auch in der Bilanz stehen, also:

AB stehen bei Aktivkonten **links (im Soll)**	AB stehen bei Passivkonten **rechts (im Haben)**

Wird dieser Anfangsbestand durch einen Kauf oder Verkauf **erhöht/vermehrt**, so steht der Betrag unter dem Anfangsbestand, also:

Mehrungen stehen bei Aktivkonten **links (im Soll)**	Mehrungen stehen bei Passivkonten **rechts (im Haben)**

Minderungen stehen logischerweise auf der jeweils anderen Seite, also:

Minderungen stehen bei Aktivkonten **rechts (im Haben)**	Minderungen stehen bei Passivkonten **links (im Soll)**

Nenne je vier aktive und passive Bestandskonten.

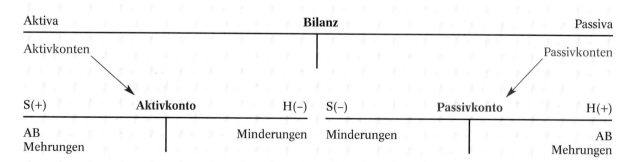

S(+)	**Aktivkonto**	H(−)
AB		Minderungen
Mehrungen		

S(−)	**Passivkonto**	H(+)
Minderungen		AB
		Mehrungen

Aktiva: Maschinen 80.000,00 €
Geschäftsausstattung 44.800,00 €
Vorräte 60.200,00 €
Forderungen an Kunden 26.720,00 €
Bankguthaben 14.000,00 €
Bargeld 1.800,00 €

Passiva: Eigenkapital ? €
Langfristige Bankverbindlichkeiten 120.000,00 €
Verbindlichkeiten an Lieferer 48.460,00 €

1. Bei einer Barabhebung vom Bankkonto ist das Konto Bank auf der Habenseite betroffen.

2. Wenn uns die Bank langfristige Bankverbindlichkeiten gutschreibt, nimmt das Bankkonto zu. Darum ist die Habenseite betroffen.

3. Eine Banküberweisung an unseren Lieferer bedeutet, unser Bankkonto ist im Haben betroffen, das Konto Verbindlichkeiten im Soll.

4. Wenn wir eine Lieferer- in eine kurzfristige Bankverbindlichkeit umwandeln, wird die Bilanzsumme nicht größer.

5. Das Konto Verbindlichkeiten an Lieferer ist ein Passivkonto; darum nennt man seine rechte Seite auch Habenseite.

II-15

Beantworte die Fragen:
1. Wie werden die Bestandskonten eingeteilt?
2. Wie nennt man die linke Seite eines Aktivkontos?
3. Wie nennt man die linke Seite eines Passivkontos?
4. Auf welcher Seite werden Mehrungen bei Passivkonten eingetragen?
5. Auf welcher Seite werden Minderungen bei Passivkonten eingetragen?
6. Steht der Anfangsbestand eines Aktivkontos im Soll oder im Haben?
7. Auf welcher Seite werden Mehrungen bei Aktivkonten eingetragen?
8. Auf welcher Seite werden Minderungen bei Aktivkonten eingetragen?

II-16

1. Erstelle anhand nebenstehender Anfangsbestände eine Bilanz (Ausgangssituation).
2. Zeichne die Konten und eröffne die aktiven und passiven Bestandskonten.

II-17

Überprüfe die links stehenden Aussagen auf ihre Richtigkeit und begründe deine Entscheidung.

II-18

Löse folgende Aufträge:
1. Erkläre den Unterschied zwischen Inventur, Inventar und Bilanz.
2. Erstelle ein Bilanzschema nach den Grundsätzen der Bilanzgliederung und trage darin alle dir bisher bekannten Bilanzposten ein.
3. Erkläre den Begriff „T-Konto-Form".

2.2 Sonja Krönle erfasst betriebliche Vorgänge

Seit der Geschäftsübernahme ist im Unternehmen Krönle dauernd etwas los. Werkstoffe und Betriebsmittel müssen beschafft und fertige Erzeugnisse verkauft werden. Alle Vorgänge werden schriftlich festgehalten. Einkäufe und Verkäufe spiegeln sich in Rechnungen wider. Für die Zahlungsvorgänge bietet der Kontoauszug der Bank einen guten Überblick. Über alle betrieblichen Vorgänge im Unternehmen (Geschäftsfälle) liegen Sonja Krönle im Büro Schriftstücke vor (siehe folgende Beispiele).

Geschäftsfall:
Das Unternehmen Krönle kauft eine neue Fertigungsmaschine zum Nettowert von 240.000,00 € + 19 % Umsatzsteuer gegen Rechnung.

Kurzform:
Einkauf eines Industrieroboters für 240.000,00 € netto gegen Rechnung

Malka KG
Fertigungsmaschinen und Industrieroboter Würzburg

Malka, Bahnhofstraße 14, 97070 Würzburg

Krönle Küchengeräte und Hotelleriebedarf e. K.
Augsburger Straße 12
86368 Gersthofen

Bahnhofstr. 22
97070 Würzburg
Telefon: 0931 345589

Amtsgericht Würzburg HRA 4236

Kontoverbindungen:
Hausbank Würzburg (BLZ 703 555 00)
Konto-Nr. 99155766
Ust-IdNr. DE 783174985
Steuernr. 156/704/3768/5945

Rechnung

Datum: 10. März 20..

Rechnungsnummer: 85

Art.-Nr.	Gegenstand	Menge	Preis je Einheit	Betrag in €
M34	Industrieroboter ZFM-A33-H52	1	240.000,00	240.000,00
	+ 19 % Umsatzsteuer			45.600,00
	Rechnungsbetrag			285.600,00

Geschäftsfall:
Eine gebrauchte Computeranlage aus dem Büro wird für 5.000,00 € + 19 % Umsatzsteuer gegen Rechnung verkauft.

Kurzform:
Verkauf einer Computeranlage (Büro) für 5.000,00 € netto gegen Rechnung

Krönle
Küchengeräte und Hotelleriebedarf e. K.

Krönle e. K., Augsburger Straße 12, 86368 Gersthofen

Wolfgang J. Schick
Holzweg 6
80688 Baierbrunn

Krönle Küchengeräte und
Hotelleriebedarf e. K.
Augsburger Straße 12
86368 Gersthofen
Amtsgericht Augsburg HRA 3345
☎ 0821 497244
📠 0821 497255
🖥 www.kroenle-online.de

RECHNUNG

Gersthofen, 3. März 20..

Für die Lieferung vom **28. Februar** erlauben wir uns, Ihnen zu berechnen:

		Gesamtpreis €
gebrauchte Büro-Computer-Anlage T007		
Warenwert netto		5.000,00
Umsatzsteuer 19 %		950,00
		5.950,00

2.3 Zielgeschäfte im Unternehmen Krönle

Kaufleute untereinander kaufen häufig „auf Ziel" ein, d.h. die gekauften Güter müssen vom Käufer nicht sofort bezahlt werden (wie das etwa für einen Endverbraucher beim Einkauf in einem Supermarkt üblich ist). Eine übliche Zahlungsbedingung ist z.B. „Zahlung fällig am . . . ohne Abzug". Das bedeutet, der Käufer hat bis zu diesem Zeitpunkt zu zahlen, darf aber auch nichts vom Rechnungsbetrag abziehen.

Hinweis:

Ab jetzt wird von Forderungen und Verbindlichkeiten statt von „Forderungen und Verbindlichkeiten aus Lieferungen und Leistungen" gesprochen.

Sonja Krönle hat mit zahlreichen Geschäftspartnern zu tun:

Eingangsrechnung	Ausgangsrechnung

Zu unterscheiden ist, ob Sonja Krönle eine Rechnung	
von einem Lieferer erhält.	an einen Kunden sendet.
Dem Unternehmen Krönle wird laut der vorliegenden **Eingangsrechnung** vom **Lieferer** ein Zahlungsziel bis zum 10. April gewährt. Bis dahin hat das Unternehmen Krönle die **Verbindlichkeiten** an die Malka KG auszugleichen.	Sonja Krönle räumt dem **Kunden** J. Schick mit der **Ausgangsrechnung** ein Zahlungsziel bis zum 3. April ein. Bis dahin hat der Kunde J. Schick die **Forderungen** von Krönle e. K. auszugleichen.

Sonja Krönle hat es mit Lieferern oder Kunden zu tun:

Gegenüber **Lieferern** hat sie **Verbindlichkeiten**; diese	Gegenüber **Kunden** hat sie **Forderungen**; diese
► entstehen bei Lieferungen von ihren Lieferern, ► sind Schulden, also Geldmittel, die sie noch an ihre Lieferer zu zahlen hat, ► verbinden sie mit ihren **Lieferern**, ► stehen auf der Passivseite der Bilanz.	► entstehen bei Lieferungen an ihre Kunden, ► stellen Geldmittel dar, die sie noch von ihren Kunden zu erhalten hat, ► verbinden sie mit ihren **Kunden**, ► stehen auf der Aktivseite der Bilanz.
Lieferer Eingangsrechnung (ER) Verbindlichkeiten aus Lieferungen und Leistungen (VE)	Kunde Ausgangsrechnung (AR) Forderungen aus Lieferungen und Leistungen (FO)

Die meisten Käufe und Verkäufe werden zunächst gegen Rechnung getätigt. Auf diesen Eingangs- und Ausgangsrechnungen sind bestimmte Fristen gesetzt (meist zwischen 30 und 90 Tagen), innerhalb derer man die Rechnung begleichen muss (Zahlungsziel). Durch die Begleichung der Rechnung werden die Verbindlichkeiten bzw. Forderungen ausgeglichen.

2.4 Sonja Krönle bearbeitet Belege

Der Kontoauszug, den Sonja Krönle vor sich liegen hat, lässt ebenso wie die beiden Rechnungen und die Quittung auf mehrere Geschäftsfälle im Unternehmen Krönle schließen. Sie unterscheidet verschiedene Belegarten:

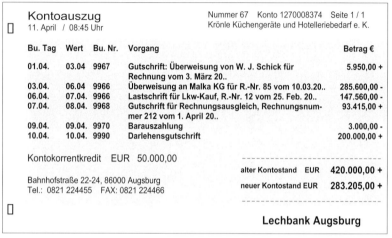

Kontoauszug
11. April / 08:45 Uhr

Nummer 67   Konto 1270008374   Seite 1 / 1
Krönle Küchengeräte und Hotelleriebedarf e. K.

Bu. Tag	Wert	Bu. Nr.	Vorgang	Betrag €
01.04.	03.04	9967	Gutschrift: Überweisung von W. J. Schick für Rechnung vom 3. März 20..	5.950,00 +
03.04.	06.04	9966	Überweisung an Malka KG für R.-Nr. 85 vom 10.03.20..	285.600,00 -
06.04.	07.04	9966	Lastschrift für Lkw-Kauf, R.-Nr. 12 vom 25. Feb. 20..	147.560,00 -
07.04.	08.04	9968	Gutschrift für Rechnungsausgleich, Rechnungsnummer 212 vom 1. April 20..	93.415,00 +
09.04.	09.04	9970	Barauszahlung	3.000,00 -
10.04.	10.04	9990	Darlehensgutschrift	200.000,00 +

Kontokorrentkredit   EUR   50.000,00

Bahnhofstraße 22-24, 86000 Augsburg
Tel.: 0821 224455   FAX: 0821 224466

alter Kontostand   EUR   420.000,00 +

neuer Kontostand EUR   283.205,00 +

Lechbank Augsburg

Netto €	1.280	Cent 00	**Quittung**
+ 19 % USt.	243	Cent 20	
Gesamt €	1.523	Cent 20	

Gesamtbetrag € in Worten

Eintausendfünfhundertdreiundzwanzig--   Cent
wie oben

(im Gesamtbetrag sind ___19___ % Mehrwertsteuer enthalten)

von **Firma Krönle**

für **Kauf eines Computerschreibtisches (Büro)**

richtig erhalten zu haben, bestätigt

Ort Augsburg   Datum 2. Februar 20..

Buchungsvermerke   Stempel/Unterschrift des Empfängers

Xaver Huber
Bürohaus Elegance

Für jeden Geschäftsfall, der das Unternehmen Krönle betrifft, gibt es ein Schriftstück. Damit kann der Geschäftsfall nachvollzogen und bewiesen (= belegt) werden. Daher nennt man dieses Schriftstück **Beleg**.

2.4.1 Sonja Krönle kontrolliert und sortiert Belege

Sonja Krönle bearbeitet die Belege nach folgenden Gesichtspunkten:

1. Prüfen des Beleges nach
   - sachlicher Richtigkeit (Ist es die bestellte Ware und werden die Liefer- und Zahlungsbedingungen eingehalten?)
   - rechnerischer Richtigkeit (Sind die Berechnungen richtig?)

2. Sortieren der Belege nach Arten, z.B. Eingangsrechnungen (ER), Ausgangsrechnungen (AR), Kontoauszüge (KA), Kassenbelege (KB)

3. Nummerierung der Belege nach Art und fortlaufender Nummer (z. B. ER 132)

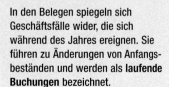

Laufende Buchungen

In den Belegen spiegeln sich Geschäftsfälle wider, die sich während des Jahres ereignen. Sie führen zu Änderungen von Anfangsbeständen und werden als **laufende Buchungen** bezeichnet.

In der Regel fällt ein natürlicher Beleg an (siehe Beispielbelege), andernfalls wird ein künstlicher Beleg erstellt.

Natürliche Belege

Externe Belege = Fremdbelege	**Interne Belege = Eigenbelege**
wie eingehende Rechnungen (Eingangsrechnungen), Fracht-briefe, Bankauszüge, Quittungen, Briefe von Geschäftsfreunden über Gutschriften u.a.	wie Durchschriften der ausgehenden Rechnungen (Ausgangsrechnungen), Quittungsdurchschriften, Lohnlisten, Materialentnahmescheine u.a.

Liegt für einen Geschäftsfall weder ein Fremdbeleg noch ein Eigenbeleg vor, so muss ein Beleg gesondert erstellt werden:

Künstliche Belege = Ersatz- oder Notbelege
z.B. wenn ein Originalbeleg abhanden gekommen oder ein Fremdbeleg nicht zu erhalten ist.

Oft gehören zu einem Geschäftsfall mehrere Belege (z.B. Eingangsrechnung, Banklastschrift und Kontoauszug). Es ist deshalb im Unternehmen genau festzulegen, welcher Beleg als Grundlage für die Buchung dienen soll.

2.4.2 Bedeutung der Belege für Sonja Krönle
Belege sind im Sinne des Handels- und Steuerrechts Urkunden. Sie sind Voraussetzung für die Beweiskraft der Eintragungen in den Büchern. In der elektronischen Datenverarbeitung (EDV) müssen die Belegdaten erst auf einen Datenträger (z.B. Diskette) übernommen werden, von dem der Computer die Daten „lesen" und verarbeiten kann. Viele Belege werden heute durch genormte Schriftzeichen bereits so gestaltet, dass EDV-Geräte die Daten auf dem „Urbeleg" direkt lesen können.

Der Beleg stellt das Bindeglied zwischen Geschäftsfall und Kontoeintrag dar. Er enthält alle unerlässlichen Daten wie Tag, Geschäftsvorgang, Höhe des Betrages usw.:

Der Beleg ist der wichtigste **Datenträger**.

Der Buchhalter findet auf dem Beleg alle für die Kontoeintragung notwendigen Hinweise, die für ihn Anweisungen enthalten, so und nicht anders zu buchen:

Der Beleg ist **Anweisungsträger**.

Schließlich kann anhand des Beleges jeder Kontoeintrag (auch nachträglich!) wieder genau erläutert werden. Nur der Beleg enthält alle Informationen ungekürzt:

Der Beleg ist unentbehrlicher **Informationsträger**.

Auch die Aufbewahrung der Belege ist im HGB geregelt:

Die Belege müssen vorsortiert, in der Buchführung erfasst und dann geordnet aufbewahrt werden, damit man jederzeit auf sie zurückgreifen kann. Die **Aufbewahrungsfrist** beträgt **10 Jahre**.

Immer muss der Grundsatz beachtet werden:

Kein Kontoeintrag ohne Beleg!

Lies folgenden Gesetzestext aufmerksam durch und erkläre seine Bedeutung für Belege.

**§ 238 HGB
Buchführungspflicht.**
(2) Der Kaufmann ist verpflichtet, eine mit der Urschrift übereinstimmende Wiedergabe der abgesandten Handelsbriefe (Kopie, Abdruck, Abschrift oder sonstige Wiedergabe des Wortlauts auf einem Schrift-, Bild- oder anderen Datenträger) zurückzuhalten.

Modernes Belegerfassungsgerät

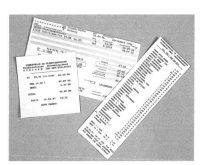

Verschiedene Belege

II-19

Rechts sind vier Belege abgebildet.
Bestimme dazu jeweils
1. Eigen-, Fremd- oder Notbeleg,
2. Art des Beleges, z. B. Ausgangsrechnung.

II-20

Zeichne das Modell eines Fertigungsunternehmens.

Ergänze die Außenbeziehung des Unternehmens, indem du noch eine Geschäftsbank einzeichnest und die Belege rechts mit dem Modell in Verbindung bringst.

II-21

1. Gib die verschiedenen Arten von Belegen an und erläutere den Unterschied.
2. Nenne die Aufgaben der Belege für die Buchführung.
3. Erkläre folgende Aussage:
   „Der Beleg stellt das Bindeglied zwischen Geschäftsfall und Kontoeintrag dar."

II-22

Erarbeite ein Kurzreferat zum Thema „Arten und Aufgaben von Belegen in der Buchführung".

II-23

Erkläre den Begriff Belegzwang in der Buchführung.
Warum ist dieser Grundsatz nötig?

II-24

Suche im Buch beim Kapitel I 1.6.3 die dort abgebildeten Belege, liste diese auf und gib jeweils die Art des Beleges an.

II-25

Lies § 257 HGB aufmerksam durch und versuche den Gesetzestext in eigenen Worten wiederzugeben.

§ 257 HGB Aufbewahrung von Unterlagen, Aufbewahrungsfristen
(1) Jeder Kaufmann ist verpflichtet, die folgenden Unterlagen geordnet aufzubewahren:
1. Handelsbücher, Inventare, Eröffnungsbilanzen, Jahresabschlüsse ...
2. die empfangenen Handelsbriefe,
3. Wiedergaben der abgesandten Handelsbriefe,
4. Belege für Buchungen ...

(2) Handelsbriefe sind nur Schriftstücke, die ein Handelsgeschäft betreffen.

(3) Mit Ausnahme der Eröffnungsbilanzen, Jahresabschlüsse ... können die in Absatz 1 aufgeführten Unterlagen auch als Wiedergabe auf einem Bildträger oder auf anderen Datenträgern aufbewahrt werden, wenn dies den Grundsätzen ordnungsmäßiger Buchführung entspricht ...

2.5 Sonja Krönle bucht betriebliche Vorgänge

Bei der Bearbeitung der Belege muss Sonja Krönle systematisch vorgehen. Bei der Auswertung des folgenden Kontoauszuges wird ihr eine Gesetzmäßigkeit besonders bewusst: Egal, welchen Geschäftsfall sie betrachtet, immer werden (mindestens) **zwei Bilanzposten** verändert.

2.5.1 Auswertung von Belegen

Kontoauszug				Nummer 67 Konto 1270008374 Seite 1 / 1
11. April / 08:45 Uhr				Krönle Küchengeräte und Hotelleriebedarf e. K.

②	③		①	
Bu. Tag	**Wert**	**Bu. Nr.**	**Vorgang**	**Betrag €**
01.04.	03.04	9967	Gutschrift: Überweisung von W. J. Schick für Rechnung vom 3. März 20..	5.950,00 +
03.04.	06.04	9966	Überweisung an Malka KG für R.-Nr. 85 vom 10.03.20..	285.600,00 -
06.04.	06.04	9966	Lastschrift für Lkw-Kauf, R.-Nr. 12 vom 25. Feb. 20..	147.560,00 -
07.04.	08.04	9968	Gutschrift für Rechnungsausgleich, Rechnungsnummer 212 vom 1. April 20..	93.415,00 +
09.04.	09.04	9970	Barauszahlung	3.000,00 -
10.04.	10.04	9990	Darlehensgutschrift	200.000,00 +

Kontokorrentkredit   EUR   50.000,00

- -

④ alter Kontostand   EUR   **420.000,00 +**

Bahnhofstraße 22-24, 86000 Augsburg
Tel.: 0821 224455   FAX: 0821 224466

neuer Kontostand EUR   **283.205,00 +**

- -

Lechbank Augsburg

Die Auswertung des Kontoauszuges ergibt unter anderem:

① Es haben sich sechs Geschäftsfälle ereignet, die in der Spalte „Vorgang" kurz beschrieben sind.

② Die Anordnung der Geschäftsfälle erfolgt nach dem Buchungstag (siehe Spalte „BU-Tag").

③ Die Wertstellung (siehe Spalte „Wert") besagt, dass an diesem Tag die gebuchten €-Beträge dem Bankkonto gutgeschrieben oder belastet werden.

④ Der alte Kontostand von 420.000,00 € hat sich aufgrund der sechs Geschäftsfälle vermindert auf den neuen Kontostand von 283.205,00 €.

Sonja Krönles Aufgabe in der Buchführung ist es nun, diese sechs Geschäftsfälle soweit aufzubereiten, dass sie diese in den Büchern vermerken (= **buchen**) kann. Dazu muss sie sehr konzentriert und sorgfältig arbeiten. Sie geht ganz systematisch vor, indem sie vier Fragen beantwortet:

1. **Um welche Art von Beleg handelt es sich und wie ist dieser in der geordneten Reihenfolge der Belege einzugliedern?**
   Ergebnis: Der Kontoauszug ist ein Fremdbeleg. Die Reihenfolge der Geschäftsfälle ergibt sich aufgrund des Buchungs-datums.
2. **Wie lautet der Geschäftsfall, der dem Beleg zugrunde liegt?**
   Ergebnis: Der kurze Text bei Auftraggeber/Empfänger/Verwendungszweck, das Datum der Wertstellung und der €-Betrag mit dem jeweiligen Vorzeichen geben ihr Hinweise auf die zugrunde liegenden Geschäftsfälle.
3. **Aus den Geschäftsfällen kann Sonja Krönle dann die betroffenen Bilanzposten und ihre Veränderung ableiten.**
4. **Art und Veränderung der betroffenen Bilanzposten zeigen, auf welcher Seite der Konten zu buchen ist.**

> **Hinweis:**
>
> Durch einen Geschäftsfall werden immer mindestens zwei Bilanzposten verändert.

Das Ergebnis von Sonja Krönles Überlegungen ist in folgender Übersicht zusammengefasst:

Beleg	Geschäftsfall (Kurzform)	Bilanzveränderung	betroffene Kontoseite
Kontoauszug Buchung mit Wertstellung 0304	Der Kunde Schick überweist 5.950,00 €. An ihn wurde eine Computeranlage auf Ziel verkauft. **Kurzform:** Kunde begleicht seine Schulden gegen Banküberweisung, 5.950,00 €	Der Aktivposten **Bank** nimmt zu: + 5.950,00 € Der Aktivposten **Forderungen** nimmt ab: − 5.950,00 €	**S** **H**
Kontoauszug Buchung mit Wertstellung 0604	Krönle hatte eine Fertigungsmaschine auf Ziel gekauft und begleicht nun die Verbindlichkeiten an den Lieferer Malka KG, 285.600,00 €. **Kurzform:** Banküberweisung an den Lieferer für Fertigungsmaschine, 285.600,00 €	Der Passivposten **Verbindlichkeiten** nimmt ab: − 285.600,00 € Der Aktivposten **Bank** nimmt ab: − 285.600,00 €	**S** **H**
Kontoauszug Buchung mit Wertstellung 0904	Sonja Krönle hebt vom Geschäftsbankkonto 3.000,00 € ab und zahlt diesen Betrag in die Geschäftskasse ein. **Kurzform:** Barabhebung vom Bankkonto, 3.000,00 €	Der Aktivposten **Kasse** nimmt zu: + 3.000,00 € Der Aktivposten **Bank** nimmt ab: − 3.000,00 €	**S** **H**
Kontoauszug Buchung mit Wertstellung 1004	Gutschrift einer langfristigen Bankverbindlichkeit auf dem Bankkonto, 200.000,00 € **Kurzform:** Gutschrift für eine langfristige Bankverbindlichkeit, 200.000,00 €	Der Aktivposten **Bank** nimmt zu: + 200.000,00 € Der Passivposten **Langfristige Bankverbindlichkeiten** nimmt zu: + 200.000,00 €	**S** **H**

Gesetzmäßigkeiten bei der Untersuchung von Geschäftsfällen:

▶ Jeder Geschäftsfall wird durch vier Fragen analysiert:
1. Welche Bilanzposten werden berührt?
2. Handelt es sich um Aktiv- oder Passivposten (A oder P)?
3. Wie ändern sich diese Bilanzposten (+ oder −)?
4. Auf welcher Kontoseite ergibt sich demzufolge eine Bestandsveränderung?

▶ Die Bilanzsumme kann sich ändern, muss es aber nicht.

▶ Die Bilanzgleichung (A = P) bleibt immer erhalten!

▶ Jeweils **ein** Geschäftsfall bewirkt Veränderungen von **zwei** Bilanzposten.

Hinweis:

Die Kurzform wird im Unterricht sehr häufig für die Beschreibung von Geschäftsfällen oder, aus Platzgründen, anstelle von Belegdarstellungen gewählt, weil sie eine knappe Darstellung des Geschäftsfalles ermöglicht.

Kontoauszug

Kontoauszug
11. April / 08:45 Uhr

Nummer 67   Konto 1270008374   Seite 1 / 1
Krönle Küchengeräte und Hotelleriebedarf e. K.

Bu. Tag	Wert	Bu. Nr.	Vorgang	Betrag €
01.04.	03.04	9967	Gutschrift: Überweisung von W. J. Schick für Rechnung vom 3. März 20..	5.950,00 +
03.04.	06.04	9966	Überweisung an Malka KG für R.-Nr. 85 vom 10.03.20..	285.600,00 -
06.04.	07.04.	9966	Lastschrift für Lkw-Kauf, R.-Nr. 12 vom 25. Feb. 20..	147.560,00 -
07.04.	08.04.	9968	Gutschrift für Rechnungsausgleich, Rechnungsnummer 212 vom 1. April 20..	93.415,00 +
09.04.	09.04.	9970	Barauszahlung	3.000,00 -
10.04.	10.04.	9990	Darlehensgutschrift	200.000,00 +

Kontokorrentkredit   EUR   50.000,00

Bahnhofstraße 22-24, 86000 Augsburg
Tel.: 0821 224455   FAX: 0821 224466

alter Kontostand   EUR   420.000,00 +

neuer Kontostand EUR   283.205,00 +

Lechbank Augsburg

Dieselstraße 10
86154 Augsburg
Telefon 0821 912556
Telefax 0821 912566

Autohaus
Freundlich e. K.
Neu- und Gebraucht-
wagenverkauf
Lkw - Busse

Autohaus Freundlich * Dieselstraße 10 * 86154 Augsburg

Krönle Küchengeräte und
Hotelleriebedarf e. K.
Augsburger Straße 12
86368 Gersthofen

RECHNUNG
12
Datum: 25. Februar 20..

Fabrikat:	MMX
Fahrgestell-Nr.:	JMBG13D20000567542000
Modellbezeichnung:	40635XXL
Kfz-Brief:	FP280
Pol.-Kennzeichen:	A-KR 7610
Schlüssel-Nr.:	19879
Typ:	406 3,0i XXLX
Fahrzeugart:	Transporter
Karosserie/Aufbau:	3-türig
Farbcode:	SGH8
Farbe:	Magenta
Polsterung:	ANTHRAZIT GEMUSTERT
Bereifung:	395R15 78S
Motor/ccm/KW/PS :	DIESEL/2795/098/134

FAHRZEUGPREIS		124.000,00
	Nettobetrag	124.000,00
	USt. 19%	23.560,00
	Gesamtbetrag	147.560,00

Amtsgericht Augsburg HRA 1344
USt-IdNr. DE 810243520   Steuernr. 116/3902/5871
Zahlung fällig am 25. März 20.. rein netto
Bankverbindung: Sparkasse Augsburg (BLZ 705 543 08) Konto-Nr. 4805828401

II-26

Untersuche die Buchungen
laut nebenstehendem Kontoauszug
1. mit Wertstellung 0704 und
2. mit Wertstellung 0804
und erkläre jeweils, welcher Geschäftsfall
zugrunde liegt, wie eine mögliche Kurzform
lauten könnte, welche Bilanzveränderungen
durch den Geschäftsfall verursacht werden
und welche Kontoseite jeweils betroffen ist.

II-27

Beantworte zu nachstehenden Geschäftsfällen folgende Fragen:
a) Welche Bilanzposten werden berührt?
b) Handelt es sich um Aktiv- oder Passivposten (A oder P)?
c) Um wie viel € wird dieser Bilanzposten
   vermehrt oder vermindert
   (+ .... € oder - .... €)?

1. Wir heben von unserem Bankkonto
   700,00 € bar ab.
2. Von unserem Bankkonto überweisen wir
   1.200,00 € an einen Lieferer.
3. Wir tilgen 2.000,00 € unserer
   langfristigen Bankverbindlichkeiten über
   65.000,00 € durch Überweisung von
   unserem Bankkonto.
4. Bareinzahlung auf das Bankkonto,
   200,00 €.

II-28

Untersuche nebenstehenden Beleg des
Autohauses Freundlich und nenne dazu
1. die Art des Beleges,
2. den zugrunde liegenden Geschäftsfall,
3. die Kurzform,
4. die Bilanzveränderung und
5. die betroffenen Konten(-Seiten).

II-29

Beantworte die Fragen:
1. Wie viele Bilanzposten werden durch
   einen Geschäftsfall verändert?
2. Wie kann die Mehrung eines Aktivpos-
   tens durch die Veränderung eines
   anderen Bilanzpostens ausgeglichen
   werden?
3. In welcher Weise kann sich die Minderung eines Passivpostens bei einem
   anderen Bilanzposten auswirken?

2.5.2 Vorkontierung von Belegen

Bei der Auswertung der Belege kann eine Vorkontierung erstellt werden. Bei ihr handelt es sich um eine systematische Anordnung der durch einen Geschäftsfall betroffenen Bilanzposten. Der Bilanzposten, der im Soll betroffen ist, wird zunächst aufgelistet und der €-Betrag in die Spalte Soll eingetragen. Anschließend wird der Bilanzposten mit dem Eintrag des €-Betrages auf der Habenseite ergänzt.

Sonja Krönle verwendet dafür einen **Vorkontierungsstempel (Buchungsstempel)**, den sie auf jedem Beleg anbringt und entsprechend ergänzt:

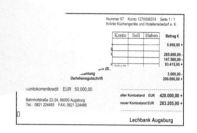

	Konto	Soll	Haben
	Bank	5.950,00	
	Forderungen		5.950,00
BA 304	Gebucht:	12. April Sonja Krönle	

Zur übersichtlichen Darstellung der Geschäftsfälle kann sie auch ein **Vorkontierungsblatt** erstellen:

Buchungsart	Datum	Soll	Haben	Buchungsnummer	Betrag (€)
①	②	③	④	⑤	⑥
...	...	...	...	...	...
...	...	...	...	...	...
...	...	...	...	...	...
B	0304	Bank (BK)	Forderungen (FO)	304	5.950,00
B	0604	Verbindlichkeiten (VE)	Bank (BK)	305	285.600,00
B	0704	Verbindlichkeiten (VE)	Bank (BK)	306	147.560,00
B	0804	Bank (BK)	Forderungen (FO)	307	93.415,00
B	0904	Kasse (KA)	Bank (BK)	308	3.000,00
B	1004	Bank (BK)	Lgfr. Bankvblk. (LBKV)	309	200.000,00

Der Aufbau des Vorkontierungsblattes ist dem Vorkontierungsstempel ähnlich:

① In der Spalte **Buchungsart** wird für die laufenden Buchungen ein B eingetragen.
② Die Eintragungen erfolgen in der **zeitlichen Reihenfolge** der Geschäftsfälle (Beleg-Datum).
③ Hier ist das Konto einzutragen, das auf der **Sollseite** betroffen ist (z. B. Bank, wenn der Bestand zunimmt).
④ Hier ist das Konto einzutragen, das auf der **Habenseite** betroffen ist (z. B. Forderungen, wenn der Bestand abnimmt).
⑤ Bei der **Buchungsnummer** handelt es sich um eine fortlaufende Nummer aller Buchungen.
⑥ In dieser Spalte ist der **gebuchte Betrag** einzutragen.

2.5.3 Von der Vorkontierung zum Buchungssatz

Beim Buchen der Geschäftsfälle muss nicht nur sehr gewissenhaft gearbeitet werden, es fällt auch eine Menge Schreibarbeit an. Gerade diese kann aber noch vermindert werden. Dazu hat Sonja Krönle die Vorkontierung erstellt. Eine noch einfachere und sehr knappe Form der Vorkontierung ist der Buchungssatz. Hierbei ist die Anordnung der Konten fest vorgeschrieben: Das Konto, welches im Soll betroffen ist, steht links und jenes, welches im Haben betroffen ist, steht rechts. Durch das Verhältniswort „an" werden Soll und Habenbuchung voneinander getrennt.

Geschäftsfall:
Der Kunde J. Schick begleicht seine Schuld durch Überweisung auf das Bankkonto, 5.950,00 €

Folgende Überlegungen werden angestellt:

	Überlegungen:	
Konto Bank	**1.** Welche Konten sind betroffen?	Konto Forderungen
Aktivposten	**2.** Welche Art von Bilanzposten liegt vor?	Aktivposten
Zunahme um 5.950,00 €	**3.** Wie verändert sich dieser Posten?	Abnahme um 5.950,00 €
Soll-Seite	**4.** Auf welcher Kontoseite ist zu buchen?	Haben-Seite

> Durch einen Geschäftsfall werden immer mindestens zwei Bilanzposten verändert.
>
> Davon ist ein Konto im Soll, das andere Konto im Haben betroffen.

Der Buchungssatz ist eine Kurzform der Vorkontierung, bei der grundsätzlich zunächst die Sollbuchung genannt wird.

Vorkontierung:

Buchungsart	Datum	Soll	Haben	Buch.-Nr.	Betrag (€)
B	0304	Bank (BK)	Forderungen (FO)	304	5.950,00

Buchungssatz:

        Bank (BK) 5.950,00 € **an** Forderungen (FO) 5.950,00 €

Sollbuchung an Habenbuchung

Der **Buchungssatz** ist die Kurzform einer Anweisung, wie zu buchen ist:

▶ Alle Überlegungen (siehe oben 1. bis 4.) müssen getroffen werden, nur das Aufschreiben wird abgekürzt!

▶ Zuerst wird das Konto genannt, das die Sollbuchung aufnimmt, dann das Konto für die Habenbuchung.

▶ Zwischen beide Kontonamen setzt man das Verhältniswort „an".

▶ Der Betrag muss angegeben werden.

II-30
Bilde zu den weiteren fünf Vorkontierungen der Seite 120 die Buchungssätze.

2.5.4 Vom Buchungssatz zum Kontoeintrag – Buchen in Konten

Jeder Geschäftsfall betrifft mindestens zwei Bilanzposten. Diese Änderung wird jedoch, wie bereits dargestellt, nicht in der Bilanz selbst vorgenommen. Sonja Krönle hat für diese Änderungen zu Beginn des Geschäftsjahres für jeden Bilanzposten ein Konto eröffnet und trägt nun die Änderungen in diese Konten ein. Diesen Vorgang bezeichnet man im engeren Sinn als „**Buchen**". Dabei sind die Vorüberlegungen sehr hilfreich, die zu den Einträgen im Vorkontierungsstempel oder im Vorkontierungsblatt geführt haben.

Auch das Buchen ist an strenge logische Regeln gebunden: Die Sollbuchung wird auf der Sollseite des betreffenden Kontos eingetragen, die Habenbuchung auf der Habenseite des zweiten Kontos. Zusätzlich zum €-Betrag gibt man bei jeder Buchung die so genannte Gegenbuchung an (Konto, in dem ebenfalls der Betrag gebucht wird) und das Datum, an dem gebucht wird.

Geschäftsfall 1:

Der Kunde J. Schick begleicht seine Schuld durch Überweisung auf unser Bankkonto, 5.950,00 €.

Buchungssatz:

Bank (BK)   5.950,00 €   **an**   Forderungen (FO)   5.950,00 €

Buchung in den Konten:

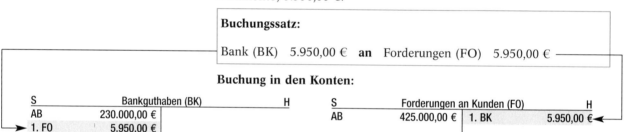

Geschäftsfall 2:

Sonja Krönle begleicht eine Lieferantenrechnung per Banküberweisung, 285.600,00 €.

Buchungssatz:

Verbindlichkeiten (VE)   285.600,00 €   **an**   Bank (BK)   285.600,00 €

S	Bankguthaben (BK)		H	S	Verbindlichkeiten (VE)		H
AB	230.000,00 €	2. VE	285.600,00 €	2. BK	285.600,00 €	AB	527.000,00 €
1.FO	5.950,00 €						

Buchung in den Konten:

Immer gelten die Grundregeln der Buchführung:

1. Der Wert, der links (im Soll) gebucht wird, muss auch rechts (im Haben) gebucht werden.
2. Zum €-Betrag gibt man das jeweilige Gegenkonto an.
3. Der Aufbau des Buchungssatzes und die Buchung in T-Konten sind von der Systematik her gleich.

Konto,
in dem **links** gebucht wird
(Sollbuchung) €-Betrag

an

Konto,
in dem **rechts** gebucht wird
(Habenbuchung) €-Betrag

II-31

Zeichne die Konten zu den vier weiteren Geschäftsfällen (siehe Vorkontierungen von Seite 120 und Buchungssätze von Aufgabe II-30, Seite 121 sowie der Bilanz von Seite 103) und buche in den Konten.

Buchen von Geschäftsfällen in Konten – Übersicht

Bilanz
Krönle Küchengeräte und Hotelleriebedarf e. K., Gersthofen
zum 1. Januar 2007
(als Eröffnungsbilanz bei Übernahme des Unternehmens)

Aktiva		Passiva	
Anlagevermögen		**Eigenkapital**	2.100.000,00 €
Bebaute Grundstücke	400.000,00 €	**Fremdkapital**	
Betriebs- und Verwaltungsgebäude	800.000,00 €	Langfristige Schulden	
Maschinen und Anlagen	2.150.000,00 €	Langfristige Bankverbindlichkeiten	1.800.000,00 €
Fuhrpark	345.000,00 €	Kurzfristige Schulden	
Büromaschinen	265.000,00 €	Kurzfristige Bankverbindlichkeiten	803.000,00 €
Büroausstattung	460.000,00 €	Verbindlichkeiten an Lieferer	527.000,00 €
Umlaufvermögen			
Vorräte	150.000,00 €		
Forderungen an Kunden	425.000,00 €		
Bankguthaben	230.000,00 €		
Kassenbestand	5.000,00 €		
	5.230.000,00 €		**5.230.000,00 €**

Gersthofen, 1. Januar 2007
Sonja Krönle

S	Bebaute Grundstücke (BGR)		H
AB	400.000,00 €		

S	Betriebs- u. Verwaltungsgebäude (BVG)		H
AB	800.000,00 €		

S	Maschinen (MA)		H
AB	2.150.000,00 €		

S	Fuhrpark (FP)		H
AB	345.000,00 €		

S	Büromaschinen (BM)		H
AB	265.000,00 €		

S	Büroausstattung (BA)		H
AB	460.000,00 €		

S	Vorräte (VOR)		H
AB	150.000,00 €		

S	Forderungen an Kunden (FO)		H
AB	425.000,00 €	1. BK	5.950,00 €
		4. BK	93.415,00 €

S	Bankguthaben (BK)		H
AB	230.000,00 €	2. VE	285.600,00 €
1. FO	5.950,00 €	3. VE	147.560,00 €
4. FO	93.415,00 €	5. KA	3.000,00 €
6. LBKV	200.000,00 €		

S	Kassenbestand (KA)		H
AB	5.000,00 €		
5.BK	3.000,00 €		

S	Eigenkapital (EK)		H
		AB	2.100.000,00 €

S	Langfristige Bankverbindlichkeiten (LBKV)		H
		AB	1.800.000,00 €
		6. BK	200.000,00 €

S	Kurzfristige Bankverbindlichkeiten (KBKV)		H
		AB	803.000,00 €

S	Verbindlichkeiten an Lieferer (VE)		H
2. BK	285.600,00 €	AB	527.000,00 €
3. BK	147.560,00 €		

Erläuterungen:
Bilanz zum 1. Januar 2007
(hier: Bilanz zur Geschäftsübernahme)
Nach der Inventur wurde das Inventar erstellt und daraus die Eröffnungsbilanz gebildet: Alle Bestände zum Zeitpunkt der Unternehmensgründung bzw. zum Beginn des Geschäftsjahres (z. B. 1. Januar) sind verzeichnet.
Das Original dieser Bilanz muss mit Ort, Datum und Unterschrift versehen sein und 10 Jahre aufbewahrt werden.
Eröffnung der Bestandskonten
Zu jedem Bilanzposten wird ein eigenes Konto erstellt; die in der Eröffnungsbilanz ausgewiesenen Beträge werden eingetragen.
Buchen der Geschäftsfälle
Die Veränderungen, die jeder der bisherigen sechs Geschäftsfälle (siehe Seite 120) hervorruft, werden entsprechend den Regeln von Seite 122 in den Konten festgehalten (gebucht).
Zu jeder Buchung gehört:
1. die laufende Nummer (das Datum) der Buchung,
2. das Gegenkonto (Angabe des anderen betroffenen Kontos), gegebenenfalls abgekürzt, und der €-Betrag.

Die Einträge in den Konten (Buchungen oder Kontierungen) zeigen den Stand im Unternehmen Krönle nach der Buchung der Geschäftsfälle auf der Grundlage des Bankauszuges von Seite 117.

II-32

Erstelle zu den nebenstehenden Geschäftsfällen die Buchungssätze.

1. Barabhebung von unserem Bankkonto, 3.000,00 €
2. Umwandlung einer Liefererschuld in eine kurzfristige Bankverbindlichkeit, 5.000,00 €
3. Tilgung einer langfristigen Bankverbindlichkeit durch Banküberweisung, 2.000,00 €
4. Banküberweisung an den Lieferer, 2.000,00 €
5. Verkauf einer Fertigungsmaschine gegen Bankscheck, 4.000,00 €
6. Kauf eines Computers für das Büro gegen Kassenquittung, 6.000,00 €

II-33

Errichte die Konten. Erstelle die Buchungssätze zu den Geschäftsfällen 1. bis 4.
(rechts) und buche in Konten.

Anfangsbestände des Unternehmens Michaela Stollner, Würzburg:
Vorräte 2.400,00 €, Forderungen 1.500,00 €, Kasse 3.600,00 €,
Bankguthaben 4.000,00 €, Verbindlichkeiten 2.900,00 €
1. Eröffnung eines Bankkontos durch Bareinzahlung, 3.300,00 €
2. Barzahlung eines Kunden, 1.200,00 €
3. Barabhebung bei der Bank, 700,00 €
4. Banküberweisung an einen Lieferer, 1.100,00 €

Arbeitsanweisung für die Aufgaben II-34 und II-35:

1. Stelle eine (Eröffnungs-)Bilanz auf.
2. Eröffne die aktiven und passiven Konten.
3. Erstelle jeweils den Buchungssatz
   mithilfe folgender Überlegungen:
   a) Welche Konten werden durch den
   Geschäftsfall berührt?
   b) Handelt es sich um ein aktives oder
   passives Bestandskonto?
   c) Liegt eine Mehrung (+) oder eine
   Minderung (-) vor?
   d) Auf welcher Kontenseite wird deshalb
   gebucht?
   Formuliere die Buchungssätze immer
   so, dass zuerst die Sollbuchung (links),
   dann die Habenbuchung (rechts) zu
   erfolgen hat.
4. Buche dann die Geschäftsfälle in den
   Konten.

Kontrolle der Inventurbestände

Geschäftsfälle II-34:

1. Die Bank schreibt einen kurzfristigen Kredit gut, 18.000,00 €.
2. Barzahlung eines Kunden, 700,00 €
3. Einkauf einer Fertigungsmaschine gegen Bankscheck, 15.000,00 €
4. Banküberweisung an einen Lieferer, 1.100,00 €
5. Teilweise Tilgung der langfristigen Bankverbindlichkeit durch Banküberweisung, 1.300,00 €
6. Kauf eines Schreibtisches bar, 1.400,00 €

II-34

Anfangsbestände des Unternehmens Ingrid
Graf, Forchheim:
Aktiva: Vorräte 8.400,00 €, Forderungen
1.400,00 €, Kasse 800,00 €, Bank 3.700,00 €,
Büroausstattung 40.000,00 €, Maschinen
und Anlagen 50.000,00 €
Passiva: Verbindlichkeiten 4.300,00 €,
Eigenkapital ? €, kurzfristige Bankverbind-
lichkeiten 10.000,00 €, langfristige Bank-
verbindlichkeiten 30.000,00 €

Geschäftsfälle II-35:

1. Ein Kunde hat auf das Bankkonto überwiesen, 800,00 €.
2. Zahlung an einen Lieferer bar, 400,00 €
3. Einkauf eines Schreibtisches bar, 900,00 €
4. Bareinzahlung bei der Bank, 2.000,00 €
5. Kauf eines Laserdruckers für die Verwaltung per Bankscheck,
   1.500,00 €
6. Zahlung eines Kunden bar, 700,00 €
7. Barabhebung von der Bank, 600,00 €
8. Umwandlung einer Liefererschuld in eine kurzfristige Bankverbindlichkeit, 10.000,00 €
9. Bareinzahlung auf das Bankkonto, 500,00 €
10. Banküberweisung: teilweise Kreditrückzahlung (siehe 8.), 250,00 €

II-35

Inventurbestände des Unternehmens Otto
Fuchs, Aschaffenburg:
Vorräte 6.300,00 €, Büroausstattung
3.000,00 €, Bargeld 3.400,00 €, Bankguthaben 2.800,00 €, Forderungen 4.200,00 €,
Eigenkapital ? €, Verbindlichkeiten bei
Lieferern 14.500,00 €, Büromaschinen
30.000,00 €, kurzfristige Bankverbindlichkeiten 30.000,00 €

Aktiva: Maschinen 80.000,00 €
Geschäftsausstattung 44.800,00 €
Vorräte 60.200,00 €
Forderungen 26.720,00 €
Bankguthaben 14.000,00 €
Bargeld 1.800,00 €

Passiva: Eigenkapital ? €
langfristige Bankverbindlichkeiten 120.000,00 €
Verbindlichkeiten 48.460,00 €

Einbaugeräte
Kümax e. K.

80637 München
Dachauer Straße 285
Tel.: 089 152978

Krönle Küchengeräte und
Hotelleriebedarf e. K.
Augsburger Straße 12
86368 Gersthofen

26. April 20..

Rechnung Nr. 417

Ihre Anfrage: 15. April 20..
Unser Angebot: 18. April 20..
Lieferdatum: 23. April 20..

Menge	m³	Einzelpreis €	Gegenstand	Gesamtpreis €
1	x	795,00	Einbaukühlschrank „Maxi"	795,00
1	x	698,00	Einbauherd „Ceran Plus"	698,00
1	x	999,00	Kühlkombination „Fiesco"	999,00
			Warenwert netto	2.492,00
			+ Frachtkosten	0,00
			+ 19 % Umsatzsteuer	473,48
			Rechnungsbetrag	**2.965,48**

Zahlung fällig am 26. Mai 20..
Bei Zahlung bis zum 5. Mai 20..
gewähren wir 2 % Skonto.

Registergericht München HRA 1255

Bankverbindung:
Handelsbank München
Konto 338 266
BLZ 342 800 00
USt-IdNr. DE 376148850
Steuernr. 133/4075/0962

1. Bareinzahlung auf unser Bankkonto, 800,00 €
2. Zielverkauf eines gebrauchten Firmen-Lkw, 12.000,00 €
3. Der Kunde von 2. überweist auf unser Bankkonto 12.000,00 €.
4. Wir zahlen an unseren Lieferer durch Banküberweisung 990,00 €.
5. Teilweise Tilgung einer langfristigen Bankverbindlichkeit, 1.000,00 €
6. Eingangsrechnung von der Firma Blau: Kauf einer Stanzmaschine für die Fertigung, 213.450,00 €
7. Barabhebung vom Bankkonto, 500,00 €
8. Wir überweisen an unseren Lieferer Blau 213.450,00 €.

II-36

1. Erstelle anhand linksstehender Anfangsbestände eine Bilanz (Ausgangssituation).
2. Eröffne die Konten, bilde zu den folgenden Geschäftsfällen die Buchungssätze und buche in Konten:
   a) Einer unserer Kunden bezahlt seine Schulden bei uns bar, 800,00 €.
   b) Wir wandeln eine Liefererschuld von uns in eine kurzfristige Darlehensschuld bei unserer Bank um, 30.000,00 €.
   c) Wir begleichen unsere Schuld bei einem unserer Lieferer durch Banküberweisung, 1.020,00 €.
   d) Wir nehmen bei unserer Bank ein neues langfristiges Darlehen auf, 150.000,00 €.

II-37

Die Kantine des Unternehmens Krönle wird neu ausgestattet. Dem Unternehmen liegt nebenstehender Beleg vor:
1. Um welche Belegart handelt es sich?
2. Welche Lieferbedingungen liegen dem Geschäft zugrunde?
3. Formuliere zum Beleg den Geschäftsfall.
4. Bilde zum Beleg den Buchungssatz.
5. Das Unternehmen zahlt gegen Banküberweisung. Bilde hierfür den Buchungssatz.
6. Buche Fall 4. und 5. in Konten.
7. Nehmen wir an, dass ein Kühlschrank für Sonjas Privathaushalt gekauft wurde. Welche Auswirkungen hätte dies für die Buchführung des Unternehmens Krönle?

II-38

Bilde die Buchungssätze zu nebenstehenden Geschäftsfällen.

2.5.5 Deuten von Buchungssätzen und von Eintragungen in Konten

Unsere bisherige Vorgehensweise (Bildung von Buchungssätzen und Buchen in Konten aufgrund gegebener Geschäftsfälle) …

… **kann natürlich auch umgekehrt werden** (formulieren der Geschäftsfälle aufgrund vorgegebener Buchungssätze oder Buchungen in Konten):

Aus Buchungen in Konten oder aus Buchungssätzen kann auf den zugrunde liegenden Geschäftsfall geschlossen werden. Wir sprechen dann von **Deutung der Buchungen** oder von **Buchungslesen**. Dabei ist es wichtig, dass die Geschäftsfälle **eindeutig** beschrieben und die Beträge angegeben werden. Aus dem formulierten Geschäftsfall muss sich der gegebene Buchungssatz eindeutig bilden lassen.

Beispiel 1: Formuliere für folgenden Buchungssatz den zugrunde liegenden Geschäftsfall.

Bank (BK)	10.000,00 €	an	Kasse (KA)	10.000,00 €

Überlegungen:

Bank (aktives Konto) **im Soll** gebucht **nimmt zu** (Bestandsmehrung)

Kasse (aktives Konto) **im Haben** gebucht **nimmt ab** (Bestandsminderung)

Lösung:
Bareinzahlung auf das Bankkonto 10.000,00 €

Beispiel 2: Formuliere den zugrunde liegenden Geschäftsfall für die Buchung Nummer 2 im Konto Verbindlichkeiten.

Soll		Verbindlichkeiten (VE)	Haben	
2. BK	6.700,00	AB	349.750,00
		1. FP	87.000,00

Überlegungen:
Im Konto Verbindlichkeiten ist im Soll mit Gegenkonto Bank ein Betrag von 6.700,00 € gebucht.

Verbindlichkeiten (passives Konto) **im Soll** gebucht **nimmt ab** (Bestandsminderung)

Bank (aktives Konto) folglich **im Haben** gebucht **nimmt ab** (Bestandsmehrung)

Lösung:
Banküberweisung an einen Lieferer, 6.700,00 €

II-39

Formuliere für folgende Buchungssätze die zugrunde liegenden Geschäftsfälle:
1. BK 4.000,00 €   an   KA   4.000,00 €
2. VE 2.000,00 €   an   BK   2.000,00 €
3. BK 3.000,00 €   an   FO   3.000,00 €
4. KA 1.000,00 €   an   BK   1.000,00 €
5. BK 4.000,00 €   an   KBKV 4.000,00 €

II-40

Formuliere die zugrunde liegenden Geschäftsfälle für die Eintragungen 1. bis 3. im Konto Bank:

Soll		Bank	Haben	
1. KA	2.000,00 €	2. VE	2.000,00 €
3. FO	3.000,00 €		

1. Kasse 300,00 € an Bank 300,00 €
2. Verbindlichkeiten 800,00 € an Bank 800,00 €
3. Maschinen 3.000,00 € an Bank 3.000,00 €
4. Bank 2.300,00 € an Forderungen 2.300,00 €
5. Bank 20.000,00 € an langfristige Bankverbindlichkeit 20.000,00 €
6. Kasse 3.000,00 € an Forderungen 3.000,00 €
7. Bank 950,00 € an Kasse 950,00 €
8. Büroausstattung 22.000,00 € an Kasse 22.000,00 €
9. Kurzfristige Bankverbindlichkeit 7.000,00 € an Bank 7.000,00 €

Soll	Verbindlichkeiten (VE)		Haben
1. BK	1.200,00 €	AB	16.000,00 €
3. KA	2.000,00 €	2. MA	9.800,00 €
4. BK	850,00 €		

Soll	Kasse (KA)		Haben
Anfangsbestand	2.300,00 €	2. BK	600,00 €
1. BK	1.200,00 €	3. VE	800,00 €
4. FO	800,00 €		
5. LBKV	15.000,00 €		

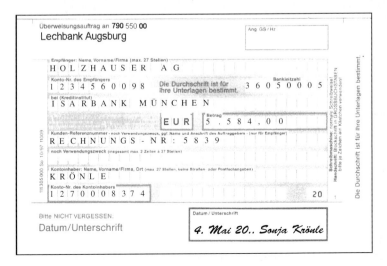

Formuliere die Geschäftsfälle zu den nebenstehenden Buchungssätzen.

II-42
Auf welchen Geschäftsfällen beruhen die Eintragungen 1 bis 4 im nebenstehenden Konto Verbindlichkeiten?

II-43
Auf welchen Geschäftsfällen beruhen die Eintragungen 1 bis 5 im nebenstehenden Konto Kasse?

II-44
Erkläre folgende Begriffe:
1. Inventar,
2. Vorkontierung,
3. Bilanz,
4. Buchungssatz,
5. Grundsätze ordnungsmäßiger Buchführung,
6. Belegzwang.

II-45
Begründe folgende Aussage:
„Die Buchführung ist an strenge logische und formale Regeln gebunden und erfordert konzentriertes, sorgfältiges Arbeiten."

II-46
Bilde die Buchungssätze zu den links abgedruckten Belegen.

Vorsteuer

ist die Umsatzsteuer, die einem Unternehmen von einem anderen Unternehmen berechnet wird. Wenn ein Unternehmen Lieferungen oder sonstige Leistungen gegen Entgelt erhält (ein Umsatz wird getätigt), muss es darauf Umsatzsteuer entrichten.

Löse folgende Aufgaben zu nebenstehendem Beleg:

1. Um welche Belegart handelt es sich?

2. Formuliere den Geschäftsfall, der dem Beleg zugrunde liegt.

3. Erstelle den Buchungssatz zum Beleg.

2.5.6 Vorsteuer als eine Form der Umsatzsteuer

Beim Kauf der Fertigungsmaschine muss das Unternehmen Krönle nicht nur den reinen Warenwert von 240.000,00 € bezahlen. Sonja Krönle ist gesetzlich dazu verpflichtet, an den Lieferer zusätzlich Vorsteuer zu entrichten, zurzeit 19 % auf den Warenwert, somit 45.600,00 €. Dies kann auch aus dem untenstehenden Beleg entnommen werden.

Malka KG

Fertigungsmaschinen und Industrieroboter Würzburg

Malka, Bahnhofstraße 14, 97070 Würzburg

Krönle Küchengeräte und
Hotelleriebedarf e. K.
Augsburger Straße 12
86368 Gersthofen

Bahnhofstr.22
97070 Würzburg
Telefon: 0931 345589

Amtsgericht Würzburg HRA 4236

Kontoverbindungen:
Hausbank Würzburg (BLZ 703 555 00)
Konto-Nr. 99155766
USt.-IdNr. DE783174985
Steuernr. 156/704/3768/5945

Rechnung

Datum: 10. März 20..

Rechnungsnummer: 85

Art.-Nr.	Gegenstand	Menge	Preis je Einheit	Betrag in €
M34	Industrieroboter ZFM-A33-H52	1	240.000,00	240.000,00
	+ 19 % Umsatzsteuer			45.600,00
	Rechnungsbetrag			285.600,00

Der Lieferer der neuen Fertigungsmaschine berechnet neben dem reinen **Warenwert** zusätzlich **19 % Umsatzsteuer**. Diese Umsatzsteuer wird als **Vorsteuer** bezeichnet, weil sie auf eine Leistung zu entrichten ist, die bezogen wird.

Nettowert	240.000,00 €
+ **Vorsteuer**	45.600,00 €
Bruttowert	285.600,00 €

Für die Vorsteuer wird ein aktives Bestandskonto eingerichtet, das die Umsatzsteuer beim Kauf aufnimmt.

Bei der Bearbeitung des Beleges stellt Sonja Krönle fest, dass nun – mit der Vorsteuer – bei einem Geschäftsfall mehr als zwei Konten betroffen sind:

▶ Maschinen (MA),
▶ Vorsteuer (VORST) und
▶ Verbindlichkeiten (VE).

2.5.7 Zusammengesetzte Buchungssätze

Im Gegensatz zu den **einfachen** Buchungssätzen (ein Geschäftsfall betrifft nur zwei Konten) handelt es sich nun bei nebenstehendem Beleg um einen Geschäftsfall, der mehr als zwei Konten betrifft. In der Praxis führt ein Geschäftsfall sehr häufig zu Änderungen von drei oder mehr Konten. Alle angesprochenen Konten werden in einem einzigen Buchungssatz zusammengefasst. So entstehen **zusammengesetzte** Buchungssätze.

Geschäftsfall zum Beleg:

Zieleinkauf einer Fertigungsmaschine, 240.000,00 € + 19 % Umsatzsteuer.

Wieder werden **Vorüberlegungen** angestellt:

1. Welche Bilanzposten werden berührt?
2. Handelt es sich um Aktiv- oder Passivposten (A oder P)?
3. Wie ändern sich diese Bilanzposten (+ oder –)?
4. Auf welcher Kontoseite ergibt sich demzufolge eine Bestandsveränderung?

▶ Das **Aktivkonto** Maschinen (MA) **nimmt zu**
Bestandsmehrung: 240.000,00 € – es wird **im Soll** gebucht.
▶ Das **Aktivkonto** Vorsteuer **nimmt zu**
Bestandsmehrung: 45.600,00 € – es wird **im Soll** gebucht.
▶ Das **Passivkonto** Verbindlichkeiten **nimmt zu**
Bestandsmehrung: 285.600,00 € – es wird **im Haben** gebucht.

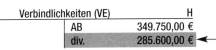

Rechnungsbetrag

Er ist immer ein Bruttobetrag; er schließt die Umsatzsteuer mit ein (einschließlich Umsatzsteuer, inklusive Umsatzsteuer).

Buchungssatz:

Maschinen (MA)   240.000,00 €
Vorsteuer (VORST) 45.600,00 € **an** Verbindlichkeiten (VE) 285.600,00 €

Buchung in T-Konten:

S	Maschinen (MA)		H
AB	2.150.000,00 €		
VE	240.000,00 €		

S	Verbindlichkeiten (VE)		H
		AB	349.750,00 €
		div.	285.600,00 €

S	Vorsteuer (VORST)		H
VE	45.600,00 €		

Geschäftsfall:

Kauf eines neuen Betriebs-Pkw für 20.000,00 € + 19 % Umsatzsteuer gegen Barzahlung 5.000,00 €, den Rest per Bankscheck.

Buchungssatz:

Fuhrpark (FP)   20.000,00 €
Vorsteuer (VORST)   3.800,00 € **an** Kasse (KA)   5.000,00 €
                                      Bank (BK)   18.800,00 €

Hinweis

Da beim Buchen in Konten häufig zahlreiche Gegenkonten einzutragen wären, gibt man diese aus Platzgründen nicht im Einzelnen an, sondern schreibt an Stelle dessen „div." für „diverse" = verschiedene. In diesem Fall wurde deshalb nicht „MA/VORST", sondern „div." eingetragen.

Grundsätze:

▶ Jedem Konto wird eindeutig ein Betrag zugeordnet.
▶ Die Summe der Sollbuchungen (Sollseite in €) muss immer der Summe der Habenbuchungen (Habenseite in €) entsprechen.
▶ **Sollbuchungen an Habenbuchungen**

Zusammengesetzte Buchungssätze betreffen immer mehr als zwei Konten.

Umsatzsteuer

Der Unternehmer muss von einem Kunden neben dem Warenwert zusätzlich Umsatzsteuer fordern, wenn er Lieferungen oder sonstige Leistungen gegen Entgelt erbringt, (ein Umsatz wird getätigt). Diese Umsatzsteuer muss einkassiert und an das Finanzamt abgeführt werden.

Löse folgende Aufgaben zu nebenstehendem Beleg:

1. Um welche Belegart handelt es sich?

2. Formuliere den Geschäftsfall, der dem Beleg zugrunde liegt.

3. Erstelle den Buchungssatz zum Beleg.

4. Welche Lieferbedingungen gelten laut Beleg?

2.5.8 Umsatzsteuer beim Verkauf

Beim Verkauf der Computeranlage muss das Unternehmen Krönle nicht nur den reinen Warenwert von 5.000,00 € einkassieren. Sonja Krönle ist gesetzlich dazu verpflichtet, vom Kunden zusätzlich Mehrwertsteuer zu fordern, zurzeit 19 % auf den Warenwert, somit 950,00 €. Dies kann auch aus dem untenstehenden Beleg entnommen werden.

Krönle

Küchengeräte und Hotelleriebedarf e. K.

Krönle e. K., Augsburger Straße 12, 86368 Gersthofen

Wolfgang J. Schick
Holzweg 6
80688 Baierbrunn

RECHNUNG

Krönle Küchengeräte und
Hotelleriebedarf e. K.
Augsburger Straße 12
86368 Gersthofen
Amtsgericht Augsburg HRA 3345
☎ 0821 497244
🖨 0821 497255
💻 www.kroenle-online.de

Gersthofen, 3. März 20..

Für die Lieferung vom **28. Februar** erlauben wir uns, Ihnen zu berechnen:			
			Gesamtpreis €
gebrauchte Büro-Computer-Anlage T007 Warenwert netto			5.000,00
Umsatzsteuer 19 %			950,00
			5.950,00

Zahlung fällig bis zum 3. April 20.. rein netto.
Die gelieferte Ware bleibt bis zur vollständigen Bezahlung unser Eigentum.

Bankverbindung: Konto-Nr.: 1270008374 Lechbank Augsburg • BLZ 790 550 00
Ust-IdNr. DE 33555621   Steuernr. 178/204/3428

Krönle als Verkäufer der Computeranlage berechnet neben dem reinen **Warenwert** zusätzlich **19 % Umsatzsteuer**. Diese Umsatzsteuer ist auf eine Leistung zu entrichten, die für den Kunden erbracht wird.

Nettowert	5.000,00 €
+ **Umsatzsteuer**	950,00 €
Bruttowert	5.950,00 €

Rechnungsbeträge sind immer Bruttobeträge; sie schließen die Umsatzsteuer mit ein (einschließlich Umsatzsteuer, inklusive Umsatzsteuer).

Buchungssatz:

Forderungen (FO)   5.950,00 €   **an**   Büromaschinen (BM)   5.000,00 €
　　　　　　　　　　　　　　　　　　Umsatzsteuer (UST)   950,00 €

Autohaus
Freundlich e. K.
Neu- und Gebraucht-
wagenverkauf
Lkw - Busse

Dieselstraße 10
86154 Augsburg
Telefon 0821 912556
Telefax 0821 912566

Autohaus Freundlich * Dieselstraße 10 * 86154 Augsburg

Krönle Küchengeräte und
Hotelleriebedarf e. K.
Augsburger Straße 12
86368 Gersthofen

RECHNUNG
12
Datum: 25. Februar 20..

Fabrikat:	MMX
Fahrgestell-Nr.:	JMBG13D20000567542000
Modellbezeichnung:	40635XXL
Kfz-Brief:	FP280
Pol.-Kennzeichen:	A-KR 7610
Schlüssel-Nr.:	19879
Typ:	406 3,0i XXLX
Fahrzeugart:	Transporter
Karosserie/Aufbau:	3-türig
Farbcode:	SGH8
Farbe:	Magenta
Polsterung:	ANTHRAZIT GEMUSTERT
Bereifung:	395R15 78S
Motor/ccm/KW/PS :	DIESEL/2795/098/134

FAHRZEUGPREIS	124.000,00 €
Nettobetrag	124.000,00 €
USt. 19%	23.560,00 €
Gesamtbetrag	147.560,00 €

Amtsgericht Augsburg HRA 1344
USt-IdNr. DE 810243520   Steuernr. 116/3902/5871
Zahlung fällig am 25. März 20.. rein netto
Bankverbindung: Sparkasse Augsburg (BLZ 705 543 08) Konto-Nr. 4805828401

Beleg 1

Netto €	1.280	Cent 00	**Quittung**
+ 19 % USt.	243	Cent 20	
Gesamt €	1.523	Cent 20	

Gesamtbetrag € in Worten
Eintausendfünfhundertdreiundzwanzig--   Cent
                                                          wie oben
(im Gesamtbetrag sind ___19_____ % Mehrwertsteuer enthalten)

von Firma Krönle

für Kauf eines Computerschreibtisches (Büro)

richtig erhalten zu haben, bestätigt

Ort Augsburg   Datum 2. Februar 20..

Buchungsvermerke   Stempel/Unterschrift des Empfängers

                              Xaver Huber
                              Bürohaus Elegance

Beleg 2

II-47

Bilde zu den Belegen 1 und 2
die Buchungssätze.

II-48

Bilde zu den folgenden Geschäftsfällen die
Buchungssätze:
1. Ein Kunde begleicht eine Rechnung über
   2.380,00 €. Er stellt einen Verrechnungsscheck aus über 550,00 €, den Rest
   zahlt er bar.
2. Wir kaufen bei einem Lieferer auf Ziel ein:
   – Fertigungsmaschinen,
     netto 125.000,00 €
   – Regale für die Fertigungshalle,
     netto 120,00 €
   – Büroschreibtisch,
     netto 1.200,00 €
   – Computeranlage (Büro),
     netto 16.700,00 €
   – Ausstattung für Besprechungszimmer,
     netto 43.000,00 €
3. Wir haben bei einem Lieferer insgesamt
   24.990,00 € Verbindlichkeiten, die wir
   begleichen müssen. Dazu zahlen wir bar
   5.000,00 €, 15.000,00 € durch Banküberweisung und den Rest per Bankscheck.

II-49

Bilde zu folgenden Geschäftsfällen die
Buchungssätze:
1. Eröffnung eines Bankkontos durch
   Bareinzahlung, 3.300,00 €
2. Barzahlung eines Kunden, 1.200,00 €
3. Barabhebung bei der Bank, 700,00 €
4. Banküberweisung an einen Lieferer,
   1.100,00 €
5. Die Bank schreibt einen kurzfristigen
   Kredit gut, 18.000,00 €.
6. Einkauf einer Fertigungsmaschine
   gegen Bankscheck, netto 15.000,00 €
7. Teilweise Tilgung des kurzfristigen Kre-
   dits durch Banküberweisung, 1.300,00 €
8. Kauf eines Schreibtisches bar, netto
   1.400,00 €
9. Ein Kunde hat auf das Bankkonto
   überwiesen, 800,00 €.
10. Zahlung an einen Lieferer bar, 400,00 €
11. Bareinzahlung bei der Bank, 2.000,00 €
12. Kauf eines Laserdruckers für die Verwal-
    tung per Bankscheck, netto 1.500,00 €
13. Zahlung eines Kunden bar, 700,00 €
14. Umwandlung einer Liefererschuld in
    eine kurzfristige Bankverbindlichkeit,
    10.000,00 €
15. Banküberweisung: teilweise Kreditrück-
    zahlung (siehe 5.), 250,00 €

II-50

Berechne jeweils die fehlenden Werte bei einem Umsatzsteuersatz von 19 %.

	Nettowert (€)	Umsatzsteuer (€)	Bruttowert (€)
1.	2.600,00	?	?
2.	?	?	11.186,00
3.	?	2.280,00	?
4.	?	?	266,56

II-51

Der nebenstehende Kontoauszug lässt auf sechs Geschäftsfälle im Unternehmen Krönle schließen.

1. Nenne entsprechend der Wertstellung im Kontoauszug die sechs Geschäftsfälle.
2. Bilde zu den Geschäftsfällen
   a) die Vorkontierungen auf einem Vorkontierungsblatt,
   b) die Buchungssätze.
3. Laut Kontoauszug liegen Zahlungen von Maxl Graf und an die Fa. Senftl vor. Welche vorangegangenen Geschäftsfälle könnten die Zahlungen jeweils ausgelöst haben:
   a) vom Kunden Maxl Graf (Wert 1305),
   b) an die Firma Senftl (Wert 1405)?
4. Bei der Überweisung der Firma Senftl über 222.530,00 € ist die Vorsteuer mit enthalten.
   a) Berechne den Nettowert,
   b) berechne die Höhe der Umsatzsteuer in € (19 % Umsatzsteuer).
5. Nenne die Art der Umsatzsteuer.

II-52

Bearbeite folgende Aufträge zu nebenstehendem Beleg:

1. Um welche Belegart handelt es sich?
2. Formuliere den Geschäftsfall, der dem Beleg zugrunde liegt.
3. Wie lautet die Vorkontierung zum Beleg?
4. Erstelle den Buchungssatz zum Beleg.
5. Welche Lieferbedingungen gelten laut Beleg?
6. Wie lange hat Martin Wagner Zeit, den Rechnungsbetrag zu begleichen?

II-53

Du bist Mitarbeiter im Unternehmen Krönle und sollst künftig Rechnungen an Kunden erstellen. Dazu musst du jeweils alle Werte bis hin zum Rechnungsbetrag berechnen.

1. Erstelle ein Rechenblatt (Tabellenkalkulation), mit dem du diese Berechnungen durchführen kannst.
2. Zeige anhand des Rechenblattes, wie du die Zellen für die Ausgabefelder programmiert hast (Formeldarstellung).

Kontoauszug
23. Mai / 08:45 Uhr

Nummer 145   Konto 1270008374   Seite 1 / 1
Krönle Küchengeräte und Hotelleriebedarf e. K.

Bu. Tag	Wert	Bu. Nr.	Vorgang	Betrag €
08.05.	08.05.	9990	Bareinzahlung	10.000,00 +
10.05.	11.05.	9968	Lastschrift (Dauerauftrag): Abbuchung für Darlehensrückzahlung	8.000,00 -
11.05.	13.05.	9967	Gutschrift: Überweisung von Maxl Graf für Rechnung v. 31. Mai 20.. (gebr. Lagerregale)	870,00+
12.05.	14.05.	9968	Überweisung an Fa. Senftl (Maschinenfabrik) zum Rechnungsausgleich, Rechnungsnr. 754 v. 8. März 20..	222.530,00-
14.05.	15.05.	9980	Bareinzahlung vom Kunden Maier	8.120,00 +
18.05.	22.05.	9990	Scheckgutschrift für Verkauf eines gebrauchten Kopiergerätes	1.000,00 +

Kontokorrentkredit   EUR   50.000,00

Bahnhofstraße 22-24, 86000 Augsburg
Tel.: 0821 224455   FAX: 0821 224466

alter Kontostand   EUR   287.125,00 +

neuer Kontostand EUR   76.585,00 +

Lechbank Augsburg

Krönle

Küchengeräte und Hotelleriebedarf e. K.

Krönle e. K., Augsburger Straße 12, 86368 Gersthofen

Martin Wagner
Alpenweg 8
80688 München

RECHNUNG 0064

Krönle Küchengeräte und
Hotelleriebedarf e. K.
Augsburger Straße 12
86368 Gersthofen
Amtsgericht Augsburg HRA 3345
☏ 0821 497244
🖷 0821 497255
🖳 www.kroenle-online.de

Gersthofen, 26. Juni 20..

Für die Lieferung vom 19. Juni erlauben wir uns, Ihnen zu berechnen:				
Artikel	Artikel-Nr.	Einzelpreis €	Stück	Gesamtpreis €
gebrauchte Registraturschränke	BK-0012	355,00	40	14.200,00
Warenwert netto				14.200,00
Umsatzsteuer 19 %				2.698,00
				16.898,00

Zahlung fällig am 26. Juli 20.. rein netto
Bei Bezahlung bis zum 6. Juli 20.. gewähren wir 2 % Skonto.
Die gelieferte Ware bleibt bis zur vollständigen Bezahlung unser Eigentum.
Lieferung frei Haus
Bankverbindung: Konto-Nr.: 1270008374 Lechbank Augsburg · BLZ 790 550 00
Ust-IdNr. DE 233555621 Steuernr. 178/2945/3428

Quittung

Netto €	85	Cent 00	
+ 19 % USt.	16	Cent 15	
Gesamt €	101	Cent 15	

Gesamtbetrag € in Worten

einhundertundeins--------------   Cent wie oben

(im Gesamtbetrag sind ____19____ % Mehrwertsteuer enthalten)

von Firma Krönle

für Kauf einer Schreibtischlampe

richtig erhalten zu haben, bestätigt

Ort Augsburg   Datum 15.März 20..

Buchungsvermerke   Stempel/Unterschrift des Empfängers

Markus Münch
Baumarkt Schwaben

II-54

Der Buchhaltung der Fa. Krönle liegt nebenstehender Beleg vor. Folgende Arbeiten sind zu erledigen:
1. Kontrolle des Beleges auf rechnerische Richtigkeit,
2. Formulieren des zugrunde liegenden Geschäftsfalles,
3. Bilden des Buchungssatzes.
4. Folgende Fragen sind zu klären:
   a) Welche Art von Beleg liegt vor?
   b) Wie ist der Geschäftsfall in den Konten zu buchen?

Drosselgasse 5
86154 Augsburg
Telefon: 0821 912577
Telefax: 0821 912578

Systemhaus Bytes und Bits
Computersysteme für Jedermann

Systemhaus Bytes und Bits * Drosselgasse 5 * 86154 Augsburg

Krönle Küchengeräte und
Hotelleriebedarf e. K.
Augsburger Straße 12
86368 Gersthofen

RECHNUNG
000712
Datum: 19. März 20..

Fabrikat: xxxL-Savoy
Typ und Ausstattung   laut Angebot vom 12. März

Gesamtpreis		14.999,00
Installation und Einbau frei		00,00
	Nettobetrag	14.999,00
	USt. 19 %	2.849,81
	Gesamtbetrag	17.848,81

Amtsgericht Augsburg HRA 1344
USt-IdNr. DE 889476298 Steuernr. 384/9374/0092
Rechnung fällig am 27. März 20.. ohne Abzug.
Bankverbindung: Sparkasse Augsburg (BLZ 705 543 08) Konto-Nr. 4805828401

II-55

Du bist Mitarbeiter im Unternehmen Krönle (Buchhaltung). Bearbeite nebenstehenden Beleg.
1. Überprüfe den Beleg hinsichtlich der rechnerischen Richtigkeit.
2. Entwerfe einen Buchungsstempel zum Beleg.
3. Bilde den Buchungssatz.
4. Du legst den Beleg mit den eigenen Bearbeitungsergebnissen dem Abteilungsleiter vor. Dieser möchte Erklärungen haben.
   a) Um welche Art von Beleg handelt es sich?
   b) Welcher Geschäftsfall liegt vor?
   c) Wie ist der Geschäftsfall in den Konten zu buchen?
   d) Welche Art von Umsatzsteuer ist gegeben?

	Nettowert (€)	Umsatzsteuer (€) bei 7 %	bei 19 %	Bruttowert (€)
1.	12.000,00	?		?
2.	4.300,00		?	?
3.	?		?	266,56
4.	?	140,00		?
5.	?		1.805,00	?
6.	530,00		?	?
7.	?	43,40		?
8.	?	?		5.922,00

II-56

Bei der Berechnung der Umsatzsteuer kann mit dem vollen (19 %) und mit dem ermäßigten Steuersatz (7 %) gerechnet werden.
Berechne die fehlenden Werte in nebenstehender Tabelle.

II-57

Bilde die Buchungssätze zu den rechts abgedruckten Belegen.

II-58

Du hast die Aufgabe, einen neuen Mitarbeiter in der Abteilung Rechnungswesen im Unternehmen Krönle mit den Grundsätzen der Buchführung vertraut zu machen.
1. Erstelle ein Kurzreferat, in dem du die Vorgehensweise bei der Bearbeitung von Belegen bis hin zum Buchen in Konten darstellst.
2. Erstelle ein Informationsblatt, das alle wichtigen Arbeitsschritte und die wichtigsten Grundregeln der Buchführung beinhaltet.

II-59

Erkläre die Fachbegriffe:
1. Umsatzsteuer,
2. Vorsteuer,
3. Beleg,
4. Buchführungspflicht,
5. HGB,
6. Buchungssatz.

II-60

Bilde die Buchungssätze zu den folgenden Geschäftsfällen:
1. Kauf eines Kopierers für netto 2.000,00 €. Barzahlung 1.500,00 €, den Rest per Bankscheck
2. Eröffnung eines Bankkontos durch Bareinzahlung 5.000,00 €
3. Verkauf eines gebrauchten Büroschreibtisches für netto 500,00 €
4. Kauf eines Gabelstaplers gegen Rechnung für netto 4.000,00 €
5. Ein Kunde begleicht eine Rechnung in Höhe von 10.000,00 € durch Barzahlung von 2.000,00 €, den Rest durch Bankscheck.
6. Kauf eines Kleinroboters für die Fertigung gegen Rechnung, 50.000,00 € netto
7. Begleichung einer Liefererrechnung in Höhe von 14.000,00 € durch Banküberweisung
8. Verkauf eines gebrauchten PC für netto 150,00 € gegen Barzahlung
9. Barabhebung vom Geldautomaten, 1000,00 €
10. Kauf eines kleinen Grundstückes als Betriebsparkplatz für 20.000 € gegen Barscheck

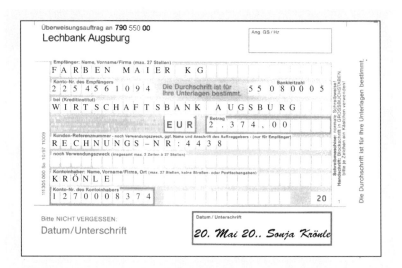

Die Tätigkeit, die zur Erstellung eines Inventars führt, nennt man **Inventur**. Dazu werden in vorbereitete Listen die verschiedenen Vermögensgegenstände und die Schuldenwerte genau erfasst (zählen, messen, wiegen) und in €-Beträgen bewertet.

Seite 98

Inventar ist ein ausführliches Bestandsverzeichnis aller Vermögenswerte, der Schulden und des Reinvermögens in Staffelform.

Seite 99

Die **Bilanz** ist die kurzgefasste Gegenüberstellung von Vermögenswerten und Vermögensquellen und vermittelt wie das Inventar ein Bild des augenblicklichen Vermögensstandes.
In der Bilanz werden die Vermögenswerte den Schulden und dem Reinvermögen in der einfacheren und kürzeren **T-Konto-Form** in zwei Spalten gegenübergestellt:
▶ die Vermögenswerte (Aktiva) auf die linke Seite der Bilanz (**Aktivseite**) übernommen,
▶ die Vermögensquellen (Passiva) auf die rechte Seite der Bilanz (**Passivseite**) geschrieben.

Seite 102

Die Bilanzgleichung lautet:

$$\textbf{Aktiva} = \textbf{Passiva}$$
$$\textbf{Vermögenswerte} = \textbf{Vermögensquellen}$$
$$\textbf{Vermögen} = \textbf{Eigenkapital} + \textbf{Fremdkapital}$$
$$\textbf{Anlagevermögen} + \textbf{Umlaufvermögen} = \textbf{Eigenkapital} + \textbf{Fremdkapital}$$

Seite 103

Die **Grundsätze ordnungsmäßiger Buchführung** (**GoB**) lassen sich in folgenden Aussagen zusammenfassen:

▶ Die Buchführung muss klar und übersichtlich sein.
▶ Die Buchführung muss in einer lebenden Sprache abgefasst sein.
▶ Die Buchführung muss mit urkundensicheren Schreibmaterialien verfasst werden.
▶ Die Geschäftsfälle müssen fortlaufend, vollständig, richtig, zeitgerecht und sachlich geordnet erfasst werden.
▶ Die Aufzeichnungen dürfen nicht unleserlich sein.

Seite 106

Die Bilanz wird in **Konten** aufgelöst um Änderungen der Bestände übersichtlicher darstellen zu können.
Ein **Konto** muss man sich als zweiseitige Verrechnungsstelle in **T-Form** vorstellen. Es dient dazu, Änderungen von Beständen aufzunehmen, die die Bilanz betreffen würden. Das Konto ist ebenso wie die Bilanz in T-Form aufgemacht, aber: Die linke Seite des Kontos wird mit **Sollseite**, die rechte mit **Habenseite** überschrieben.

Seite 108

Kaufleute untereinander kaufen häufig „auf Ziel" ein, d.h. die gekauften Güter müssen vom Käufer nicht sofort bezahlt werden. Sie vereinbaren **Zielgeschäfte**. Der Kaufpreis ist erst zu einem späteren Zeitpunkt, dem so genannten Zahlungsziel fällig. Bis zur Bezahlung bestehen Forderungen und Verbindlichkeiten.

Seite 113

Seite 113

Gegenüber **Lieferern** hat ein Unternehmen **Verbindlichkeiten**; diese

▶ entstehen bei Lieferungen von seinen Lieferern,
▶ sind Schulden, also Geldmittel, die es noch an seine Lieferer zu
  zahlen hat,
▶ verbinden es mit seinen Lieferern,
▶ stehen auf der Passivseite der Bilanz.
Lieferer
Eingangsrechnung (ER)
Verbindlichkeiten aus Lieferungen und Leistungen (VE)

Seite 113

Gegenüber **Kunden** hat ein Unternehmen **Forderungen**; diese

▶ entstehen bei Lieferungen an seine Kunden,
▶ stellen Geldmittel dar, die es noch von seinen Kunden zu erhalten
  hat,
▶ verbinden es mit seinen Kunden,
▶ stehen auf der Aktivseite der Bilanz.
Kunde
Ausgangsrechnung (AR)
Forderungen aus Lieferungen und Leistungen (FO)

Seite 114

Belege sind im Sinne des Handels- und Steuerrechts Urkunden. Sie
sind Voraussetzung für die Beweiskraft der Eintragungen in den
Büchern und müssen zehn Jahre aufbewahrt werden.
Untergliederung nach **Belegarten**:

▶ Eigenbelege,	oder	▶ Eingangsrechnungen,
▶ Fremdbelege,		▶ Ausgangsrechnungen,
▶ Notbelege.		▶ Quittungen,
		▶ Kontoauszüge,
		▶ …

Seite 115

Aufgaben von Belegen:

▶ Datenträger,
▶ Informationsträger,
▶ Anweisungsträger,
▶ Beweismittel.

Seite 117

Die **Auswertung von Belegen** im Hinblick auf die Auswirkungen auf
die Buchführung ist nach vier Überlegungen vorzunehmen:
1. Um welche Art von Beleg handelt es sich und wie ist dieser in der
   geordneten Reihenfolge der Belege einzugliedern?
2. Wie lautet der Geschäftsfall auf der Grundlage des Beleges?
3. Welche Bilanzposten verändern sich durch den Geschäftsfall?
4. Auf welcher Seite ergibt sich eine Veränderung des betroffenen
   Bilanzpostens und auf welcher Seite des Kontos ist folglich zu
   buchen?

Gesetzmäßigkeiten bei der Untersuchung von Geschäftsfällen:
Jeder Geschäftsfall wird durch vier Fragen analysiert:
1. Welche Bilanzposten werden berührt?
2. Handelt es sich um Aktiv- oder Passivposten (A oder P)?
3. Wie ändern sich diese Bilanzposten (+ oder –)?
4. Auf welcher Kontoseite ergibt sich demzufolge eine
   Bestandsveränderung?
Die Bilanzsumme kann sich ändern, muss es aber nicht.
Die Bilanzgleichung (A = P) bleibt immer erhalten!
Jeweils **ein** Geschäftsfall bewirkt Veränderungen von mindestens **zwei**
Bilanzposten.
Grundsätzlich gilt:
Keine Buchung ohne Beleg!
Keine Buchung ohne Gegenbuchung!

Seite 118

Bei der Auswertung der Belege kann eine **Vorkontierung** abgeleitet
werden. Bei ihr handelt es sich um eine systematische Anordnung der
durch einen Geschäftsfall betroffenen Bilanzposten. Der Bilanzposten,
der im Soll betroffen ist, wird zunächst aufgelistet und der €-Betrag in
die Spalte Soll eingetragen. Anschließend wird der Bilanzposten mit
dem Eintrag des €-Betrages auf der Habenseite ergänzt. Die Vorkontierung ist in der Buchführungspraxis mit dem **Buchungsstempel** gleichzusetzen.

Seite 120

Beim Buchen der Geschäftsfälle kann die Schreibarbeit vermindert
werden, indem man mit einer noch einfacheren und sehr knappen
Form, mit dem **Buchungssatz** arbeitet.
Der **Buchungssatz** ist die Kurzform der Buchungsanweisung, bei der
grundsätzlich die Sollbuchung zuerst genannt wird. Durch das Verhältniswort „**an**" werden Soll- und Habenbuchung voneinander getrennt.

Seite 121

Sollbuchung   an   Habenbuchung

Jeder Geschäftsfall betrifft mindestens zwei Bilanzposten. Diese Änderung wird jedoch nicht in der Bilanz selbst vorgenommen. Für jeden
Bilanzposten wird zu Beginn des Geschäftsjahres ein Konto eröffnet
und darin der Anfangsbestand eingetragen. Während des Geschäftsjahres trägt man nun je nach Geschäftsfall die Änderungen in diese Konten ein. Diesen Vorgang bezeichnet man im engeren Sinn als „**Buchen**".
Immer gilt die Grundregel der Buchführung:
1. **Der Wert, der links (im Soll) gebucht wird, muss auch rechts (im
   Haben) gebucht werden.**
2. **Zum €-Betrag gibt man das jeweilige Gegenkonto an.**

Seite 122

Aus Buchungen in Konten oder aus Buchungssätzen kann auf den zugrunde liegenden Geschäftsfall geschlossen werden. Wir sprechen dann
von **Deutung der Buchungen** oder von **Buchungslesen**.

Dabei ist es wichtig, dass die Geschäftsfälle **eindeutig** beschrieben und
die Beträge angegeben werden. Aus dem formulierten Geschäftsfall
muss sich der gegebene Buchungssatz/Konteneintrag eindeutig formulieren lassen.

Seite 126

Seite 128

Vorsteuer ist die Umsatzsteuer, die einem Unternehmen (Käufer) von einem anderen Unternehmen (Verkäufer) berechnet wird. Wenn ein Unternehmen Lieferungen oder sonstige Leistungen gegen Entgelt erhält (ein Umsatz wird getätigt), muss es darauf Umsatzsteuer entrichten.

Seite 129

Sind in einem Geschäftsfall nur zwei Konten betroffen, dann ergibt sich daraus ein **einfacher Buchungssatz**. Führt ein Geschäftsfall zu Änderungen von drei oder mehr Konten, dann entstehen **zusammengesetzte Buchungssätze**.

Sollbuchung		
Sollbuchung	**an**	**Habenbuchung**

oder

Sollbuchung	**an**	**Habenbuchung**
		Habenbuchung

oder

Sollbuchung		
Sollbuchung	**an**	**Habenbuchung**
		Habenbuchung

Seite 129

Grundsätze:
– Jedem Konto wird eindeutig ein Betrag zugeordnet.
– Die Summe der Sollbuchungen (Sollseite in €) muss immer der Summe der Habenbuchungen (Habenseite in €) entsprechen.

Seite 130

Der Unternehmer muss von einem Kunden neben dem Warenwert zusätzlich **Umsatzsteuer** fordern, wenn er Lieferungen oder sonstige Leistungen gegen Entgelt erbringt (ein Umsatz wird getätigt). Diese Umsatzsteuer muss erhoben und an das Finanzamt abgeführt werden.

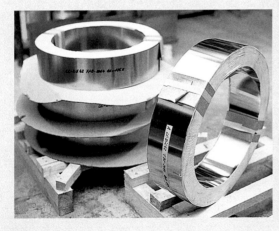

1 Einkaufskalkulation

Jedes Unternehmen umfasst neben der Verwaltung die Bereiche Beschaffung, Fertigung und Absatz. Die **Beschaffung**, auch Materialwirtschaft genannt, kümmert sich um die Materialbestellung, prüft das Material auf Qualität und gibt dieses an die Fertigung weiter.

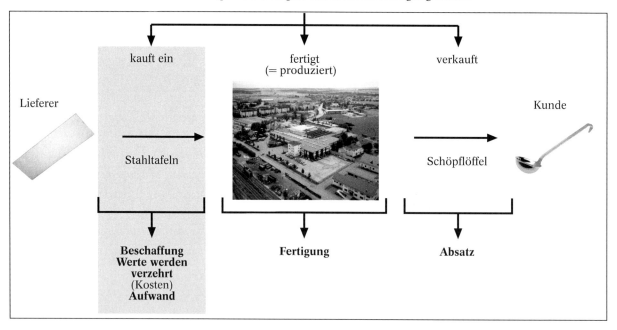

Werkstoffe

Die Aufgabe des betrieblichen Rechnungswesens im Bereich Beschaffung ist es, **alle Ausgaben**, die durch den Einkauf von Werkstoffen entstehen, **exakt zu erfassen**. Werkstoffe sind neben den Betriebsmitteln und den Arbeitskräften ein Teil der betrieblichen Produktionsfaktoren. Sie werden bei der Produktherstellung verbraucht, d.h. sie gehen in das neue Produkt ein. Beim Einkauf der Werkstoffe muss das Unternehmen auf ökologische (umweltschonend, recyclingfähig) und ökonomische Faktoren (Kosten) achten.

Die Werkstoffe lassen sich in vier Bereiche untergliedern:

Rohstoffe	Fremdbauteile	Hilfsstoffe	Betriebsstoffe
Hauptbestandteil wird verarbeitet	Hauptbestandteil wird eingesetzt	Nebenbestandteil wird verarbeitet	kein Bestandteil wird verbraucht
z.B. Stahltafeln	z.B. Kunststoffgriffe	z.B. Spezialkleber	z.B. Polierpaste

1. Nenne je zwei Roh-, Hilfs-, Betriebsstoffe und Fremdbauteile
   a) in einer Textilfabrik,
   b) in einer Möbelfabrik.

2. Ordne die Beispiele den Werkstoffen beim Unternehmen Krönle zu:
   – Stahlbleche
   – Schmierfett
   – Politurpaste
   – Holzgriffe
   – Polierbürste
   – Kunststoffgriffe
   – Spezialkleber
   – Gas

3. Notiere, welche Werkstoffe in dem Fertigungsunternehmen, in dem deine Klasse die Betriebserkundung durchgeführt hat, eingesetzt werden.

1.1 Vergleich verschiedener Angebote

Vor Einkäufen von Werkstoffen holt Sonja Krönle grundsätzlich bei verschiedenen Lieferern Angebote ein und überprüft diese um das günstigste Angebot ermitteln zu können.

Michael Hofmann e. K.
Kohlen - Öle –
Schmierstoffe
Rußstraße 11, 86551 Aichach

Krönle Küchengeräte und
Hotelleriebedarf e. K.
Augsburger Straße 12
86368 Gersthofen

Aichach, 18. Mai 20..

Angebot 354
Ihre Kundennummer: 01457

Rußstraße 11
86551 Aichach
Telefon: 08251 915412
Fax: 08251 915410

Sehr geehrte Frau Krönle,

wir beziehen uns auf Ihre telefonische Anfrage und bieten Ihnen Schmiermittel zu folgenden Bedingungen an:

500	Liter	zu je 49,00 €	Spezialschmiermittel M545	
			Listenpreis	24.500,00 €
			abzüglich 10 % Rabatt	2.450,00 €
				22.050,00 €
			Frachtkosten und Abladen	250,00 €
				22.300,00 €
			+ 19 % Umsatzsteuer	4.237,00 €
			Gesamtbetrag	**26.537,00 €**

Zahlungsbedingungen: 30 Tage rein netto

Angebot 1 Mit freundlichen Grüßen

Allgäuchem
Chemische Werke AG
Postfach 17722
87600 Kaufbeuren

Krönle Küchengeräte und
Hotelleriebedarf e. K.
Augsburger Straße 12
86368 Gersthofen

Allgäuchem - Chemische Werke AG
Postfach 17722
Goethestraße 17
87600 Kaufbeuren
Telefon: 08341 456666
Telefax: 08341 456667

Angebot

Kaufbeuren, 18. Mai 20..

Sehr geehrte Frau Krönle,

Bezug nehmend auf Ihre telefonische Anfrage unterbreiten wir Ihnen folgendes Angebot:

500 Liter zu je 52,80 € Spezialschmiermittel M545

Preis laut Liste	26.400,00 €
- Rabatt 14 %	3.696,00 €
	22.704,00 €
+ 19 % Umsatzsteuer	4.313,76 €
Gesamtbetrag	**27.017,76 €**

Die Lieferung erfolgt frei Haus.
Bei Zahlung innerhalb von 10 Tagen 3 % Skonto,
oder innerhalb von 30 Tagen rein netto

Angebot 2 Mit freundlichen Grüßen

Fragen zur Auswertung von Angeboten:

1. **Wer ist der Empfänger des Angebots?**
   Krönle ist der Empfänger, da das Unternehmen im Adressfeld angesprochen wird.

2. **Um welchen Werkstoff handelt es sich hierbei?**
   Schmiermittel sind für das Unternehmen Krönle Betriebsstoffe, da sie verbraucht und nicht Bestandteil des Produkts werden.

3. **Wie hoch ist der Warenwert, netto?**
   Der Warenwert beträgt netto 22.050,00 €, da der Rabatt sofort gewährt wird.

4. **Welche Lieferbedingung liegt vor?**
   Die Firma Krönle muss die Kosten (250,00 €) für Fracht und Abladen selbst bezahlen.

5. **Welche Zahlungsbedingung liegt vor?**
   Krönle muss innerhalb von 30 Tagen bezahlen.

1. Werte Angebot 2 aus; beantworte dazu die oben stehenden Fragen.

2. Welches Angebot ist deiner Meinung nach günstiger (Begründung)?

**Zahlungsziel,
„rein netto"**

Der Zusatz **„rein netto"** bedeutet, dass der Kunde nach Ablauf der Skontofrist (z. B. 10 Tage bei Angebot 2) **kein Skonto** mehr abziehen darf, er muss den gesamten Rechnungsbetrag bezahlen.

Diese beiden Angebote enthalten neue **Fachbegriffe**, die zu klären sind:

Angebot 1	Angebot 2

Michael Hofmann e. K.
Kohlen - Öle –
Schmierstoffe
Rußstraße 11, 86551 Aichach

Krönle Küchengeräte und
Hotelleriebedarf e. K.
Augsburger Straße 12
86368 Gersthofen

Aichach, 18. Mai 20..

Angebot 354
Ihre Kundennummer: 01457

Rußstraße 11
86551 Aichach
Telefon: 08251 915412
Fax: 08251 915410

Sehr geehrte Frau Krönle,

wir beziehen uns auf Ihre telefonische Anfrage und bieten Ihnen
Schmiermittel zu folgenden Bedingungen an:
500 Liter zu je 49,00 € Spezialschmiermittel M545

Listenpreis	24.500,00 €
abzüglich 10 % Rabatt	2.450,00 €
	22.050,00 €
Frachtkosten und Abladen	250,00 €
	22.300,00 €
+ 19 % Umsatzsteuer	4.237,00 €
Gesamtbetrag	**26.537,00 €**

Zahlungsbedingungen: 30 Tage rein netto.

Allgäuchem
Chemische Werke AG
Postfach 17722
87600 Kaufbeuren

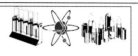

Krönle Küchengeräte und
Hotelleriebedarf e. K.
Augsburger Straße 12
86368 Gersthofen

Allgäuchem - Chemische Werke AG
Postfach 17722
Goethestraße 17
87600 Kaufbeuren
Telefon: 08341 456666
Telefax: 08341 456667

Angebot

Kaufbeuren, 18. Mai 20..

Sehr geehrte Frau Krönle,

Bezug nehmend auf Ihre telefonische Anfrage unterbreiten wir
Ihnen folgendes Angebot:

500 Liter zu je 52,80 € Spezialschmiermittel M545

Preis laut Liste	26.400,00 €
- Rabatt 14 %	3.696,00 €
	22.704,00 €
+ 19 % Umsatzsteuer	4.313,76 €
Gesamtbetrag	**27.017,76 €**

Die Lieferung erfolgt frei Haus.
Bei Zahlung innerhalb von 10 Tagen 3 % Skonto,
oder innerhalb von 30 Tagen rein netto.

Listenpreis, netto
Der Preis, der auf der Angebotspreisliste des Lieferers steht.

49,00 €/l · 500 l = 24.500,00 €	52,80 €/l · 500 l = 26.400,00 €

Rabatt
Unter bestimmten Voraussetzungen ist es möglich, vom Lieferer einen Nachlass zu erhalten, z. B.

▶ **Treue**rabatt (für langjährige Geschäftsverbindung)
▶ **Mengen**rabatt (für den Kauf großer Mengen)
▶ **Wiederverkäufer**rabatt (für Wiederverkäufer, z. B. Großhändler)

10 % von 24.500,00 € = 2.450,00 €	14 % von 26.400,00 € = 3.696,00 €

Lieferbedingungen (Transportbedingungen)
▶ **Frei Haus**, d.h., der Lieferer übernimmt die Transportkosten.
▶ **Ab Werk**, d.h., der Käufer muss die Transportkosten selbst bezahlen.

Frachtkosten und Abladen ab Werk: 250,00 €	Die Lieferung erfolgt frei Haus: 0,00 €

Zahlungsbedingungen
▶ **Zahlungsziel**: Das ist der späteste Termin, an dem der Käufer den Rechnungsbetrag bezahlen muss. Bezahlt er danach, fallen Verzugszinsen und evtl. Mahngebühren an.
▶ **Skonto**: Das ist ein Preisnachlass dafür, dass der Käufer innerhalb einer bestimmten Frist nach Rechnungsstellung bezahlt.

Zahlungsziel: 30 Tage, rein netto	Zahlungsziel: 30 Tage, rein netto innerhalb von 10 Tagen 3 % Skonto

Bei diesen unterschiedlichen Angaben kann Sonja Krönle zunächst keine Entscheidung darüber treffen, welcher Lieferer die Betriebsstoffe am günstigsten anbietet. Sie muss das preisgünstigere Angebot **berechnen**.

1.2 Berechnung von Angeboten

Sonja Krönle will nun genau wissen, welches Angebot für sie günstiger ist. Im Gegensatz zum Verbraucher, der unter Preis **eine** Größe versteht, nämlich den Betrag, den er für ein Gut bezahlen muss, kennt Sonja Krönle als Unternehmerin eine **Vielzahl von Preisen**, z. B. Einkaufs- und Verkaufspreis, Netto- und Bruttopreis usw. Die Berechnung der Preise nennt man **Kalkulation**, was so viel wie Preisberechnung bedeutet.

In einer übersichtlichen Abrechnung – man sagt auch Schema dazu –
▶ ordnet Sonja Krönle alle Fachbegriffe sinnvoll an,
▶ berücksichtigt sie die jeweiligen Lieferungs- und Zahlungsbedingungen,
▶ ermittelt sie alle Preise und bedient sich dazu der Prozentrechnung.

Diese Abrechnung dient zur Berechnung der verschiedenen Preise (Kalkulation der Preise). Sie wird **Kalkulationsschema** genannt.

Einkaufskalkulation	Angebot 1		Angebot 2	
	€	%	€	%
Listeneinkaufspreis	24.500,00		26.400,00	
– Liefererrabatt	2.450,00	10	3.696,00	14
Zieleinkaufspreis	22.050,00		22.704,00	
– Liefererskonto	0,00	0	681,12	3
Bareinkaufspreis	22.050,00		22.022,88	
+ Bezugskosten	250,00		0,00	
Einstandspreis, netto	**22.300,00**		**22.022,88**	

In der Regel nennt der Verkäufer dem Käufer zunächst den **Listenpreis**. In beiden Angeboten gewähren die Lieferer einen **Rabatt**. Diesen **verminderten** Preis muss der Kunde, also Sonja Krönle, innerhalb des Zahlungsziels bezahlen, deshalb heißt dieser Preis auch **Zieleinkaufspreis**.

Listeneinkaufspreis ↰	Die Pfeilspitzen zeigen immer zum Grundwert (100 %). D. h., der Liefererrabatt wird vom Listeneinkaufspreis berechnet.
– Liefererrabatt	
Zieleinkaufspreis	

Zusätzlich bietet ein Lieferer in seinen Zahlungsbedingungen dem Unternehmen Krönle an, bei Begleichen der Rechnung innerhalb einer bestimmten Frist, **Skonto** abzuziehen. Dieser Preis muss innerhalb einer sehr kurzen Frist bezahlt werden, also so gut wie bar, daher nennt man diesen Preis den **Bareinkaufspreis**.

Zieleinkaufspreis ↰	Die Pfeilspitzen zeigen immer zum Grundwert (100 %). D. h., der Liefererskonto wird vom Zieleinkaufspreis berechnet.
– Liefererskonto	
Bareinkaufspreis	

Je nach Lieferbedingungen können für Transport, Fracht, Verpackung und oder Transportversicherung sog. **Bezugskosten** anfallen, die den Kaufpreis **verteuern**. Dieser erhöhte Preis ist der **Bezugspreis** oder **Einstandspreis**.

Bareinkaufspreis	Bei Lieferung ab Werk erhöhen Bezugskosten den Einkaufspreis.
+ Bezugskosten	Diese werden in € angegeben.
Einstandspreis	

Der Einstandspreis ist beim Einkauf von Stoffen **die entscheidende Vergleichsgröße**, weil er alle Liefer- und Zahlungsbedingungen berücksichtigt.

Kalkulation

Die Berechnung verschiedener Preise in einem Schema nennt man **Kalkulation** oder **Kostenrechnung**.

III-1

Berechne den Zieleinkaufspreis. (Nutze jeweils den Rechenvorteil.)

	Listeneinkaufspreis	Rabatt
1.	1.050,00 €	20 %
2.	960,00 €	25 %
3.	240,00 €	12,5 %

III-2

Ermittle den Bareinkaufspreis.

	Zieleinkaufspreis	Skonto
1.	555,00 €	2 %
2.	2.650,00 €	3 %
3.	270,00 €	2,5 %

Bezugskosten

Beim Kauf (Bezug) von Stoffen fallen oft Nebenkosten an, wie z. B. Transportkosten, Fracht, Verpackung, Porto, Rollgeld oder Transportversicherung.

III-3

Berechne den Einstandspreis.

1. Listeneinkaufspreis 1.500,00 €
   Rabatt 10 %
   Skonto 2 %
   Bezugskosten 127,00 €

2. Listeneinkaufspreis 46.400,00 €
   Rabatt –
   Skonto 2 %
   Bezugskosten 628,00 €

3. Listeneinkaufspreis 4.892,00 €
   Rabatt 25 %
   Skonto 3 %
   Bezugskosten 50,00 €

1. Berechne, um wie viel € das Angebot 2 günstiger ist.

2. Überlege zusammen mit deinem Banknachbarn, was dafür sprechen könnte, dass sich Sonja Krönle für das teurere Angebot entscheidet?

Hinweis:

Grundsätzlich bleibt die Umsatzsteuer in der Kalkulation unberücksichtigt, weil sie keinen Endverbraucher betrifft.

Im Rechnungswesen ist exaktes und sauberes Arbeiten eine wichtige Grundvoraussetzung um übersichtlich zu arbeiten und dadurch Fehler zu vermeiden. Es ist deshalb notwendig, dass bei der Einkaufskalkulation folgendes **Berechnungsschema** (Form, Aufbau) genau eingehalten wird:

Einkaufskalkulation

	Angebot 1	%	%	Angebot 2	%	%
Listeneinkaufspreis	24.500,00 €	100		26.400,00 €	100	
–Liefererrabatt	2.450,00 €	10		3.696,00 €	14	
Zieleinkaufspreis	22.050,00 €	90	100	22.704,00 €	86	100
– Liefererskonto	– €		0	681,12 €		3
Bareinkaufspreis	22.050,00 €		100	22.022,88 €		97
+ Bezugskosten	250,00 €			– €		
Einstandspreis, netto	22.300,00 €			22.022,88 €		

Ferner müssen auch beim Kalkulationsschema immer alle **erforderlichen Lösungsschritte angegeben** werden. So sind die jeweiligen Nebenrechnungen zusätzlich anzugeben.

Nebenrechnungen

	Angebot 1	Angebot 2

Liefererrabatt:

Die **Berechnungsgrundlage ist der Listeneinkaufspreis** ($\triangleq$ 100 %).

$$100\,\% \triangleq 24.500,00\,€ \qquad 100\,\% \triangleq 26.400,00\,€$$
$$10\,\% \triangleq x\,€ \qquad 14\,\% \triangleq x\,€$$
$$x = \frac{24.500,00 \cdot 10}{100} \qquad x = \frac{26.400,00 \cdot 14}{100}$$
$$x = 2.450,00\,(€) \qquad x = 3.696,00\,(€)$$

Liefererskonto:

Die **Berechnungsgrundlage ist der Zieleinkaufspreis** ($\triangleq$ 100 %).

$$100\,\% \triangleq 22.704,00\,€$$
$$3\,\% \triangleq x\,€$$

kein Liefererskonto
$$x = \frac{22.704,00 \cdot 3}{100}$$
$$x = 681,12\,(€)$$

▶ Die Reihenfolge im Berechnungsschema darf nicht verändert werden.
▶ Es müssen immer alle notwendigen Lösungsschritte angegeben werden (Nebenrechnungen).
▶ Listeneinkaufspreis – Liefererrabatt = Zieleinkaufspreis
▶ Zieleinkaufspreis – Liefererskonto = Bareinkaufspreis
▶ Bareinkaufspreis + Bezugskosten = Einstandspreis

1.3 Bewertung von Angeboten

Der rein rechnerische Vergleich (die Kalkulation) ergibt, dass Angebot 2 um 277,12 € billiger ist.

Einstandspreis (Angebot 1)	22.300,00 €
– Einstandspreis (Angebot 2)	22.022,88 €
Preisvorteil bei Angebot 2	277,12 €

In eine wirtschaftliche Bewertung müssen aber noch **weitere Überlegungen** einfließen, z. B.:
▶ Sitz des Lieferers,
▶ Lieferzeit,
▶ Erfahrungen mit dem Lieferer/Zuverlässigkeit,
▶ Qualität der Ware,
▶ …

Sonja Krönle vergleicht Angebote.

Angebot 1	Angebot 2
Michael Hofmann e. K. Kohlen - Öle – Schmierstoffe Rußstraße 11, 86551 Aichach	**Allgäuchem** Chemische Werke AG Postfach 17722 87600 Kaufbeuren

Sitz des Liefcrers
Vorteilhaft ist es, wenn der Lieferer in der Nähe ist (am selben Ort), da z. B. bei Serviceleistungen oder Beanstandungen keine weiten Anfahrtswege notwendig sind.

Der Lieferer ist in Aichach, also näher bei Krönle.	Der Lieferer ist in Kaufbeuren.

Lieferzeit
Zu lange Lieferzeiten könnten zu Produktionsverzögerungen bei Krönle führen.

Sonja Krönle weiß, dass Firma Hofmann innerhalb von drei bis vier Tagen sehr zuverlässig liefert.	Die Lieferzeit ist Sonja Krönle nicht bekannt. Sie sollte deshalb noch erfragt werden.

Erfahrungen mit dem Lieferer/Zuverlässigkeit/Qualität
Ist es eine bekannte Lieferfirma, so kennt Frau Krönle ihre Zuverlässigkeit und auch die Qualität der gelieferten Ware.

Bei Fa. Hofmann ist Krönle langjähriger Kunde.	Fa. Allgäuchemie ist eine neue Lieferfirma. Daher weiß Frau Krönle noch nichts über die Zuverlässigkeit und die Qualität der Produkte.

Nach der vergleichenden Berechnung und der Berücksichtigung weiterer Gesichtspunkte (siehe oben) entscheidet sich Sonja Krönle für Angebot 1, obwohl es um 277,12 € teurer ist. Ihre Entscheidung begründet sie so:

Für sie ist es wichtig, dass der Lieferer zuverlässig ist und die bestellte Ware innerhalb kurzer Zeit liefert. Auch dass die Fa. Hofmann ihren Firmensitz sehr nahe bei Gersthofen hat, ist ein Vorteil bei evtl. auftretenden Beanstandungen, da dann z. B. die Transportwege kürzer sind. Diese Vorteile wiegen nach Ansicht von Sonja Krönle den Preisvorteil von Angebot 2 auf. Sie kauft deshalb bei Hofmann ein.

1. Nimm den Atlas zur Hand und suche die Orte Aichach und Kaufbeuren.

2. Bestimme mithilfe des Atlas die ungefähren Entfernungen von Augsburg nach Aichach und Kaufbeuren.

3. Wenn du über eine Software zur Routenplanung verfügst, bestimme die genauen Kilometer-Entfernungen von Augsburg nach Aichach und Kaufbeuren.

> **_i_**
>
> **Angebotsvergleich**
>
> Der Vergleich von Angeboten erfolgt immer in zwei Schritten: der vergleichenden **Berechnung** des Preises (Kalkulation) und der **Bewertung** weiterer wirtschaftlicher Gesichtspunkte.

Welchen Vorteil bietet der Einsatz des Computers zur Kalkulation des Einstandspreises?

1.4 Einkaufskalkulation mit der Tabellenkalkulation

Soll der Einstandspreis für mehrere Angebote berechnet werden, muss immer wieder die gleiche Art von Berechnung durchgeführt werden:

► Kalkulationsschema erstellen,
► Werte einsetzen,
► Werte berechnen.

Es bietet sich deshalb an, am Computer ein **Rechenblatt** zu erstellen, das für weitere Berechnungen bereits das Kalkulationsschema enthält. So müssen nur mehr die Eingabedaten geändert werden.

III-4

Bearbeite folgende Arbeitsaufträge zum nebenstehenden Rechenblatt:

1. Nenne die Zelladressen, in denen veränderbare Zahlenwerte eingegeben werden können.
2. Nenne die Formeln zur Berechnung folgender Werte:
   a) Liefererrabatt Angebot 1
   b) Liefererskonto Angebot 2
   c) Einstandpreis Angebot 1
3. Erkläre, weshalb bei Angebot 2 die Formel zur Berechnung des Einstandspreises =E8+E9 lauten muss, obwohl keine Bezugskosten anfallen.

	A	B	C	D	E	F	G
1	Einkaufskalkulation						
2			Angebot 1			Angebot 2	
3			%	%			%	%
4	Listeneinkaufspreis	24500	100		26400	100	
5	-Liefererrabatt	= B4/C4*C5	10		=E4/F4*F5	14	
6	Zieleinkaufspreis	=B4-B5	=C4-C5	100	=E4-E5	=F4-F5	100
7	- Liefererskonto	= B6/D6*D7		0	=E6/G6*G7		3
8	Bareinkaufspreis	=B6-B7		=D6-D7	=E6-E7		=G6-G7
9	+ Bezugskosten	250			0		
10	Einstandspreis, netto	=B8+B9			=E8+E9		
11							
12							
13	Eingabedaten						
14							

Rechenblatt: Formelansicht

	A	B	C	D	E	F	G
1	Einkaufskalkulation						
2			Angebot 1			Angebot 2	
3			%	%			%	%
4	Listeneinkaufspreis	24.500,00 €	100		26.400,00 €	100	
5	-Liefererrabatt	2.450,00 €	10		3.696,00 €	14	
6	Zieleinkaufspreis	22.050,00 €	90	100	22.704,00 €	86	100
7	- Liefererskonto	- €		0	681,12 €		3
8	Bareinkaufspreis	22.050,00 €		100	22.022,88 €		97
9	+ Bezugskosten	250,00 €			- €		
10	Einstandspreis, netto	22.300,00 €			22.022,88 €		
11							
12							
13	Eingabedaten						
14							

Rechenblatt: Normalansicht

III-5

Erstelle ein Rechenblatt zur Einkaufskalkulation und löse damit die Aufgabe III-3.

Betrachte das rechts dargestellte Schaubild. Nenne die fünf wichtigsten PC-Kenntnisse, die man heutzutage haben sollte.

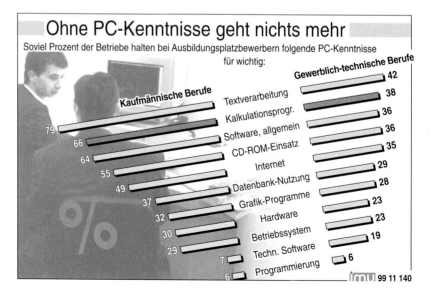

Du bist Mitarbeiter/in in der Rechnungswesenabteilung beim Unternehmen Krönle und sollst Angebote vergleichen. Beachte dabei folgende Vorgaben:
- Bei allen Ergebnissen sind jeweils **alle notwendigen Lösungsschritte** anzugeben.
- Alle Ergebnisse sind **auf zwei Dezimalstellen zu runden**.
- **Achte auf eine saubere Form** sowie auf die weiteren Grundsätze ordnungsmäßiger Buchführung.

Fallstudie

Unter einer Fallstudie versteht man (im Fach BwR) zusammenfassende, praxisnahe Aufgaben, in denen Berechnungen, Buchungen und betriebswirtschaftliche Fragestellungen miteinander verbunden sind.

Deine Aufgabe ist es, mithilfe von entsprechenden Berechnungen und weiteren Überlegungen für das Unternehmen Krönle einen Angebotsvergleich durchzuführen. Du musst Sonja Krönle deine Entscheidung mitteilen und begründen.

Angebot 1

Stahl AG
Am Ruhrufer 17
45276 Essen

Tel. 0201 613588
Fax 0201 613599

Krönle Küchengeräte und
Hotelleriebedarf e. K.
Augsburger Straße 12
86368 Gersthofen

Essen, 20. Mai 20..

Angebot

Kundennummer: 24665

Stahl AG
Am Ruhrufer 17
45276 Essen
Amtsgericht Essen HRB 4522
Tel. 0201 613588
Fax 0201 613599

Sehr geehrte Frau Krönle,

Bezug nehmend auf Ihre telefonische Anfrage bieten wir Ihnen Stahltafeln zu folgenden Bedingungen an:

1.500	49,00 €	Stahltafel S23 300 x 600 mm	73.500,00 €
		abzüglich 12 % Rabatt	8.820,00 €
		Warenwert netto	64.680,00 €
		Frachtkosten und Abladen	500,00 €
			65.180,00 €
		+ 19 % Umsatzsteuer	12.384,20 €
		Rechnungsbetrag	**77.564,20 €**

Zahlungsbedingungen: 10 Tage 2% Skonto / 60 Tage rein netto
USt-IdNr. DE 879234567   Steuernr. 123/4569/2316

Zusatzinformation:
Mit der Stahl AG hat Firma Krönle eine jahrzehntelange Geschäftsbeziehung. Sie ist als zuverlässiger Lieferer bekannt.

	A	B	C	D
1	**Angebot 2**			
2				
3			%	%
4	Listeneinkaufspreis	75.000,00 €	100	
5	-Liefererrabatt	11.250,00 €	15	
6	Zieleinkaufspreis	63.750,00 €	85	100
7	- Liefererskonto	1.912,50 €		3
8	Bareinkaufspreis	61.837,50 €		97
9	+ Bezugskosten	750,00 €		
10	Einstandspreis, netto	**62.587,50 €**		
11				

Rechenblatt zu
Angebot 2

Zusatzinformation:
Angebot 2 ist von einem Lieferer aus Bitterfeld, der neu auf dem Markt ist.

F1-1
Beantworte folgende Fragen:
1. Um welchen Werkstoff handelt es sich bei diesem Angebotsvergleich?
2. Welche Zahlungs- und Lieferbedingungen bietet die Stahl AG?
3. Welche Zahlungs- und Lieferbedingungen bietet der Lieferer von Angebot 2?
4. Aus welchem Grund gewähren die beiden Lieferer dem Unternehmen Krönle einen Rabatt?
5. Welches Angebot schätzt du günstiger ein?
6. Weshalb ist eine Kalkulation zum Vergleich der beiden Angebote notwendig?

F1-2
1. Berechne für Angebot 1 den Einstandspreis.
2. Das Angebot 2 wurde bereits mit einem Tabellenkalkulationsprogramm berechnet. Welche Formel wurde jeweils eingegeben zur Berechnung
   a) des Liefererrabatts in Zelle B5,
   b) des Bareinkaufspreises in Zelle B8 und
   c) des Einstandspreises in Zelle B10?
3. Ermittle das rechnerisch günstigere Angebot.
4. Nenne weitere Gesichtspunkte, die bei einer Angebotsbewertung berücksichtigt werden müssen.

F1-3
Für welches Angebot sollte sich Sonja Krönle deiner Meinung nach entscheiden (mit Begründung)?

147

Familie Krönle im Elektrofachgeschäft

Familie Krönle mit einem Werbeprospekt
des Elektrofachmarktes

2 Wirtschaftliches Handeln im privaten Bereich

Die Überlegungen, die Sonja Krönle im Unternehmen anstellt, treffen auch für den Einkauf im privaten Bereich zu.

Familie Krönle möchte sich einen neuen Flachbildfernseher „*Maxiscreen 2010*" anschaffen. Sie vergleicht und bewertet verschiedene Angebote. Sohn Christian hilft dabei verschiedene Angebote zu berechnen und stellt folgende Angebotsübersicht zusammen.

Angebot 1 **Elektrofachgeschäft** in Augsburg	Angebot 2 **Elektromarkt** in München	Angebot 3 **Versandhaus** in Berlin
Bruttopreis: 2.990,00 €	Auszeichnungspreis: 2.845,00 €	Katalogpreis: 2.869,00 €
Rabatt: Der Rechnungsbetrag wird auf ganze 100,00 € abgerundet.	Rabatt: –	Rabatt: –
Skonto: –	Skonto: –	Skonto: –
Fracht und Verpackung: –	Fracht und Verpackung: –	Fracht und Verpackung: 25,00 €
Rechnungsbetrag bei Barzahlung: **2.900,00 €**	Rechnungsbetrag bei Barzahlung: **2.845,00 €**	Rechnungsbetrag bei Barzahlung: **2.894,00 €**

Im privaten Bereich kennzeichnet **verantwortungsbewusstes Verbraucherverhalten** vor allem, dass wirtschaftliche Entscheidungen aufgrund von **vergleichenden Berechnungen** sowie der **Bewertung weiterer wirtschaftlicher Gesichtspunkte** getroffen werden.

Christian vergleicht die drei Angebote und schlägt seinen Eltern vor, sich für Angebot 1 zu entscheiden.

Begründung:
Das Angebot vom Elektromarkt in München ist mit 2.845,00 € am preisgünstigsten. Damit sie den Flachbildfernseher kaufen können, müssten sie etwa 180 km mit dem PKW zurücklegen, dabei entstehen Fahrtkosten von mindestens 50,00 €. Der tatsächliche Preis liegt dann bei 2.895,00 €. Unter Berücksichtigung dieser zusätzlichen Kosten ist das Angebot 3 vorzuziehen.

Aber:
Familie Krönle legt Wert auf den **Service** (fachliche Beratung, Aufstellen der Anlage) des Elektrofachgeschäftes. Ferner ist es bei eventuell notwendigen Reparaturen günstig, den **Kundendienst** am Wohnort in Anspruch nehmen zu können. Auch im Hinblick auf mögliche **Reklamationen** scheint Familie Krönle die Entscheidung für Angebot 1 – trotz des etwas höheren Preises – richtig zu sein. Außerdem möchte sich Familie Krönle umweltgerecht verhalten und so wenig Auto fahren wie möglich.

Familie Krönle beim Betrachten eines
Versandhauskatalogs online

Angebot 1:
Ein Versandhaus bietet die Kamera zu 1.338,00 € netto an, einschließlich der notwendigen Spezialbatterie. Es können 5 % so genannter Sammelbestellerrabatt und 2 % Skonto abgezogen werden. Für Verpackung und Transportversicherung fallen nochmals 16,00 € netto an.

Angebot 2:
Der örtliche Fachhändler verlangt 1.280,00 € netto und gewährt 3 % Nachlass. Die Batterie ist im Preis inbegriffen.

Über einen Bekannten:
Ein guter Freund arbeitet bei einem großen Unternehmen und bietet an die Waschmaschine zu folgenden Bedingungen zu beschaffen: Listenpreis netto 1.200,00 € minus 30 % Rabatt, 2 % Skonto bei Barzahlung, voller Umsatzsteuersatz, Lieferung frei Wohnung.

Über ein Versandhaus:
Katalogpreis inkl. Umsatzsteuer 1.023,40 € (Warenwert netto 860,00 €), 5 % „Sammelbestellerrabatt" und 2 % Skonto; an Versand- und Verpackungskosten fallen netto 65,00 € an.

Über ein Elektrofachgeschäft:
Der Elektrofachhändler gleich um die Ecke verlangt für die Waschmaschine 850,00 € netto; über Preisnachlässe lässt er nicht mit sich reden. Dafür gehören Lieferung frei Wohnung und die Aufstellung des Gerätes zum Service.

Angebot A:
Reifenpreis 95,00 € netto inklusive Montage und Auswuchten;

Angebot B:
Reifenpreis 120,00 €, netto darauf 30 % Nachlass, zuzüglich Montage und Auswuchten 5,00 € netto je Rad;

Angebot C:
Reifenpreis netto 95,00 €, Montage und Auswuchten 6,00 € netto je Rad.

Hinweis:
Dem Endverbraucher müssen von den Verkäufern grundsätzlich die Bruttopreise genannt werden.
Für die vergleichende Berechnung ist es jedoch sinnvoll, mit Nettobeträgen zu rechnen.

III-6
Herr Müller aus Brannenburg will sich eine Digitalkamera kaufen. Hierfür liegen zwei Angebote vor (siehe links). Berechne für beide Angebote den Einstandspreis.

III-7
Familie Meier aus Kaufbeuren braucht eine neue Waschmaschine. Das Modell, das angeschafft werden soll, ist über drei verschiedene Quellen erhältlich (siehe links). Wie wird sich Familie Meier entscheiden (vergleiche durch Berechnung und bewerte die Angebote)?

III-8
Herr Huber aus Peißenberg benötigt für sein Auto vier Winterreifen. Er holt die nebenstehenden drei Angebote für einen bestimmten Reifentyp ein.
Berechne für jedes Angebot den Einstandspreis.

	Rohstoffe	Fremdbauteile	Hilfsstoffe	Betriebsstoffe
Seite 140	Hauptbestandteil wird verarbeitet	Hauptbestandteil wird eingesetzt	Nebenbestandteil wird verarbeitet	kein Bestandteil wird verbraucht
	z. B. Stahltafeln	z. B. Kunststoffgriffe	z. B. Spezialkleber	z. B. Polierpaste

Seite 140 ff.

Der **Vergleich von Angeboten** erfolgt immer in zwei Schritten: der vergleichenden **Berechnung** des Preises (Kalkulation) und der **Bewertung** weiterer wirtschaftlicher Gesichtspunkte.

Seite 142

Unter bestimmten Voraussetzungen ist es möglich, vom Lieferer einen Nachlass zu erhalten, z. B.
▶ **Treuerabatt** (für langjährige Geschäftsverbindung)
▶ **Mengenrabatt** (für den Kauf großer Mengen)
▶ **Wiederverkäuferrabatt** (für Wiederverkäufer, z. B. Großhändler)

Seite 142

Lieferbedingungen (Transportbedingungen)
▶ **Frei Haus**, d.h. der Lieferer übernimmt die Transportkosten.
▶ **Ab Werk**, d.h. der Käufer muss die Transportkosten selbst bezahlen.

Seite 143

Bezugskosten
Beim Kauf (Bezug) von Stoffen fallen oft Nebenkosten an, wie z. B.
▶ Transportkosten,
▶ Fracht,
▶ Verpackung,
▶ Porto,
▶ Rollgeld oder
▶ Transportversicherung.

Seite 143

Einkaufskalkulationsschema
Listeneinkaufspreis
– Liefererrabatt
Zieleinkaufspreis
– Liefererskonto
Bareinkaufspreis
+ Bezugskosten
Einstandspreis, netto

Seite 145

Weitere Gesichtspunkte beim Angebotsvergleich:
▶ Sitz des Lieferers
▶ Lieferzeiten
▶ Erfahrungen mit dem Lieferer/Verlässlichkeit

Seite 148

Im privaten Bereich zeichnet sich **verantwortungsbewusstes Verbraucherverhalten** unter anderem auch dadurch aus, dass wirtschaftliche Entscheidungen aufgrund von vergleichenden Berechnungen sowie der Bewertung weiterer wirtschaftlicher Gesichtspunkte getroffen werden.

3 Buchen des Werkstoffverbrauchs

3.1 Erfolgsvorgänge

Das Ziel eines jeden Unternehmens ist es, Gewinn zu erwirtschaften und damit das Eigenkapital zu erhöhen. Man spricht auch davon, einen **Unternehmenserfolg** zu erzielen. Bei den bisherigen Geschäftsfällen veränderten sich nur Bestände des Vermögens und des Fremdkapitals; das Eigenkapital blieb unberührt. Sonja Krönle betreibt aber ihr Geschäft um Einkommen zu erzielen und wenn möglich, ihr Eigenkapital zu mehren. **Sie will einen Unternehmenserfolg erzielen.** Die Buchführung kann nicht nur eine reine Bestandsrechnung sein, sie muss auch den Erfolg des Unternehmens feststellen (**Erfolgsrechnung**).

Der Verbrauch von Roh-, Hilfs- und Betriebsstoffen sowie der Einsatz von Fremdbauteilen ist ein typisches Kennzeichen für Fertigungsbetriebe. Dabei gehen die Roh-, Hilfs- und Betriebsstoffe sowie die Fremdbauteile als eigenständige Wirtschaftsgüter unter (**Werte werden verzehrt – ein Aufwand entsteht**).

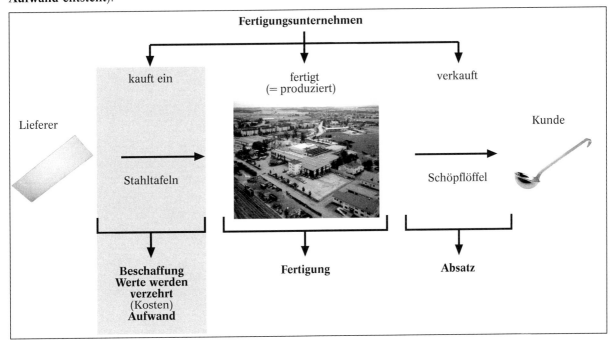

Aus Gründen der Übersichtlichkeit wird nicht jeder **Erfolgsvorgang** im Passivkonto Eigenkapital gebucht. Erfolgsvorgänge werden in Unterkonten des Eigenkapitals gebucht. So wird der **Werteverzehr** bei der Beschaffung von Werkstoffen in **Aufwandskonten** erfasst:

Gebucht wird wie im Hauptkonto: Da es sich um ein Unterkonto des passiven Bestandskontos Eigenkapital handelt, werden Aufwendungen grundsätzlich im **Soll** gebucht.

S	Eigenkapital	H
Eigenkapitalminderungen	Eigenkapitalmehrungen	
Durch den Einsatz von Werkstoffen entstehen **Aufwendungen**.		

S	Aufwandskonto	H
Aufwendungen werden im Soll gebucht		

3.2 Einkauf und Einsatz von Werkstoffen

Stoffeeinkäufe werden zu Nettopreisen in den Aufwandskonten gebucht. Die **beim Einkauf anfallende Umsatzsteuer** wird vom Nettowarenwert berechnet und an den Lieferer bezahlt. Sie wird im aktiven Bestandskonto **Vorsteuer** (VORST) gebucht.

Im Unternehmen Krönle liegt folgender Beleg zur Buchung vor:

1. Um welche Art von Beleg handelt es sich hierbei?

2. Welcher Geschäftsfall liegt hier vor?

3. Erkläre den Begriff Rohstoff.

4. Welche weiteren Arten von Werkstoffen kennst du?

5. An welchem Tag wurde die Rechnung ausgestellt?

Stahl AG
Am Ruhrufer 17
45276 Essen

Tel. 0201 613588
Fax 0201 613599

Krönle Küchengeräte und
Hotelleriebedarf e. K.
Augsburger Straße 12
86368 Gersthofen

Essen, 22. Mai 20..

Rechnung

Stahl AG
Am Ruhrufer 17
45276 Essen
Amtsgericht Essen HRB 4522
Tel. 0201 613588
Fax 0201 613599

Rechnungsnummer: 5678
Kundennummer: 24665

Wir lieferten Ihnen:

Pos.	kg	Einzelpreis €	Gegenstand	Gesamtpreis €
1	390	50,00	Stahltafeln S23 300 x 600 mm Warenwert netto	① 19.500,00
			+ 19 % Umsatzsteuer	② 3.705,00
			Rechnungsbetrag	③ **23.205,00**

Auswertung des Beleges zum Bilden des Buchungssatzes			Soll	Haben
① Warenwert, netto	100 %	Rohstoffe werden bei der Fertigung verbraucht (=Werteverzehr). Es handelt sich um einen Aufwand für Rohstoffe, der im Konto **Aufwendungen für Rohstoffe (AWR)** erfasst wird.	AWR	
② Umsatzsteuer	19 %	Die **Vorsteuer (VORST)** muss zunächst an den Lieferer bezahlt werden. Sie kann später vom Finanzamt zurückgefordert werden.	VORST	
③ Rechnungsbetrag	119 %	Der Rechnungsbetrag ist die gesamte **Verbindlichkeit (VE)** gegenüber dem Lieferer einschließlich der Umsatzsteuer.		VE

Buchungssatz:

① AWR   19.500,00 €
② VORST   3.705,00 €   an   ③ VE   23.205,00 €

Buchung in T-Konten:

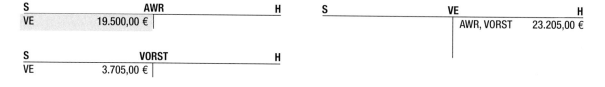

S	AWR	H
VE	19.500,00 €	

S	VE	H
	AWR, VORST	23.205,00 €

S	VORST	H
VE	3.705,00 €	

Allgäuchem
Chemische Werke AG
Postfach 17722
87600 Kaufbeuren

1. Um welche Art von Beleg handelt es sich hierbei?

2. Welcher Geschäftsfall liegt hier vor?

3. Erkläre den Begriff Hilfsstoff.

4. Wie hoch ist der Überweisungsbetrag?

Krönle Küchengeräte und
Hotelleriebedarf e. K.
Augsburger Straße 12
86368 Gersthofen

Allgäuchem - Chemische Werke AG
Postfach 17722
Goethestraße 17
87600 Kaufbeuren
Telefon: 08341 456666
Telefax: 08341 456667

Rechnung Nr. 349

22. Mai 20..

Amtsgericht Kaufbeuren HRB 1284
USt-IdNr. DE 895432045
Steuernr. 141/3243/6702

Bankverbindung:
Handelsbank Kaufbeuren
(BLZ 705 567 00) Kto. Nr. 866 789

Für die Lieferung vom **16. Mai** erlauben wir uns, Ihnen zu berechnen:

Menge	Li. St.	Einzelpreis €	Gegenstand	Gesamtpreis €
100	Li.	13,45	Stahlkleber A12-44	1.345,00
200	Li.	13,65	Stahlkleber A12-46	2.730,00
250	Li.	12,95	Stahlkleber B14-22	3.237,50
			Warenwert netto	7.312,50
			+ 19 % Umsatzsteuer	1.389,38
			Rechnungsbetrag	**8.701,88**

Auswertung des Beleges zum Bilden des Buchungssatzes			Soll	Haben
Warenwert, netto	100 %	Hilfsstoffe werden bei der Fertigung verbraucht (=Werteverzehr). Es handelt sich um einen Aufwand für Hilfsstoffe, der im Konto **Aufwendungen für Hilfsstoffe (AWH)** erfasst wird.	AWH	
Umsatzsteuer	19 %	Die **Vorsteuer (VORST)** muss zunächst an den Lieferer bezahlt werden. Sie kann später vom Finanzamt zurückgefordert werden.	VORST	
Rechnungsbetrag	119 %	Der Rechnungsbetrag ist die gesamte **Verbindlichkeit (VE)** gegenüber dem Lieferer einschließlich der Umsatzsteuer.		VE

Buchungssatz:

AWH   7.312,50 €
VORST   1.389,38 €   an   VE   8.701,88 €

Buchung in T-Konten:

S	AWH	H		S	VE	H
VE	7.312,50 €				AWH, VORST	8.701,88 €

S	VORST	H
VE	1.389,38 €	

Franz Reisinger e. K.
Kohlen - Öle -
Schmierstoffe

Krönle Küchengeräte und
Hotelleriebedarf e. K.
Augsburger Straße 12
86368 Gersthofen

1. Um welche Art von Beleg handelt es sich hierbei?

2. Welcher Geschäftsfall liegt hier vor?

3. Erkläre den Begriff Betriebsstoff.

4. Wie hoch ist der Überweisungsbetrag?

Rechnung

Rechnungsnummer: 5678
Kundennummer: 24665

Schleißheimer Straße 12a
80333 München
Telefon: 089 3519635
Amtsgericht München HRA 4256
Kontoverbindungen:
Handelsbank München (BLZ 705 500 00)
Konto-Nr. 21-233 432
Sparbank München (BLZ 708 450 00)
Konto-Nr. 22 444 66

Datum   23. Mai 20..

Wir lieferten Ihnen:

Pos.	kg	Einzelpreis €	Gegenstand	Gesamtpreis €
1	500	49,00	Spezialschmiermittel M545 Warenwert netto	22.050,00
			+ 19 % Umsatzsteuer	3.528,00
			Rechnungsbetrag	**25.578,00**

Auswertung des Beleges zum Bilden des Buchungssatzes			Soll	Haben
Warenwert, netto	100 %	Betriebsstoffe werden bei der Fertigung verbraucht (=Werteverzehr). Dieser Aufwand für Betriebsstoffe, wird im Konto **Aufwendungen für Betriebsstoffe (AWB)** erfasst.	AWB	
Umsatzsteuer	19 %	Die **Vorsteuer (VORST)** muss zunächst an den Lieferer bezahlt werden. Sie kann später vom Finanzamt zurückgefordert werden.	VORST	
Rechnungsbetrag	119 %	Der Rechnungsbetrag ist die gesamte **Verbindlichkeit (VE)** gegenüber dem Lieferer einschließlich der Umsatzsteuer.		VE

Buchungssatz:

AWB   22.050,00 €
VORST   4.189,50 €   an   VE   26.239,50 €

Buchung in T-Konten:

S	AWB	H		S	VE	H
VE 22.050,00 €					AWB, VORST 26.239,50 €	

S	VORST	H
VE 4.189,50 €		

Geschäftsfall:
Unternehmen Krönle kauft Holzgriffe auf Ziel. Der Bruttobetrag lautet auf 5.117,00 €.

Auswertung des Geschäftsfalles zum Bilden des Buchungssatzes			Soll	Haben
Warenwert, netto	100 %	Fremdbauteile werden bei der Fertigung eingesetzt (=Werteverzehr). Es handelt sich um einen Aufwand für Fremdbauteile, der im Konto **Aufwendungen für Fremdbauteile (AWF)** erfasst wird.	AWF	
Umsatzsteuer	19 %	Die **Vorsteuer (VORST)** muss zunächst an den Lieferer bezahlt werden. Sie kann später vom Finanzamt zurückgefordert werden.	VORST	
Rechnungsbetrag	119 %	Der Rechnungsbetrag ist die gesamte **Verbindlichkeit (VE)** gegenüber dem Lieferer einschließlich der Umsatzsteuer.		VE

Buchungssatz:

```
AWF          4.300,00 €
VORST          817,00 €   an   VE          5.117,00 €
```

Geschäftsfälle

Im Rechnungswesenunterricht werden häufig anstelle von Belegen Geschäftsfälle vorgegeben.

Buchung in T-Konten:

```
S            AWF            H       S            VE            H
VE    4.300,00 € |                              | AWF, VORST   5.117,00 €


S           VORST           H
VE      817,00 € |
```

Geschäftsfall:
Sonja Krönle begleicht die Verbindlichkeit durch Banküberweisung.

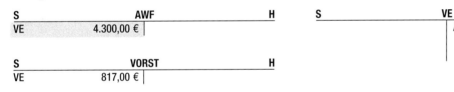

III-9

Bilde die Buchungssätze für folgende Geschäftsfälle im Unternehmen Krönle:
1. Zieleinkauf von Stahltafeln, Nettowarenwert, 37.000,00 €
2. Ausgleich der Verbindlichkeiten von 1. durch Banküberweisung
3. Zieleinkauf von Plastikgriffen für Bestecke, der Rechnungsbetrag lautet auf 4.165,00 €.
4. Ausgleich der Verbindlichkeiten von 3. durch Banküberweisung
5. Es geht eine Rechnung vom Hilfsstofflieferer über 1.594,60 € ein.
6. Ausgleich der Verbindlichkeiten von 5. durch Banküberweisung
7. Krönle kauft Spezialkleber auf Ziel, netto 2.300,00 €.
8. Ausgleich der Verbindlichkeiten von 7. durch Banküberweisung

Buchungssatz:

```
VE          5.117,00 €   an   BK          5.117,00 €
```

Buchung in T-Konten:

```
S       Bankguthaben (BK)       H
                    | VE    5.117,00 €


S     Verbindlichkeiten (VE)    H
BK    5.117,00 € | AWF, VORST   5.117,00 €
```

1. Um welche Art von Beleg handelt es sich hierbei?

2. Welcher Geschäftsfall liegt hier vor?

3. Nenne drei verschiedene Arten von Rabatten.

4. Besorge dir ein Überweisungsformular und fülle es aus, um damit die Rechnung zu begleichen.

3.3 Sofortrabatte vom Lieferer

Sofortrabatte **mindern den Einkaufspreis** und damit die Nettoanschaffungskosten des eingekauften Werkstoffes. Sofortrabatte erscheinen im Kalkulationsschema und auf der Rechnung. Sie werden aber sofort vom Listenpreis abgezogen und **nicht gebucht**.

Franz Reisinger e. K.
Kohlen - Öle -
Schmierstoffe

Krönle Küchengeräte und
Hotelleriebedarf e. K.
Augsburger Straße 12
86368 Gersthofen

München, 23. Mai 20..

Rechnung

Rechnungsnummer: 6132
Kundennummer: 24665

Schleißheimer Straße 12a
80333 München
Telefon: 089 3519635
Amtsgericht München HRA 4256
Kontoverbindungen:
Handelsbank München (BLZ 705 500 00)
Konto-Nr. 21-233 432
Sparbank München (BLZ 708 450 00)
Konto-Nr. 22 444 66

Wir lieferten Ihnen:

Pos.	kg	Einzelpreis €	Gegenstand	Gesamtpreis €
1	500	49,00	Spezialschmiermittel M545	① 24.500,00
			abzüglich 10 % Rabatt	② 2.450,00
			Warenwert netto	③ 22.050,00
			+ 19 % Umsatzsteuer	④ 4.189,50
			Rechnungsbetrag	⑤ **26.239,50**

III-10

Bilde die Buchungssätze für folgende Geschäftsfälle beim Unternehmen Krönle:

1. Zieleinkauf von Rohstoffen, Listenpreis netto 56.000,00 € abzüglich 12,50 % Rabatt

2. Ausgleich der Verbindlichkeiten gegenüber dem Rohstofflieferer zu 1. durch Banküberweisung

3. Eingangsrechnung vom Hilfsstofflieferer, Listenpreis netto 2.400,00 € Es werden 200,00 € Rabatt gewährt.

4. Ausgleich der Verbindlichkeiten gegenüber dem Hilfsstofflieferer zu 3. durch Banküberweisung

Buchungssatz:

③ AWB   22.050,00 €
④ VORST   4.189,50 €   an   ⑤ VE   26.239,50 €

Auswertung des Beleges zum Bilden des Buchungssatzes					Soll	Haben
① Listenein-kaufspreis	100 %		Der Listeneinkaufspreis, netto ist der Preis laut Liste, den der Lieferer dem Unternehmen Krönle zunächst anbietet.	24.500,00 €	Diese beiden Beträge werden **nicht gebucht**.	
② Lieferer-rabatt	10 %		Aus besonderen Anlässen erhält das Unternehmen Krönle vom Lieferer einen Sofortrabatt.	2.450,00 €		
③ Zieleinkaufs-preis ≙ Warenwert, netto	90 %	100 %	Der um den Rabatt verminderte Listenpreis, netto muss tatsächlich von Krönle bezahlt werden. Der **Warenwert, netto** ist zu buchen.	22.050,00 €	AWB	
④ Umsatzsteuer		19 %	Muss zunächst vom Unternehmen Krönle bezahlt werden.	4.189,50 €	VORST	
⑤ Rechnungs-betrag		119 %	Die gesamte **Verbindlichkeit (VE)** gegenüber dem Lieferer.	26.239,50 €		VE

3.4 Bezugskosten beim Einkauf

Beim Einkauf bzw. Bezug von Werkstoffen fallen oft **Nebenkosten** an wie Porto, Fracht, Verpackung, Zoll, Transportversicherung, Rollgeld usw. Diese Nebenkosten können entweder vom Lieferer in Rechnung gestellt werden und sind damit Bestandteil der Eingangsrechnung oder fallen zusätzlich an, wenn z. B. eine Spedition mit dem Transport beauftragt wurde. Bezugskosten **erhöhen den Einkaufspreis** und damit die Aufwendungen beim Einsatz der Stoffe.

3.4.1 Bezugskosten als Bestandteil der Eingangsrechnung

Bezugskosten

Aus Gründen der Übersichtlichkeit und der Aussagekraft der Buchführung werden Bezugskosten nicht direkt in Werkstoffaufwandskonten gebucht, sondern in eigenen Konten (Unterkonten) gesammelt.

Bezugskosten Rohstoffe	(BZKR)
Bezugskosten Hilfsstoffe	(BZKH)
Bezugskosten Betriebsstoffe	(BZKB)
Bezugskosten Fremdbauteile	(BZKF)

Krönle Küchengeräte und
Hotelleriebedarf e. K.
Augsburger Straße 12
86368 Gersthofen

Essen, 24. Mai 20..

Rechnung

Rechnungsnummer: 5693
Kundennummer: 24665

Stahl AG
Am Ruhrufer 17
45276 Essen
Amtsgericht Essen HRB 4522
Tel.: 0201 613588
Fax: 0201 613599

Wir lieferten Ihnen:

Pos.	kg	Einzelpreis €	Gegenstand	Gesamtpreis €
1	400	49,00	Stahlplatte S23 300 x 600 mm	① 19.600,00
			abzüglich 10 % Rabatt	1.960,00
			Warenwert netto	② 17.640,00
			Frachtkosten und Abladen	600,00
				③ 18.240,00
			+ 19 % Umsatzsteuer	3.465,60
			Rechnungsbetrag	④ **21.705,60**

1. Um welche Art von Beleg handelt es sich beim nebenstehenden Auszug?
2. Welcher Geschäftsfall liegt hier vor?
3. Nenne drei Beispiele für Bezugskosten.
4. An welchem Tag wurde die Rechnung ausgestellt?

Auswertung des Beleges zum Bilden des Buchungssatzes			Soll	Haben
① Warenwert, netto		Rohstoffe werden bei der Fertigung eingesetzt (=Werteverzehr). Es wird im Konto **Aufwendungen für Rohstoffe (AWR)** gebucht.	AWR	
② Nebenkosten, netto	100 %	Zusätzlich stellt der Rohstofflieferer Bezugskosten in Rechnung. Zur besseren Übersichtlichkeit werden Bezugskosten in den **Unterkonten Bezugskosten (BZKR)** für die entsprechenden Werkstoffe gebucht. Wie in den Hauptkonten wird auch hier im Soll gebucht.	BZKR	
③ Umsatzsteuer	19 %	Auch für Bezugskosten fällt **Vorsteuer (VORST)** an.	VORST	
④ Rechnungsbetrag	119 %	Der Rechnungsbetrag ist die gesamte **Verbindlichkeit (VE)** gegenüber dem Lieferer.		VE

Buchungssatz:

AWR	17.640,00 €			
BZKR	600,00 €			
VORST	3.465,60 €	an	VE	21.705,60 €

Buchung in T-Konten:

S	AWR	H
VE	17.640,00 €	

S	BZKR	H
VE	600,00 €	

S	VORST	H
VE	3.465,60 €	

S	VE	H
	div.	21.705,60 €

Spedition

Eine Spedition ist ein Unternehmen, das vor allem Gütertransporte für andere Unternehmen durchführt.

Beantworte folgende Fragen:

1. Welche Nebenkosten können beim Bezug von Werkstoffen anfallen?

2. Wie ist die Umsatzsteuer bei Nebenkosten zu buchen?

3. Wie lautet das vollständige Einkaufskalkulationsschema?

4. Weshalb werden Bezugskosten nicht direkt im jeweiligen Werkstoffaufwandskonto gebucht?

III-11

Bilde die Buchungssätze für die folgenden Geschäftsfälle beim Unternehmen Krönle:

1. Zieleinkauf von Stahltafeln, Nettowarenwert 37.000,00 €, abzüglich 20 % Rabatt, zuzüglich Frachtkosten, netto 200,00 €

2. Es liegt eine Eingangsrechnung für Schmiermittel über 420,00 € netto und in Rechnung gestellte Verpackung über netto 52,00 € vor.

3. Zieleinkauf von Plastikgriffen, der Rechnungsbetrag lautet auf 4.165,00 €.

4. Ausgleich der Verbindlichkeiten von 2. durch Banküberweisung

5. Eingangsrechnung: Hilfsstoffe, 1.856,40 €

6. Ausgleich der Verbindlichkeiten von 5. durch Banküberweisung

7. Es liegt eine Rechnung von einer Spedition vor für den Transport von Hilfsstoffen über brutto 178,50 €.

8. Ausgleich der Verbindlichkeit von 7. durch Banküberweisung

3.4.2 Bezugskosten, die gesondert berechnet werden

Spedition Schindler e. K.
Postfach 17722
87600 Kaufbeuren

Krönle Küchengeräte und
Hotelleriebedarf e. K.
Augsburger Straße 12
86368 Gersthofen

Kaufbeuren, 24. Mai 20..

Rechnung

für die Lieferung von Spezialkleber

Rechnungsnummer: 2366
Kundennummer: 347

Spedition Schindler e. K.
Spezialtransporte
Lagerung Klein- u. Eiltransporte
Postfach 17722
Goethestraße 17
87600 Kaufbeuren
Amtsgericht Kaufbeuren HRA 1264
Telefon 08341 456666
Telefax 08341 576666
Bankverbindung:
Handelsbank Kaufbeuren
(BLZ 705 567 00) Kto. Nr. 866 789

Ausgangsort	Zielort	Gegenstand	Gesamtpreis €
Kaufbeuren	Augsburg	2 Paletten 112 kg (Schmiermittel)	560,00
Allgäuchem	Krönle	Fracht pauschal zuzüglich Abladen	100,00
		Wert netto	660,00
		+ 19 % Umsatzsteuer	125,40
		Rechnungsbetrag	**785,40**

Zahlung fällig am 24. Juli 20..
Bei Zahlung bis zum 3. Juni 20.. gewähren wir 3 % Skonto.
Bankverbindung: Sparkasse Kaufbeuren (BLZ 734 500 00) Konto 23 566 88
USt-IdNr. DE 678912345   Steuernr. 123/4567/8912

				Soll	Haben
Frachtkosten, netto	660,00 €	100 %		BZKH	
Umsatzsteuer	125,40 €	19 %		VORST	
Rechnungsbetrag	785,40 €	119 %			VE

Buchungssatz:

BZKH	660,00 €				
VORST	125,40 €	an	VE		785,40 €

Buchung in T-Konten:

S	BZKH	H
VE	660,00 €	

S	VE	H
	BZKH, VORST	785,40 €

S	VORST	H
VE	125,40 €	

	Listeneinkaufspreis	Liefererrabatt	Bezugskosten	Einstandspreis
1.	12.000,00 €	15 %	570,00 €	?
2.	37.000,00 €	25 %	5 %	?
3.	6.800,00 €	20 %	?	7.200,00 €
4.	?	10 %	300,00 €	9.600,00 €

Überweisungsauftrag an **790** 550 **00**

Lechbank Augsburg

Ang. GS / Hz

Empfänger: Name, Vorname/Firma (max. 27 Stellen)

N E U M Ü L L E R

Konto-Nr. des Empfängers   Bankleitzahl

3 2 6 4 5 6 0 0 1 8   Die Durchschrift ist für Ihre Unterlagen bestimmt.   7 0 1 5 0 0 0 5

bei (Kreditinstitut)

L E C H B A N K   A U G S B U R G

E U R   Betrag   5 . 4 3 2 , 0 0

Kunden-Referenznummer - noch Verwendungszweck, ggf. Name und Anschrift des Auftraggebers - (nur für Empfänger)

R E C H N U N G S - N R : 4 6 7 8

noch Verwendungszweck (insgesamt max. 2 Zeilen à 27 Stellen)

Kontoinhaber: Name, Vorname/Firma, Ort (max. 27 Stellen, keine Straßen- oder Postfachangaben)

K R Ö N L E

Konto-Nr. des Kontoinhabers

1 2 7 0 0 0 8 3 7 4   20

Bitte NICHT VERGESSEN:
Datum/Unterschrift

Datum / Unterschrift

16. Mai 20.. Sonja Krönle

Beleg 1

Beleg 2

Kunststoff AG

Am Ruhrufer 55
45276 Essen

Tel. 0201 614466
Fax 0201 614467

Krönle Küchengeräte und
Hotelleriebedarf e. K.
Augsburger Straße 12
86368 Gersthofen

Essen, 27. Mai 20..

Rechnung

Rechnungsnummer: 23456
Kundennummer: 1277

Kunststoff AG
Am Ruhrufer 55
45276 Essen
Amtsgericht Essen HRB 3466
Tel. 0201 614466
Fax 0201 614467

Wir lieferten Ihnen:

Pos.	Stück	Einzelpreis €	Gegenstand	Gesamtpreis €
1	2000	1,35	Kunststoffgriffe für Messer M34 abzüglich 10 % Rabatt	2.700,00 270,00
			Warenwert netto Frachtkosten und Verpackung	2.430,00 100,00
			+ 19 % Umsatzsteuer	2.530,00 480,70
			Rechnungsbetrag	**3.010,70**

Vorstand: Prof. Dr. Herbert Naulich; Dr. Franz Käfer
Aufsichtsratsvorsitzender: Prof. Dr. Helmut Steiner

Zahlung fällig am 27. Juli 20..
Bei Zahlung bis zum 6. Juni gewähren wir 3 % Skonto.
Die Ware bleibt bis zur vollständigen Bezahlung Eigentum der Kunststoff AG.
Bankverbindung: Sparkasse Essen (BLZ 360 501 05) • Konto 88 234 672
USt-IdNr. DE 483976255   Steuernr. 222/5348/1047

III-12

Beantworte folgende Fragen:
1. Was versteht man unter einem „Sofortrabatt"?
2. Welche Arten von Rabatt kennst du?
3. Wie werden Sofortrabatte buchhalterisch behandelt?

III-13

Erstelle jeweils ein **Kalkulationsschema**, berechne die fehlenden Werte und bilde anschließend die **Buchungssätze** für den Zieleinkauf der Rohstoffe gemäß der oben links stehenden Tabelle.

III-14

Bilde die Buchungssätze für folgende Geschäftsfälle und Belege bei Krönle:
1. Zieleinkauf von Rohstoffen, Listenpreis netto 12.000,00 €, berechnete Frachtkosten 200,00 €
2. Sonja Krönle begleicht die offene Rechnung zu 1. per Banküberweisung.
3. Krönle bezahlt die Eingangsfracht für gelieferte Hilfsstoffe über netto 150,00 € bar an den Spediteur.
4. Zieleinkauf von Betriebsstoffen, Listenpreis netto 670,00 € abzüglich 10 % Liefererrabatt, zuzüglich netto 50,00 € Transportkosten
5. Beleg 1 (siehe links)
6. Beleg 2 (siehe links)

III-15

Bilde die Buchungssätze für folgende Geschäftsfälle bei Krönle:
1. Zieleinkauf von Rohstoffen, Listenpreis netto 56.000,00 € abzüglich 12,50 % Rabatt
2. Die Eingangsfracht zu 1. wird bar bezahlt, netto 120,00 €.
3. Zieleinkauf von Betriebsstoffen, netto 670,00 €
4. Krönle erhält eine Eingangsrechnung vom Fremdbauteilelieferer zum Listenpreis von netto 3.600,00 € abzüglich 15 % Rabatt.
5. Eingangsrechnung Betriebsstoffe, Listenpreis netto 48.000,00 €, abzüglich 20 % Sofortrabatt, zuzüglich berechnete Leihverpackung netto 600,00 €
6. Krönle überweist den offenen Rechnungsbetrag zu 5. an den Betriebsstofflieferer.

Beleg 1

Spedition Schindler e. K.
Postfach 17722
87600 Kaufbeuren

Krönle Küchengeräte und
Hotelleriebedarf e. K.
Augsburger Straße 12
86368 Gersthofen

Kaufbeuren, 25. Mai 20..

Rechnung

Rechnungsnummer: 2366
Kundennummer: 347

Spedition Schindler e. K.
Spezialtransporte
Lagerung Klein- u. Eiltransporte
Postfach 17722
Goethestraße 17
87600 Kaufbeuren
Amtsgericht Kaufbeuren HRA 1264
Telefon 08341 456666
Telefax 08341 576666
Bankverbindung:
Handelsbank Kaufbeuren
(BLZ 705 567 00) Kto. Nr. 866 789

Ausgangsort	Zielort	Gegenstand	Gesamtpreis €
Essen Stahlwerke	Augsburg Krönle	Fracht pauschal für 1 800 kg Stahltafeln	2.900,00
			2.900,00
		zuzüglich Abladen	500,00
		Wert netto	3.400,00
		+ 19 % Umsatzsteuer	646,00
		Rechnungsbetrag	**4.046,00**

Vorstand: Prof. Dr. Thorsten Menisch; Dr. Eugen Löffler
Aufsichtsratsvorsitzender: Dr. Karsten Albrecht

Zahlung fällig am 25. Juli 20.. rein netto / 3 % Skonto bis zum 4. Juni 20..
Bankverbindung: Sparkasse Kaufbeuren (BLZ 734 500 00) Konto 23 566 88
USt-IdNr. DE 678912345   Steuernr. 123/4567/8912

Beleg 2

Franz Reisinger e. K.
Kohlen - Öle -
Schmierstoffe

Krönle Küchengeräte und
Hotelleriebedarf e. K.
Augsburger Straße 12
86368 Gersthofen

Rechnung

Rechnungsnummer: 5678
Kundennummer: 24665

Schleißheimer Straße 12a
80333 München
Telefon: 089 3519635
Amtsgericht München HRA 4256
Kontoverbindungen:
Handelsbank München (BLZ 705 500 00)
Konto-Nr. 21-233 432
Sparbank München (BLZ 708 450 00)
Konto-Nr. 22 444 66

Datum   25. Mai 20..

Wir lieferten Ihnen:

Pos.	Liter	Einzelpreis €	Gegenstand	Gesamtpreis €
1	50	79,00	Maschinenöl MÖ 336	3.950,00
			abzüglich 10 % Rabatt	395,00
			Warenwert netto	3.555,00
			Frachtkosten und Abladen	300,00
				3.855,00
			+ 19 % Umsatzsteuer	732,45
			Rechnungsbetrag	**4.587,45**

Bitte bei Zahlungen und Schriftwechsel stets die Rechnungsnummer mit angeben.

Zahlung fällig am 25. Juli 20.. rein netto / 3 % Skonto bis zum 4. Juli 20..
Die Ware bleibt bis zur vollständigen Bezahlung Eigentum von Franz Reisinger e. K.
USt-IdNr. DE 432058762   Steuernr. 193/7684/2193

III-16

Beim Unternehmen Krönle liegen die Belege 1 – 3 vor:
1. Welche Geschäftsfälle liegen den drei Belegen zugrunde?
2. Bilde den Buchungssatz zu jedem Beleg.

III-17

Bilde die Buchungssätze für folgende Geschäftsfälle beim Unternehmen Krönle:
1. Bankgutschrift von 80.000,00 €; Krönle nimmt bei der Lechbank Augsburg einen Bankkredit mit einer Laufzeit von 5 Jahren auf.
2. Bei Krönle geht eine Rechnung vom Betriebsstofflieferer ein; Listenpreis netto 28.000,00 €, abzüglich 12,50 % Rabatt, berechnete Verpackung, netto 100,00 €, berechnete Transportkosten, netto 400,00 €.
3. Die Eingangsfracht für eine Hilfsstofflieferung in Höhe von 297,50 € brutto wird bar an den Spediteur bezahlt.
4. Krönle begleicht eine Rechnung in Höhe von 5.220,00 € per Banküberweisung.

Beleg 3

Kontoauszug
27. Juni / 09:43 Uhr

Nummer 55   Konto 1270008374   Seite 1 / 1
Krönle Küchengeräte und Hotelleriebedarf e. K.

Bu. Tag	Wert	Bu. Nr.	Vorgang	Betrag €
26.06.	26.06	9966	Überweisung an die Spedition Schindler für Rechnung Nr. 2366	4.046,00 -
27.06.	27.06	9966	Überweisung an Franz Reisinger für Rechnung Nr. 5678	4.587,45 -

Kontokorrentkredit   EUR   50.000,00

Bahnhofstraße 22-24, 86000 Augsburg
Tel.: 0821 224455   FAX: 0821 224466

alter Kontostand EUR	33.255,90 +
neuer Kontostand EUR	24.622,45 +

Lechbank Augsburg

Du bist Mitarbeiter/in in der Rechnungswesenabteilung beim Unternehmen Krönle. Deine Aufgabe ist es, den gesamten Vorgang vom Angebotsvergleich bis zum Rechnungsausgleich zu bearbeiten.
Beachte dabei folgende Vorgaben:
- Bei allen Ergebnissen sind jeweils **alle notwendigen Lösungsschritte** anzugeben.
- Alle Ergebnisse sind **auf zwei Dezimalstellen zu runden**.
- **Achte auf eine saubere Form** sowie auf weitere Grundsätze ordnungsmäßiger Buchführung.

Beim Unternehmen Krönle müssen Stahltafeln beschafft werden. Für den Vergleich von zwei Angeboten liegt folgendes Rechenblatt vor:

	A	B	C	D	E	F	G
1	Einkaufskalkulation für den Angebotsvergleich von Stahltafeln						
2							
3		Angebot 1			Angebot 2		
4			%			%	
5	Listeneinkaufspreis	18.200,00 €			18.000,00 €		
6	–Liefererrabatt	4.550,00 €	25		3.600,00 €	20	
7	################	13.650,00 €			14.400,00 €		
8	–Liefererskonto	273,00 €	2		432,00 €	3	
9	Bareinkaufspreis	13.377,00 €			13.968,00 €		
10	################	400,00 €			250,00 €		
11	Einstandspreis	13.777,00 €			14.218,00 €		
12							
13							

F2-1

1. Für welchen Werkstoff wurde die Kalkulation erstellt?
2. Ergänze die fehlenden Begriffe in den Zellen A7 und A10.
3. Gib die Formel an, die in Zelle E6 zur Berechnung des Lieferrabatts steht.
4. Wofür könnten Lieferer dem Unternehmen Krönle Rabatt gewähren?
5. Unter welcher Voraussetzung darf Krönle Skonto vom Rechnungsbetrag abziehen?
6. Gib die Formel an, die in Zelle B11 steht, um den Einstandspreis zu berechnen.

F2-2

Sonja Krönle teilt dir die links aufgeführten Zusatzinformationen über die beiden Lieferer mit, denn deine Aufgabe ist es, eine Bewertung der beiden Angebote vorzunehmen und einen Vorschlag zu machen, für welches Angebot das Unternehmen Krönle sich entscheiden soll.
1. Welches Angebot ist rechnerisch günstiger?
2. Begründe, weshalb ein rechnerischer Vergleich für eine umfassende Bewertung von Angeboten nicht ausreicht.
3. Für welches Angebot entscheidest du dich? Begründe deine Entscheidung.

Lieferer 1

- Der Firmensitz des Lieferers ist in Dortmund.

- Es handelt sich um einen dem Unternehmen Krönle bisher unbekannten Lieferer.

- Als Lieferzeit wurde mindestens sechs Wochen genannt.

Lieferer 2

- Die Stahl AG ist in Essen ansässig.

- Die Stahl AG ist langjähriger Lieferer von Stahltafeln für das Unternehmen Krönle.

- Bisher lieferte die Stahl AG innerhalb von drei bis vier Wochen nach Bestellung.

F2-3

Sonja Krönle hat sich für das Angebot der Stahl AG entschieden.
Bearbeite die Aufgaben, die im Zusammenhang mit dem dargestellten Beleg anfallen.

1. Um welche Art von Beleg handelt es sich?
2. Wie wird der Rabatt buchhalterisch behandelt?
3. Formuliere den Geschäftsfall zu diesem Beleg.
4. Bilde den Buchungssatz.
5. Bis zu welchem Tag muss Sonja Krönle die vorliegende Rechnung spätestens begleichen?

Stahl AG

Am Ruhrufer 17
45276 Essen

Tel. 0201 613588
Fax 0201 613599

Krönle Küchengeräte und
Hotelleriebedarf e. K.
Augsburger Straße 12
86368 Gersthofen

Essen, 23. Juni 20..

Rechnung

Rechnungsnummer: 6132
Kundennummer: 24665

Stahl AG
Am Ruhrufer 17
45276 Essen
Amtsgericht Essen HRB 4522
Tel. 0201 613588
Fax 0201 613599

Wir lieferten Ihnen:

Pos.	kg	Einzelpreis €	Gegenstand	Gesamtpreis €
1	360	50,00	Stahltafel S23 300 x 600 mm	18.000,00
			abzüglich 20 % Rabatt	3.600,00
			Warenwert netto	14.400,00
			Verpackungsmaterial	600,00
				15.000,00
			+ 19 % Umsatzsteuer	2.850,00
			Rechnungsbetrag	**17.850,00**

Vorstand: Prof. Dr. Thorsten Menisch; Dr. Eugen Löffler
Aufsichtsratsvorsitzender: Dr. Karsten Albrecht
USt-IdNr. DE 879234567   Steuernr. 123/4579/2316

Zahlung fällig am 23. August 20.. rein netto
Bei Zahlung bis zum 2. Juli 20.. gewähren wir 3 % Skonto.
Die Ware bleibt bis zur vollständigen Bezahlung Eigentum der Stahl AG.
Bankverbindung: Sparkasse Essen (BLZ 360 501 05) • Konto 88 145 567

F2-4

1. Um welche Art von Beleg handelt es sich?
2. Formuliere den Geschäftsfall zu diesem Beleg.
3. Wem wird der Betrag gutgeschrieben?
4. Bilde den Buchungssatz zu diesem Beleg.

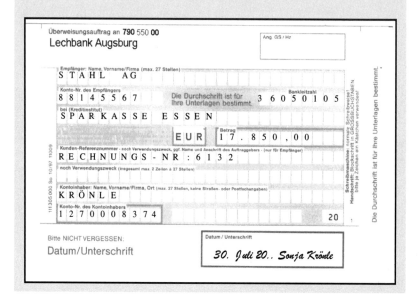

1. Um welche Art von Beleg handelt es sich?
2. Formuliere den Geschäftsfall zu diesem Beleg.
3. Welche Art der Lieferbedingung liegt vor?
4. Bilde den Buchungssatz zu diesem Beleg.
5. Welche Aufgabe haben Speditionen?

Spedition Schindler e. K.
Postfach 17722
87600 Kaufbeuren

Krönle Küchengeräte und
Hotelleriebedarf e. K.
Augsburger Straße 12
86368 Gersthofen

Kaufbeuren, 24. Juni 20..

Rechnung

für die Belieferung Ihrer Stahltafeln von der
Stahl AG Essen nach Gersthofen

Rechnungsnummer: 2366
Kundennummer: 347

Spedition Schindler e. K.
Spezialtransporte
Lagerung Klein- u. Eiltransporte
Postfach 17722
Goethestraße 17
87600 Kaufbeuren
Amtsgericht Kaufbeuren HRA 1264
Telefon 08341 456666
Telefax 08341 576666
Bankverbindung:
Handelsbank Kaufbeuren
(BLZ 705 567 00) Kto. Nr. 866 789

Ausgangsort	Zielort	Gegenstand	Gesamtpreis €
Essen Stahl AG	Gersthofen Krönle e. K.	Fracht pauschal für 2 Paletten 112 kg	560,00
		zuzüglich Abladen	100,00
		Wert netto	660,00
		+ 19 % Umsatzsteuer	125,40
		Rechnungsbetrag	**785,40**

Zahlung fällig am 24. August 20.. rein netto
Bei Zahlung bis zum 3. Juli 20.. gewähren wir 3 % Skonto.
Bankverbindung: Sparkasse Kaufbeuren (BLZ 734 500 00) • Konto 23 566 88
USt-IdNr. DE 678912345   Steuernr. 123/456/7891/2345

---

1. Um welche Art von Beleg handelt es sich?
2. Formuliere den Geschäftsfall zu diesem Beleg.
3. Bilde den Buchungssatz zu diesem Beleg.

Kontoauszug
27. Juli / 09:21 Uhr

Nummer 55   Konto 1270008374   Seite 1 / 1
Krönle Küchengeräte und Hotelleriebedarf e. K.

Bu. Tag	Wert	Bu. Nr.	Vorgang	Betrag €
25.07.	25.07.	9966	Überweisung an die Spedition Schindler für Rechnung Nr. 2366	785,40 -

Kontokorrentkredit EUR 50.000,00

Bahnhofstraße 22-24, 86000 Augsburg
Tel.: 0821 224455   FAX: 0821 224466

alter Kontostand EUR	23.886,45 +
neuer Kontostand EUR	23.101,05 +

Lechbank Augsburg

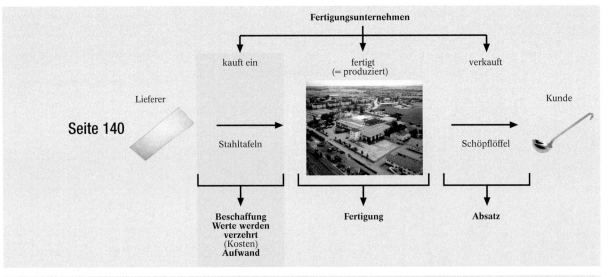

Fertigungsunternehmen

kauft ein → fertigt (= produziert) → verkauft

Lieferer

Kunde

Seite 140

Stahltafeln

Schöpflöffel

Beschaffung
Werte werden
verzehrt
(Kosten)
Aufwand

Fertigung

Absatz

Seite 151 ff.

Die Buchführung umfasst nicht nur die **Bestandsrechnung** (Rechnen und Buchen in aktiven und passiven Bestandskonten), sondern auch eine **Erfolgsrechnung** (Rechnen und Buchen in Erfolgskonten, den Aufwands- und Ertragskonten).
Je nach Art des Werkstoffeinsatzes wird in folgenden **Aufwandskonten** gebucht:

▶ Aufwendungen für Rohstoffe   AWR
▶ Aufwendungen für Fremdbauteile   AWF
▶ Aufwendungen für Hilfsstoffe   AWH
▶ Aufwendungen für Betriebsstoffe   AWB

Seite 157 ff.

Bezugskosten verteuern den Einkauf. Bezugskosten sind Aufwendungen; sie werden in eigenen Konten (**Unterkonten**) gebucht:

Werkstoff	Unterkonto	Hauptkonto
Rohstoffe	Bezugskosten Rohstoffe (BZKR)	AWR
Fremdbauteile	Bezugskosten Fremdbauteile (BZKF)	AWF
Hilfsstoffe	Bezugskosten Hilfsstoffe (BZKH)	AWH
Betriebsstoffe	Bezugskosten Betriebsstoffe (BZKB)	AWB

Bezugskosten werden entweder vom Lieferer in Rechnung gestellt und sind damit **Bestandteil der Eingangsrechnung**, oder sie werden direkt an ein anderes Unternehmen, z.B. an eine Spedition, bezahlt, dann liegt ein **eigener Beleg** vor.

1 Buchen von Umsatzerlösen

1.1 Umsatzerlöse als Erträge

Umsatzerlöse

Das Ziel eines jeden Unternehmens ist es, Gewinn zu erwirtschaften und damit das Eigenkapital zu erhöhen. Man spricht auch davon, einen positiven Unternehmenserfolg zu erzielen.

Sonja Krönle hat in ihrem Unternehmen einerseits Aufwendungen (durch den Verbrauch von Werkstoffen), andererseits entstehen in der Fertigung neue Werte (fertige Erzeugnisse wie z. B. Schöpflöffel), die sie verkaufen kann. Diese Fertigerzeugnisse stellen betriebliche Leistungen dar. Beim Verkauf der Fertigerzeugnisse werden Leistungen umgesetzt (Umsatz) und dabei Einnahmen (Erlöse) erzielt. Diese Umsatzerlöse stellen Erträge dar, die das Eigenkapital erhöhen.

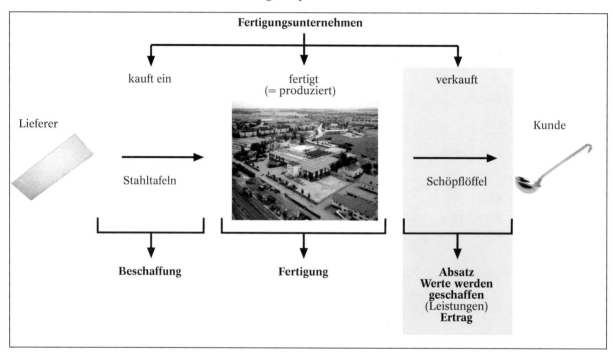

Aus Gründen der Übersichtlichkeit wird nicht jeder **Erfolgsvorgang**, d.h. der Einkauf von Werkstoffen oder der Verkauf von Fertigerzeugnissen, im Passivkonto Eigenkapital gebucht.

S	Eigenkapital	H
Eigenkapitalminderungen Durch den Einsatz von Werkstoffen entstehen **Aufwendungen.**		**Eigenkapitalmehrungen** Durch den Verkauf von Fertigerzeugnissen entstehen **Erträge.**

Erfolgsvorgänge werden in **Unterkonten** des Eigenkapitals, den **Aufwandskonten** oder **Ertragskonten** erfasst:

▶ der Wertverzehr (betrieblicher Aufwand) in Aufwandskonten,
▶ der Wertezuwachs (betriebliche Leistung) in Ertragskonten.

S	Ertragskonto	H
		Erträge werden im Haben gebucht.

Gebucht wird wie im Hauptkonto: Da es sich um ein Unterkonto des passiven Bestandskontos **Eigenkapital** handelt, werden Erträge grundsätzlich im **Haben** gebucht.

1.2 Buchung beim Verkauf von Fertigerzeugnissen

1.2.1 Buchung von Umsatzerlösen
Im Unternehmen Krönle wird folgender Beleg erstellt:

1. Um welche Art handelt es sich bei nebenstehendem Beleg?

2. Welcher Geschäftsfall liegt dem Beleg zugrunde?

3. Erkläre den Ausdruck „Schöpflöffel sind Fertigerzeugnisse".

4. Nenne vier weitere Arten von Fertigerzeugnissen, die bei Krönle hergestellt werden.

5. An welchem Tag wurde der Beleg erstellt?

Auswertung des Beleges zum Bilden des Buchungssatzes:			Soll	Haben
① Warenwert, netto	100 %	Die Schöpflöffel sind im Unternehmen Krönle hergestellte Fertigerzeugnisse im Nettowert von 1.800,00 €. Dieser Betrag wird von Sonja Krönle eingenommen (**erlöst → Umsatzerlöse**). Er wird im Konto **Umsatzerlöse für eigene Erzeugnisse – UEFE** erfasst.		UEFE
② Umsatzsteuer	19 %	Die Umsatzsteuer muss dem Kunden zusätzlich zum Warenwert berechnet werden. Sie ist später an das Finanzamt abzuführen.		UST
③ Rechnungsbetrag	119 %	Die gesamte Forderung (Warenwert + Umsatzsteuer) an den Kunden. Der Kunde muss bis zum Erreichen des Zahlungszieles den Betrag von 2.142,00 € bezahlt haben.	FO	

Buchungssatz:

③ FO   2.142,00 €   **an**   ① UEFE   1.800,00 €
                                                 ② UST   342,00 €

Buchung in T-Konten:

S	FO	H
UEFE, UST	2.142,00 €	

S	UEFE	H
	FO	1.800,00 €

S	UST	H
	FO	342,00 €

1.2.2 Sofortrabatte an den Kunden

Häufig fordern Kunden von Sonja Krönle auf den Preis in der Preisliste
(= **Listenpreis**) einen **Rabatt** (Preisnachlass). Dieser Rabatt wird sofort abgezogen (= Sofortrabatt). **Sofortrabatte mindern den Verkaufspreis** und
damit die Erlöse aus den verkauften Fertigerzeugnissen.

Sofortrabatte werden in der Regel auch auf der Rechnung angegeben (siehe
nebenstehenden Beleg). Sie werden sofort vom Listenpreis abgezogen und
als solche **nicht gebucht**.

Artikel	Artikel-Nr.	Einzelpreis €	Stück		Gesamtpreis €
Schöpflöffel "Maxi"	SL-24	21,00	50		1.050,00
Schöpfkelle "Midi"	SM-22	15,00	50		750,00
				①	1.800,00
- Sonderrabatt 10 %				②	180,00
Warenwert netto				③	1.620,00
Umsatzsteuer 19 %				④	307,80
				⑤	**1.927,80**

Auswertung des Beleges zum Bilden des Buchungssatzes				Soll	Haben
① Listen- verkaufs- preis	100 %		Für den Verkauf von Fertigerzeugnissen gibt das Unternehmen Krönle an die Kunden Preislisten heraus. Auf diesen sind die Listenpreise der Erzeugnisse angegeben.	Diese beiden Beträge werden **nicht gebucht**.	
② Sofortrabatt	10 %		Sofortrabatte werden den Kunden aus besonderen Anlässen als Wiederverkäufer-, Mengen-, Treue-, oder Sonderrabatte gewährt und als handelsübliche Sofortrabatte in der Rechnung ausgewiesen.		
③ Warenwert, netto	90 %	100 %	Der um den Sofortrabatt verminderte Warenwert wird tatsächlich von Sonja Krönle erlöst (Nettoverkaufserlös). Dieser Nettoverkaufserlös ist zu buchen.		UEFE
④ Umsatzsteuer		19 %	Wird dem Kunden in Rechnung gestellt.		UST
⑤ Rechnungsbetrag		119 %	Die gesamte Forderung an den Kunden.	FO	

Buchungssatz:

FO   1.927,80 €   **an**   UEFE   1.620,00 €
                                 UST   307,80 €

Buchung in T-Konten:

S	FO	H		S	UEFE	H
UEFE, UST	1.927,80 €				FO	1.620,00 €

S	UST	H
	FO	307,80 €

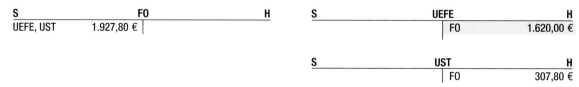

Listenpreis – Kundenrabatt = Nettoverkaufspreis
Nettoverkaufspreis + Umsatzsteuer = Bruttoverkaufspreis (Rechnungsbetrag)

Krönle

Küchengeräte und Hotelleriebedarf e. K.

Krönle e. K., Augsburger Straße 12, 86368 Gersthofen

Thessi Liebig
Rhönstraße 11
97769 Bad Brückenau

RECHNUNG 0055

Krönle Küchengeräte und
Hotelleriebedarf e. K.
Augsburger Straße 12
86368 Gersthofen
Amtsgericht Augsburg HRA 3345
☎ 0821 497244
🖷 0821 497255
🖳 www.kroenle-online.de

Gersthofen, 27. Mai 20..

Für die Lieferung vom 25. Mai. erlauben wir uns, Ihnen zu berechnen:

Artikel-Nr.	Artikel	Einzelpreis €	Stück	Gesamtpreis €
Sch-12	Schlüsselsatz „Cucina"	234,00	10	2.340,00
Do-01	Dosen aus Edelstahl	156,00	120	18.720,00
To Spezial	Topfsortiment	1.249,00	5	6.245,00
				27.305,00
	Wiederverkäuferrabatt -20%			5.462,00
	Warenwert netto			21.844,00
	Umsatzsteuer 19 %			4.150,36

25.994,36

Zahlung fällig am 27. Juli 20.. rein netto
Bei Zahlung bis zum 6. Juni 20.. gewähren wir 2 % Skonto.
Die gelieferte Ware bleibt bis zur vollständigen Bezahlung unser Eigentum.

Bankverbindung: Konto-Nr.: 1270008374 Lechbank Augsburg · BLZ 790 550 00
USt-IdNr. DE 233555621 Steuernr. 178/2045/3428

Beleg 1

---

dahoam BauMarkt
Füssener Straße 3
86368 Gersthofen
TEL. 0821 7806670 FAX 0821 7806675
Öffnungszeiten:
Montag bis Freitag   08:30 - 20:00 Uhr
Samstag   08:00 - 16:00 Uhr
***** QUITTUNG *****
47890760506 ZWICK GARTENSCHERE
   1 STK   3.49
47890755370 ELAN RECHENBESEN
   1 STK   4.99
47890755372 ELAN STIEL 130 CM
   1 STK   6.95

ZU ZAHLEN   EUR   15.43
BAR   EUR   20.00

RÜCKGELD   EUR   4.57

MWST-CODE   UMSATZ-INKL. MWST-Anteil
   19 % MWST=1   15.43   2.46
   763/02/335   6428   14.11.20.. 15:30
Vielen Dank für Ihren Einkauf!
Ihre dahoam BauMarkt-Gruppe!

Beleg 2

IV-1

Zeichne das Modell eines Fertigungsunternehmens mit den drei Unternehmensbereichen Beschaffung, Fertigung und Absatz/Vertrieb und ordne folgende Begriffe zu:
– Einkauf,
– Umsatzsteuer,
– Forderungen,
– Lieferer,
– Verbindlichkeiten,
– Kunde,
– Ausgabe,
– Fertigerzeugnisse,
– Erträge,
– Umsatzerlöse,
– Vorsteuer,
– Liefererrabatt,
– Verkauf,
– Aufwendungen,
– Bezugskosten,
– Einnahme und
– Stoffaufwand (Werkstoffe).

IV-2

Bearbeite folgende Aufträge zu nebenstehendem Beleg 1:
1. Welcher Geschäftsfall liegt dem Beleg zugrunde?
2. Welche Liefer- und Zahlungsbedingungen liegen vor?
3. Beschreibe die Vorgehensweise bei der Bearbeitung des Beleges in der Buchführung.
4. Bilde den Buchungssatz zu diesem Beleg.
5. Richte die erforderlichen Konten zum Buchen des Geschäftsfalles in T-Konten ein und buche in Konten.
6. Welche Auswirkung hat dieser Geschäftsfall auf den Erfolg des Unternehmens Krönle?
7. Erkläre den Begriff „Wiederverkäuferrabatt".

IV-3

Bearbeite folgende Aufträge zu nebenstehendem Beleg 2:
1. Welcher Geschäftsfall liegt dem Beleg zugrunde?
2. Beschreibe die Vorgehensweise bei der Bearbeitung des Beleges in der Buchführung.
3. Bilde den Buchungssatz zu diesem Beleg.
4. Richte die erforderlichen Konten zum Buchen des Geschäftsfalles in T-Konten ein und buche in Konten.
5. Welche Auswirkung hat dieser Geschäftsfall auf den Erfolg des Unternehmens Krönle?

IV-4

Bilde die Buchungssätze für nebenstehende Geschäftsfälle.

1. Zieleinkauf von Rohstoffen, netto 7.600,00 €, berechnete Verpackung, netto 400,00 €
2. Zielverkauf von Fertigerzeugnissen, Listenpreis netto 12.000,00 €
3. Barzahlung der Eingangsfracht zu 1., netto 180,00 €
4. Zielverkauf von Fertigerzeugnissen, einschließlich Umsatzsteuer 26.180,00 €
5. Barzahlung an den Spediteur für Eingangsfracht (B), brutto 113,05 €
6. Bankgutschrift für Rechnungsausgleich von 2.
7. Zieleinkauf von Hilfsstoffen, Listenpreis netto 12.100,00 €, 33 1/3 % Wiederverkäuferrabatt, in Rechnung gestellte Frachtkosten 1.200,00 € netto
8. Verkauf von Fertigerzeugnissen gegen Bankscheck, netto 8.200,00 €
9. Zielverkauf von fertigen Erzeugnissen, Listenpreis netto 86.400,00 €, abzüglich 25 % Treuerabatt

IV-5

Berechne den Rechnungsbetrag (brutto). Es gilt jeweils der volle Umsatzsteuersatz. Bei der Berechnung des Rabattes ist der Rechenvorteil der bequemen Prozentsätze zu nutzen (Kopfrechnen!).

	Listenverkaufspreis in €	Kundenrabatt in %
1.	2.560,00	10
2.	1.920,00	25
3.	384,00	20
4.	2.820,00	33 1/3
5.	4.200,00	5
6.	560,00	12,5

IV-6

Wie lauten die Geschäftsfälle (Text und Beträge) für nebenstehende Buchungen?

		€			€
1.	FO	35.700,00	an	UEFE	30.000,00
				UST	5.700,00
2.	AWB	400,00			
	VORST	76,00	an	KA	476,00
3.	AWR	2.000,00			
	VORST	380,00	an	VE	2.380,00
4.	FO	1.725,00	an	UEFE	1.450,00
				UST	275,50
5.	AWF	6.800,00			
	BZKF	200,00			
	VORST	1.330,00	an	VE	8.330,00
6.	BK	35.700,00	an	FO	35.700,00
7.	KA	571,20	an	UEFE	480,00
				UST	91,20
8.	VE	2.380,00	an	BK	2.380,00

IV-7

Deute die einzelnen Beträge, die in den nebenstehenden Konten gebucht worden sind. (Formuliere jeweils einen Geschäftsfall zu 2., 3. und 4.)

S	FO		H	
AB	245.000,00 €	3. BK	43.435,00 €
2. UEFE/UST	43.435,00 €		

S	UEFE		H	
		2. FO	36.000,00 €
		4. KA	500,00 €

1.2.3 Umsatzsteuer

Beim Einkauf von Stoffen und beim Verkauf von Fertigerzeugnissen hatte
Sonja Krönle bereits vielfach mit der Umsatzsteuer zu tun. Die folgende
Übersicht macht dies deutlich:

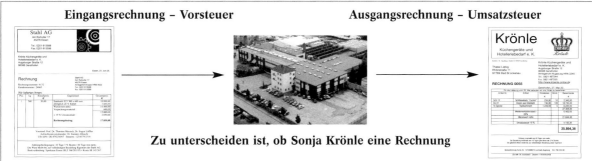

| **Eingangsrechnung – Vorsteuer** | **Ausgangsrechnung – Umsatzsteuer** |

Zu unterscheiden ist, ob Sonja Krönle eine Rechnung

| **von einem Lieferer erhält.** | **an einen Kunden sendet.** |

Dem Unternehmen Krönle wird laut der vorliegenden
Eingangsrechnung vom **Lieferer** neben dem reinen
Warenwert auch noch 19 % Umsatzsteuer berechnet.
Dieser Umsatzsteuer haben wir als **Vorsteuer**
bezeichnet.

Diese Vorsteuer stellt eine Art von **Forderungen an
das Finanzamt** dar. Das Unternehmen Krönle zahlt
diese Vorsteuer zunächst, z. B. 32.000,00 €. Es darf
aber diesen Betrag mit dem vom Kunden (= Endverbraucher) einkassierten Betrag verrechnen.

Sonja Krönle berechnet dem **Kunden** J. Schick in der
Ausgangsrechnung nicht nur den Warenwert. Zusätzlich fordert sie vom Kunden 19 % **Umsatzsteuer**.

Die **Umsatzsteuer** ist eine **Verbindlichkeit an das
Finanzamt**. Als Endverbrauchsteuer zahlt sie der
Kunde an das Unternehmen Krönle. Dieses verrech-
net die Umsatzsteuer mit der an die Lieferer entrich-
teten Vorsteuer.

z. B. 32.000,00 €   **z. B. 48.000,00 €**

Zahllast
Differenz zwischen Umsatzsteuer und Vorsteuer.
Sie muss tatsächlich an das Finanzamt bezahlt werden.
hier 16.000,00 €

Gegenüber **Lieferern** hat das Unternehmen Krönle

Verbindlichkeiten. Diese entstehen bei Lieferungen
von ihren Lieferern und setzen sich zusammen aus:
▶ dem **Warenwert**, gegebenenfalls vermindert um
  Sofortrabatte und erhöht um Bezugskosten sowie
▶ der **Vorsteuer**.

Gegenüber **Kunden** hat das Unternehmen Krönle

Forderungen. Diese entstehen bei Lieferungen an
ihre Kunden und setzen sich zusammen aus:
▶ dem **Warenwert**, gegebenenfalls vermindert um
  Sofortrabatte und
▶ der **Umsatzsteuer**.

Lieferer
Eingangsrechnung (ER)
Verbindlichkeiten aus Lieferungen und Leistungen (VE)
Vorsteuer (VORST)

Kunde
Ausgangsrechnung (AR)
Forderungen aus Lieferungen und Leistungen (FO)
Umsatzsteuer (UST)

Steuerliche Grundlagen

Der Umsatzsteuer unterliegen grundsätzlich alle Lieferungen und sonstigen Leistungen, die ein Unternehmen im Inland gegen Entgelt ausführt.
Maßgeblich dafür ist das Umsatzsteuergesetz (UStG). Dieses fordert in der
Regel einen Steuersatz von 19 % (Regelsteuersatz). Für einige Leistungen,
z. B. Grundnahrungsmittel, kulturelle Gegenstände und Leistungen wie
Bücher, Zeitschriften, Museumsbesuche, wird der ermäßigte Steuersatz
von 7 % angewandt.

IV-8

In einem Kurzreferat sollst du deinen Mitschülerinnen und Mitschülern den Unterschied zwischen Vorsteuer und Umsatzsteuer anhand der nebenstehenden Übersichtsskizze vorstellen.
Erstelle dieses Kurzreferat und verwende alle in diesem Zusammenhang wichtigen Fachbegriffe.

IV-9

Beantworte die folgenden Fragen, verwende dabei die nachstehende Antwortenauswahl:

N = Nettobetrag R = Rechnungsbetrag
S = Steuerbetrag F = falsch/nicht möglich

1. Welcher Betrag aus einer Eingangsrechnung wird
   a) im Konto VORST erfasst?
   b) im Konto UST erfasst?
   c) im Konto FO erfasst?
   d) im Aufwandskonto erfasst?
2. Welcher Betrag aus einer Ausgangsrechnung
   a) erscheint im Aufwandskonto?
   b) bedeutet eine Zunahme von Schulden?
   c) stellt einen Aufwand dar?

IV-10

Zu nebenstehender Grafik sind Aufträge zu bearbeiten:
1. Welcher Sachverhalt wird in dieser Grafik behandelt?
2. In welchen Staaten werden die höchsten Umsatzsteuersätze erhoben?
3. Ist folgende Behauptung richtig (mit Begründung): „Der Umsatzsteuersatz in Deutschland ist im europäischen Vergleich eher hoch."?

IV-11

Beantworte die folgenden Fragen:
1. Von welchem Wert ist die Umsatzsteuer zu berechnen?
2. Wie wirkt sich die Umsatzsteuer auf den Erfolg der Unternehmung aus?
3. Nenne je zwei Beispiele für steuerermäßigte und steuerfreie Umsätze.
4. Welche Gründe haben wohl den Gesetzgeber veranlasst, manche Umsätze nur mit dem ermäßigten Steuersatz zu belegen oder gar nicht zu belasten?
5. Was heißt: „Die Umsatzsteuer ist eine Verbrauchssteuer?"

| Eingangsrechnungen z. B. Rohstoffe | | Ausgangsrechnungen z. B. Fertigerzeugnisse |

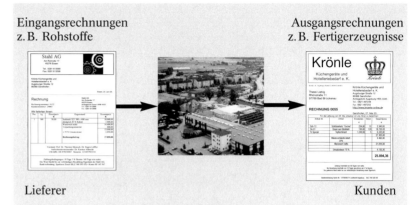

| Lieferer | | Kunden |

Aus unserer Sicht
können Vorgänge dieser Art
unter zwei verschiedenen Gesichtspunkten
betrachtet werden:

Der **Einkauf**
verursacht einen Aufwand
(AWR an …),
eine USt-Forderung
entsteht
(VORST an …),
eine Schuld entsteht
(… an VE).

Der **Verkauf**
bewirkt einen Ertrag
(… an UEFE),
eine USt-Verbindlichkeit
entsteht
(… an UST),
eine Forderung entsteht
(FO an …).

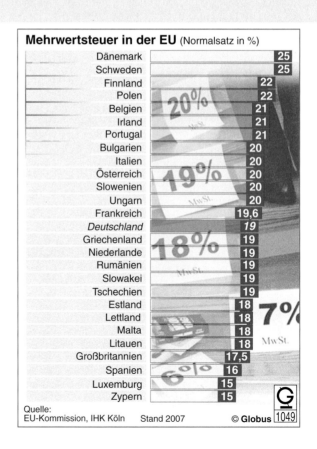

Mehrwertsteuer in der EU (Normalsatz in %)

Dänemark	25
Schweden	25
Finnland	22
Polen	22
Belgien	21
Irland	21
Portugal	21
Bulgarien	20
Italien	20
Österreich	20
Slowenien	20
Ungarn	20
Frankreich	19,6
Deutschland	*19*
Griechenland	19
Niederlande	19
Rumänien	19
Slowakei	19
Tschechien	19
Estland	18
Lettland	18
Malta	18
Litauen	18
Großbritannien	17,5
Spanien	16
Luxemburg	15
Zypern	15

Quelle:
EU-Kommission, IHK Köln   Stand 2007   © Globus 1049

Beleg 1

Minerol AG
Augsburg

Quittung für
Herrn/Frau/Firma Krönle

Liter	Produkt	€	Cent
	Benzin bleifrei		
65	Super bleifrei	1	, 34
	Super Plus bleifrei		
	Super verbleit		
	Diesel		

zu zahlender Betrag inkl. 19 % USt.	87	, 10

Betrag dankend erhalten.
Augsburg, 23. Oktober 20..

M. Schönmoser
(Stempel und Unterschrift)

Im Gesamtbetrag sind 19 % USt. enthalten.

Amtsgericht Augsburg HRB 5217
USt-IdNr. DE 675438964 Steuernr. 578/4357/3428
Vorstand: Dr. Dr. Johann Miller; Dr. Andreas Liebermann
Aufsichtsratsvorsitzender: Dr. Christian Holzer

Beleg 1

Beleg 2

Gutschrift   Ang. GS / Hz

Empfänger: Name, Vorname/Firma (max. 27 Stellen)
K R Ö N L E

Konto-Nr. des Empfängers
1 2 7 0 0 0 8 3 7 4   Die Durchschrift ist für Ihre Unterlagen bestimmt   Bankleitzahl   **7 9 0 5 5 0 0 0**

bei (Kreditinstitut)
L E C H B A N K   A U G S B U R G

Betrag
E U R   3 . 2 5 2 , 0 6

Kunden-Referenznummer – nach Verwendungszweck, ggf. Name und Anschrift des Auftraggebers – (nur für Empfänger)
F Ü R   F E - R E C H N U N G   1 2 8 7 / 0 2

noch Verwendungszweck (insgesamt max. 2 Zeilen à 27 Stellen)

Kontoinhaber: Name, Vorname/Firma, Ort (max. 27 Stellen, keine Straßen- oder Postfachangaben)
K U R H A U S   R S G R I

Konto-Nr. des Kontoinhabers
3 3 5 6 6 7   **2 0**

Bitte NICHT VERGESSEN:
Datum/Unterschrift

Datum / Unterschrift
28. Oktober 20.. Maier

Schreibmaschine: normale Schreibweise!
Handschrift: Blockschrift in GROSSBUCHSTABEN,
bitte je Zeichen ein Kästchen verwenden!

Die Durchschrift ist für Ihre Unterlagen bestimmt.

Beleg 2

IV-12

Für die Belege 1 und 2 sind
1. die zugrunde liegenden Geschäftsfälle zu formulieren,
2. die Buchungssätze zu bilden.

IV-13

Bilde die Buchungssätze für folgende Geschäftsfälle (voller USt.-Satz, Werte in €):
1. Zielverkauf von Fertigerzeugnissen, netto 1.482,00
2. Zielverkauf von Fertigerzeugnissen, Listenpreis netto 24.000,00 abzüglich 25 % Rabatt
3. Barzahlung für Fracht an den Spediteur (Einkauf von Fremdbauteilen), netto 130,00
4. Kassenquittung: Einkauf von Reinigungsmitteln, brutto 17,26
5. Zielkauf von Rohstoffen, netto 27.000,00 – 33 $\frac{1}{3}$ % Rabatt, berechnete Verpackung, netto 300,00
6. Eingangsrechnung: Betriebsstoffe, netto 75.000,00 + berechneter Frachtanteil, netto 1.100,00
7. Barzahlung für Rollgeld an den Spediteur zu 6., brutto 166,60
8. Kauf von Flaschengas für Gabelstapler gegen Banküberweisung, netto 1.300,00
9. Eingangsrechnung: Hilfsstoffe, netto 12.500,00 – 10 % Sonderrabatt + in Rechnung gestellte Verpackungs- und Frachtpauschale, netto 100,00
10. Banklastschrift: Überweisung an den Hilfsstofflieferer von 9.
11. Barkauf von Reinigungsmaterial, netto 1.400,00
12. Verkauf gegen Bankscheck, Fertigerzeugnisse, netto 16.800,00
13. Übernahme der Frachtkosten in Höhe von netto 30,00 zu 11., Barzahlung

Seite 167	Durch den Verkauf von Fertigerzeugnissen (Waren werden **umgesetzt**) erwirtschaftet ein Unternehmen **Erlöse** (**Umsatzerlöse**). Umsatzerlöse aufgrund der betrieblichen Fertigung sind Erträge; sie werden im Konto **Umsatzerlöse für eigene Erzeugnisse – UEFE** (kurz: Umsatzerlöse Fertigerzeugnisse) erfasst.
Seite 167	Erfolgsvorgänge werden in **Unterkonten** des Eigenkapitals, den **Aufwandskonten** oder **Ertragskonten** erfasst: ▶ der Werteverzehr (betrieblicher Aufwand) in **Aufwandskonten**, ▶ der Wertezuwachs (betriebliche Leistung) in **Ertragskonten**. In den **Aufwandskonten** wird grundsätzlich **im Soll**, in den **Ertragskonten** grundsätzlich **im Haben** gebucht.
Seite 168	Häufig fordern Kunden vom Unternehmen auf den Preis in der Preisliste (= **Listenpreis**) einen **Rabatt** (Preisnachlass). Ein Unternehmen ist unter Umständen aus Konkurrenzgründen gezwungen dem Kunden auf den Listenpreis einen **Sofortrabatt** einzuräumen. Solche **Sofortrabatte mindern den Verkaufspreis** und damit die Erlöse aus dem Verkauf von Fertigerzeugnissen.
Seite 171	Alle Lieferungen und sonstigen Leistungen, die ein Unternehmen im Inland gegen Entgelt ausführt, unterliegen grundsätzlich der **Umsatzsteuer**. Maßgeblich dafür ist das **Umsatzsteuergesetz** (UStG). Dieses fordert in der Regel einen Steuersatz von **19 %** (Regelsteuersatz). Für einige Leistungen gilt der ermäßigte Steuersatz von 7 %.
Seite 171	Die Begriffe ▶ Lieferer, ▶ Eingangsrechnung (ER), ▶ Verbindlichkeiten aus Lieferungen und Leistungen (VE) und ▶ Vorsteuer (VORST) bilden eine Einheit, ebenso wie ▶ Kunde, ▶ Ausgangsrechnung (AR), ▶ Forderungen aus Lieferungen und Leistungen (FO) und ▶ Umsatzsteuer (UST).
Seite 171	**Vorsteuer** z.B. 32.000,00 € **Umsatzsteuer** z.B. 48.000,00 € **Zahllast** Differenz zwischen Umsatzsteuer und Vorsteuer. Sie muss tatsächlich an das Finanzamt bezahlt werden. **hier 16.000,00 €**

1 Projekt „Grundlagen der Buchführung"

Christian hat während des Schuljahres in der 7. Klasse der Realschule einiges über Betriebswirtschaft und Rechnungswesen gelernt. Zum Abschluss führt sein Lehrer für Betriebswirtschaftslehre/Rechnungswesen mit Christians Klasse ein **Projekt** durch, bei dem die Grundlagen der Buchführung nochmals wiederholt und vertieft werden. Als Grundlage für Informationen dienen das Schulbuch, die Unterrichtsmaterialien und das Internet.

Zunächst erarbeiten die Schüler in Kleingruppen **Kurzreferate** über die wichtigsten grundlegenden Begriffe der Buchführung und die Arbeiten zu Beginn des Geschäftsjahres.

Dazu erstellen die Schüler **Plakate**, die sie während der Referate erklären und anschließend im Klassenzimmer aufhängen:

Projektarbeit in Christians Klasse

Inventur

Inventur
Am Anfang eines Geschäftsjahres werden alle Vermögens- und Schuldenwerte mengen- und wertmäßig in Listen erfasst, man macht **Inventur**.

Inventar

Inventar
Anhand der Inventurdaten entsteht ein Verzeichnis aller Vermögenswerte und Schulden und man ermittelt das Reinvermögen (Eigenkapital). Dieses Bestandsverzeichnis ist ausführlich und in Staffelform geschrieben und nennt sich **Inventar** (=Ergebnis der Inventur).

Bilanz

Bilanz
Wegen der größeren Übersichtlichkeit (siehe Vorschriften aus dem HGB) fasst man gleichartige Posten zusammen und stellt die Vermögensteile (Aktiva) den Schulden und dem Eigenkapital (Passiva) gegenüber. Dieses Bestandsverzeichnis ist kurz gefasst und wird in T-Konten-Form erstellt, man nennt es **Bilanz**:

Aktiva	Bilanz	Passiva
Anlagevermögen Umlaufvermögen	Eigenkapital Fremdkapital	

Aktivkonten
Passivkonten

Aktive und Passive Bestandskonten
Zur besseren Übersichtlichkeit wird für jedes Bestandskonto ein eigenes T-Konto eröffnet. Diese stellen „Aktive" und „Passive" Bestandskonten dar. Bei „Aktiven Bestandskonten" stehen der Anfangsbestand und die Mehrungen im Soll, die Minderungen dagegen im Haben. Bei „Passiven Bestandskonten" verhält es sich genau umgekehrt.

Aktiva		Bilanz		Passiva
S AKTIVKONTO H		S PASSIVKONTO H		
Anfangsbestand	– Minderungen	– Minderungen	Anfangsbestand	
+ Mehrungen			+ Mehrungen	

Aufwands- und Ertragskonten

Neben den Bestandskonten gibt es auch Erfolgskonten, die den Wertverzehr (Aufwand) oder den Wertezuwachs (Erträge) eines Zeitraumes erfassen.

Aufwandskonten
Ertragskonten

Belege

Alle anfallenden Belege müssen im Laufe des Jahres bearbeitet (vorkontiert) und mittels Buchungssätzen in zeitlicher Reihenfolge (Grundbuch) und Eintragung in den Konten in sachlicher Ordnung (Hauptbuch) erfasst werden.

Bei der Erfassung von Belegen sind einige Vorarbeiten zu erledigen:

▶ Prüfung der Belege auf sachliche und rechnerische Richtigkeit,
▶ Ordnen der Belege nach Belegarten (z. B. Eingangsrechnungen ...),
▶ Fortlaufende Nummerierung der Belege und
▶ Vorkontierung der Belege.

Belege		
Konto	Soll	Haben
?	?	?
?	?	?
?	?	?
?	?	?
Gebucht:	?	

Vorkontierungsstempel

Buchungssatz

Nach der Vorkontierung werden Belege im so genannten Grundbuch erfasst, d. h., es werden Buchungssätze gebildet. Bei der Erstellung von Buchungssätzen müssen folgende Fragen beachtet werden:

Buchungssatz

1) Welche Konten werden berührt?
2) Welche Art von Konten sind das?
3) Ist es eine Mehrung oder eine Minderung?
4) Welche Kontenseite ist demnach betroffen?
5) Buchungssatz „Sollbuchung an Habenbuchung"

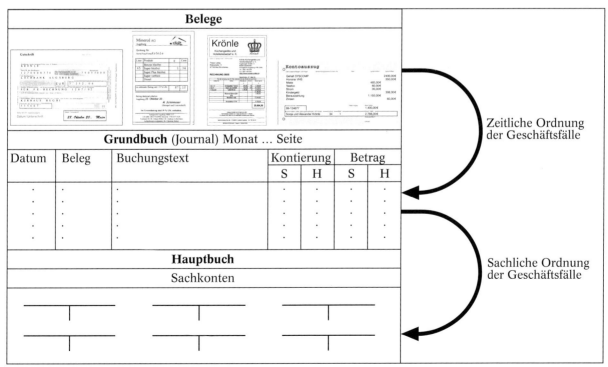

Zusammenhang zwischen Belegen, Grundbuch und Hauptbuch

177

In Gruppenarbeit werden betriebliche Abläufe simuliert

Nach den Kurzreferaten sollen verschiedene **betriebliche Abläufe** in der Klasse gespielt (**simuliert**) werden. Als Modell dient die Firma Krönle, da Christian einige Formularvordrucke, Belegkopien und weitere Unterlagen von seiner Mutter besorgen kann.

Zunächst werden verschiedene **Gruppen** gebildet, die miteinander in Kontakt treten sollen, um die betriebswirtschaftlichen Beziehungen darzustellen:

Lieferer	Kunden	Bank	Unternehmensbereiche der Firma Krönle

Ein erster Arbeitsauftrag an die Gruppen der „Lieferer" besteht z. B. darin, ein **Angebot** für die Lieferung von Rohstoffen an Krönle zu entwerfen.

Diese Angebote werden von einem Teil der Gruppe „Fa. Krönle" bearbeitet. Sie **berechnen** jeweils die **Einstandspreise** und **entscheiden** nach Diskussion über weitere Entscheidungsgesichtspunkte, welches Angebot angenommen werden soll.

V-1

Berechne für das rechts abgedruckte Angebot den Einstandspreis.

V-2

1. Zeichne auf einem Blatt acht Vorkontierungsstempel.
2. Kontiere die acht auf den nächsten Seiten folgenden Belege vor.
3. Erstelle die Buchungssätze zu den acht Belegen.

Die Gruppe, die den Zuschlag bekommt, **erstellt eine Rechnung** für die Lieferung der Rohstoffe.

Die anderen Schüler der Gruppe „Fa. Krönle" bearbeiten diese Rechnung und weitere **Belege**. Sie **kontieren** die Belege **vor** und **bilden** anschließend die **Buchungssätze**.

Nachfolgende acht Belege liegen der Gruppe vor.

Beleg 1

Toni Schreiber e. K.
Büroeinrichtungen
Würzburg

Toni Schreiber, Bahnhofsstraße 14, 97070 Würzburg

Krönle Küchengeräte und
Hotelleriebedarf e. K.
Augsburger Straße 12
86368 Gersthofen

Amtsgericht Würzburg HRA 2268

Bahnhofstr.14
97070 Würzburg
Telefon: 0931 702557

Kontoverbindungen:
Hausbank Würzburg (BLZ 790 320 33)
Konto-Nr. 99-155 742

Rechnung   *ER 812*   Datum 20. Dezember 20..

Nr. 233

Art.-Nr.	Gegenstand	Menge	Preis je Einheit	Betrag €
C 23	Intel® Core™2 Duo Prozessor E6300 (1.86 GHz) Microsoft® Windows Vista™ Home 2.048 MB DDR2-RAM max. 4 GB NVIDIA GeForce G8800GTS 640 MB 500 GB Festplatte, 16x DVD+/-RW	1	1.199,00	1.199,00
Mo 35	19 Zoll TFT, 1.280 x 1.024 Pixel (SXGA), Kontrast 550:1, 270 cd/m²	1	298,00	298,00
T5	USB Keyboard mit UltraNav-Touch-pad, 88 Tasten, zwei USB-Anschlüsse	1	58,00	58,00
Dr7	Schwarzweiß-Laserdrucker, 600 dpi	1	299,00	299,00
M2	Wireless Optical Mouse 5000	1	39,00	39,00
				1.893,00
	+ 19% Umsatzsteuer			359,67
	Rechnungsbetrag			**2.252,67**

Lieferung frei Haus

Vielen Dank für Ihren Auftrag
Zahlbar sofort nach Rechnungseingang ohne Skontoabzug.
USt-IdNr. DE 527395708 Steuernr. 142/8036/7213

Bitte bei Zahlungen und Schriftwechsel stets die Rechnungsnummer mit angeben.

Die Ware bleibt bis zur endgültigen Bezahlung Eigentum von Toni Schreiber e. K.

Beleg 2

Netto	150 Cent 00	**Quittung**
+ 19 % USt.	28 Cent 50	
Gesamt	178 Cent 50	

Gesamtbetrag in Worten
Einhundertachtundsiebzig--------- Cent
---------- wie oben
(im Gesamtbetrag sind 19 % Mehrwertsteuer enthalten)

von Firma Krönle   *KB 118*

für Frachtkosten Anlieferung
Betriebsstoffe

Konto	Soll	Haben
?	?	?
?	?	?
Gebucht:	?	

richtig erhalten zu haben, bestätigt

Ort Gersthofen   Datum 20. Dezember 20..

Buchungsvermerke

Stempel/Unterschrift des Empfängers
i. A. Huber
Spedition Schindler e. K.

Vorkontierung:

Eingangsrechnung Nr. 813

Konto	Soll	Haben
?	?	?
?	?	?
?	?	?
?	?	?
Gebucht:	?	

Buchungssatz:

?

Beleg 3

Stahl AG
Am Ruhrufer 17
45276 Essen

Tel.: 0201 613588
Fax: 0201 613599

Krönle Küchengeräte und
Hotelleriebedarf e. K.
Augsburger Straße 12
86368 Gersthofen

Konto	Soll	Haben
?	?	?
?	?	?
?	?	?
?	?	?
Gebucht:	?	

ER 813

Essen, 22. Dezember 20..

Rechnung

Rechnungsnummer: 5678
Kundennummer: 24665

Stahl AG
Am Ruhrufer 17
45276 Essen
Amtsgericht Essen HRB 4522
Tel.: 0201 613588
Fax: 0201 613599

Wir lieferten Ihnen:

Pos.	kg	Einzelpreis €	Gegenstand	Gesamtpreis €
1	100	49,00	Stahlplatte S23 300 x 600 mm	4.900,00
			abzüglich 10 % Rabatt	490,00
			Warenwert netto	4.410,00
			Frachtkosten und Abladen	600,00
				5.010,00
			+ 19 % Umsatzsteuer	951,90
			Rechnungsbetrag	**5.961,90**

Vorstand: Prof. Dr. Thorsten Menisch; Dr. Eugen Löffler
Aufsichtsratsvorsitzender: Dr. Karsten Albrecht
USt-IdNr. DE 879234567 Steuernr. 123/4579/2316

Zahlung fällig am 22. Februar 20.. rein netto
Bei Bezahlung bis zum 2. Januar 20.. gewähren wir 3 % Skonto.
Die Ware bleibt bis zur vollständigen Bezahlung Eigentum der Stahl AG.
Bankverbindung: Sparkasse Essen (BLZ 360 501 05) Konto 88 145 567

Vorkontierung:

Bankauszug Nr. 124

Konto	Soll	Haben
?	?	?
?	?	?
?	?	?
?	?	?
Gebucht:	?	

Buchungssatz:

?

Beleg 4

Kontoauszug
21. Dezember / 11:45 Uhr

Nummer 124   Konto 1270008374   Seite 1 / 1
Krönle Küchengeräte und Hotelleriebedarf e. K.

Bu. Tag	Wert	Bu. Nr.	Vorgang	Betrag €
21.12.	21.12.	9966	Überweisung an Toni Schreiber für Rechnung Nr. 233/00 vom 20. Dezember	2.252,67-

Konto	Soll	Haben
?	?	?
?	?	?
?	?	?
Gebucht:	?	

BA 124

Kontokorrentkredit   EUR 50.000,00

Bahnhofstraße 22-24, 86000 Augsburg
Tel.: 0821 224455   FAX: 0821 224466

alter Kontostand   EUR   48.345,00 +

neuer Kontostand EUR   46.092,33 +

Lechbank Augsburg

Beleg 5

Krönle

Küchengeräte und Hotelleriebedarf e. K.

Krönle e. K., Augsburger Straße 12, 86368 Gersthofen

Martin Wagner
Alpenweg 8
80688 München

Konto	Soll	Haben
?	?	?
?	?	?
Gebucht:	?	

RECHNUNG   AR 627

Krönle Küchengeräte und
Hotelleriebedarf e. K.
Augsburger Straße 12
86368 Gersthofen
Amtsgericht Augsburg HRA 3345
☎ 0821 497244
🖷 0821 497255
🖳 www.kroenle-online.de

Gersthofen, 21. Dezember 20..

Für die Lieferung vom **18. Dezember** erlauben wir uns, Ihnen zu berechnen:

Artikel	Artikel-Nr.	Einzelpreis €	Stück	Gesamtpreis €
Krönle-Schale niedrig Ø 24,0	Sch-N1	22,50	50	1.125,00
Krönle-Schale hoch Ø 24,0	Sch-H1	24,50	50	1.225,00
Warenwert netto				2.350,00
Frachtkosten				00,00
Umsatzsteuer 19 %				446,50
				2.796,50

Lieferung frei Haus
Zahlung sofort rein netto
Die gelieferte Ware bleibt bis zur vollständigen Bezahlung unser Eigentum.

Bankverbindung: Konto-Nr.: 1270008374 Lechbank Augsburg · BLZ 790 550 00

USt-IdNr. DE 233555621 Steuernr. 178/2045/3428

Vorkontierung:

Ausgangsrechnung Nr. 627

Konto	Soll	Haben
?	?	?
?	?	?
?	?	?
?	?	?
Gebucht:	?	

Buchungssatz:

?

Beleg 6

Kontoauszug
○ 23. Dezember / 8:55 Uhr

Nummer 125   Konto 1270008374   Seite 1 / 1
Krönle Küchengeräte und Hotelleriebedarf e. K.

Bu. Tag	Wert	Bu. Nr.	Vorgang	Betrag €
22.12.	22.12.	9967	Gutschrift von Martin Wagner für Rechnung vom 21. Dezember	2.796,50+

Konto	Soll	Haben
?	?	?
?	?	?
?	?	?
Gebucht:	?	

BA 125

Kontokorrentkredit   EUR 50.000,00

Bahnhofstraße 22-24, 86000 Augsburg
Tel.: 0821 224455 FAX: 0821 224466

alter Kontostand   EUR   46.092,33 +
neuer Kontostand EUR   48.888,33 +

○   **Lechbank Augsburg**

Vorkontierung:

Bankauszug Nr. 125

Konto	Soll	Haben
?	?	?
?	?	?
?	?	?
?	?	?
Gebucht:	?	

Buchungssatz:

Vorkontierung:

Eingangsrechnung Nr. 814

Konto	Soll	Haben
?	?	?
?	?	?
?	?	?
?	?	?
Gebucht:	?	

Buchungssatz:

Beleg 7

Allgäuchem
Chemische Werke AG
Postfach 17722
87600 Kaufbeuren

Krönle Küchengeräte und
Hotelleriebedarf e. K.
Augsburger Straße 12
86368 Gersthofen

ER 814

Rechnung Nr. 349

23. Dezember 20..

Allgäuchem - Chemische Werke AG
Postfach 17722
Goethestraße 17
87600 Kaufbeuren
Telefon: 08341 456666
Telefax: 08341 456667

Amtsgericht Kaufbeuren HRB 1284
USt-IdNr. DE 895432045
Steuernr. 141/3243/6702

Bankverbindung:
Handelsbank Kaufbeuren
(BLZ 705 567 00) Kto. Nr. 866 789

Konto	Soll	Haben
?	?	?
?	?	?
Gebucht:	?	

Für die Lieferung vom **20. Dezember** erlauben wir uns, Ihnen zu berechnen:

Menge	Li. St.	Einzelpreis €	Gegenstand	Gesamtpreis €
50	Li.	13,45	Stahlkleber A12-44	672,50
20	Li.	13,65	Stahlkleber A12-46	273,00
25	Li.	12,95	Stahlkleber B14-22	323,75
				1.269,25
			- Rabatt 5 %	63,46
			Warenwert netto	1.205,79
			+ 3 Transportpaletten (geliehen)	120,00
			+ 19 % Umsatzsteuer	251,90
			Rechnungsbetrag	**1.577,69**

Zahlung sofort rein netto

Die gelieferte Ware bleibt bis zur vollständigen Bezahlung unser Eigentum.

Vorstand: Prof. Dr. Erich Müller; Dr. Karl Vogel
Aufsichtsratsvorsitzender: Dr. Josef Pfeil

Vorkontierung:

Überweisung Nr. 982

Konto	Soll	Haben
?	?	?
?	?	?
?	?	?
?	?	?
Gebucht:	?	

Buchungssatz:

Beleg 8

Überweisungsauftrag an **790 550 00**
Lechbank Augsburg

Ang. GS / Hz

Empfänger: Name, Vorname/Firma (max. 27 Stellen)
A L L G Ä U C H E M   A G

Konto-Nr. des Empfängers
8 6 6 7 8 9

Die Durchschrift ist für Ihre Unterlagen bestimmt.

Bankleitzahl
7 0 5 5 6 7 0 0

bei (Kreditinstitut)
H A N D E L S B A N K   K A U F B E U R E N

Betrag
EUR 1 . 5 7 7 , 6 9

Kunden-Referenznummer – noch Verwendungszweck, ggf. Name und Anschrift des Auftraggebers – (nur für Empfänger)
R E C H N U N G S - N R : 3 4 9

noch Verwendungszweck (insgesamt max. 2 Zeilen à 27 Stellen)
ÜB 982

Konto	Soll	Haben
?	?	?
?	?	?
Gebucht:	?	

Kontoinhaber: Name, Vorname/Firma, Ort (max. 27 Stellen, keine Straßen- oder Postfachangaben)
K R Ö N L E

Konto-Nr. des Kontoinhabers
1 2 7 0 0 0 8 3 7 4

2 0

Bitte NICHT VERGESSEN:
Datum/Unterschrift   1270008374

Datum / Unterschrift
23. Dez. 20.. Sonja Krönle

Die Durchschrift ist für Ihre Unterlagen bestimmt.

Die Schülerinnen und Schüler haben in Gruppenarbeit folgende richtige
Lösungen gefunden:

Beleg 1

Vorkontierung:

Eingangsrechnung Nr. 812

Konto	Soll	Haben
BM	1.893,00	
VORST	359,67	
VE		2.252,67
Gebucht:	23.Dez.	Krönle

Buchungssatz:

① BM   1.893,00 €
    VORST   359,67 € **an** VE   2.252,67 €

Beleg 2

Vorkontierung:

Kassenbeleg Nr. 118

Konto	Soll	Haben
BZKB	150,00	
VORST	28,50	
KA		178,50
Gebucht:	23.Dez.	Krönle

Buchungssatz:

② BZKB   150,00 €
    VORST   28,50 € **an** KA   178,50 €

Beleg 3

Vorkontierung:

Eingangsrechnung Nr. 813

Konto	Soll	Haben
AWR	4.410,00	
BZKR	600,00	
VORST	951,90	
VE		5.961,90
Gebucht:	23.Dez.	Krönle

Buchungssatz:

③ AWR   4.410,00 €
    BZKR   600,00 €
    VORST   951,90 € **an** VE   5.961,90 €

Beleg 4

Vorkontierung:

Bankauszug Nr. 124

Konto	Soll	Haben
VE	2.252,67	
BK		2.252,67
Gebucht:	23.Dez.	Krönle

Buchungssatz:

④ VE   2.252,67 € **an** BK   2.252,67 €

Beleg 5

Vorkontierung:

Ausgangsrechnung Nr. 627

Konto	Soll	Haben
FO	2.796,50	
UEFE		2.350,00
UST		446,50
Gebucht:	23.Dez.	Krönle

Buchungssatz:

⑤ FO   2.796,50 €   **an**   UEFE   2.350,00 €
                       UST   446,50 €

Beleg 6

Vorkontierung:

Bankauszug Nr. 125

Konto	Soll	Haben
BK	2.796,50	
FO		2796,50
Gebucht:	23.Dez.	Krönle

Buchungssatz:

⑥ BK   2.796,50 €   **an**   FO   2.796,50 €

Beleg 7

Vorkontierung:

Eingangsrechnung Nr. 814

Konto	Soll	Haben
AWH	1.205,79	
BZKH	120,00	
VORST	251,90	
VE		1.577,69
Gebucht:	23.Dez.	Krönle

Buchungssatz:

⑦ AWH   1.205,79 €
    BZKH   120,00 €
    VORST   251,90 €   **an**   VE   1.577,69 €

Beleg 8

Vorkontierung:

Überweisung Nr. 982

Konto	Soll	Haben
VE	1.577,69	
BK		1.577,69
Gebucht:	23.Dez.	Krönle

Buchungssatz:

⑧ VE   1.577,69 €   **an**   BK   1577,69 €

Die Lösung in einem **Vorkontierungsblatt** hätte folgendes Aussehen:

Beleg Nr.	Buchungs-art ❶	Datum ❷	Soll ❸	Haben ❹	Buchungs-nummer ❺	❼ B/N	❻	UCo ❽
①	B	2012	BM	VE	3112	N	1.893,00	V19
②	B	2012	BZKB	KA	3113	B	178,50	V19
③	B	2212	AWR	VE	3114	N	4.410,00	V19
	B	2212	BZKR	VE	3114	N	600,00	V19
④	B	2212	VE	BK	3115		2.252,67	
⑤	B	2312	FO	UEFE	3116	B	2.796,50	U19
⑥	B	2312	BK	FO	3117		2.796,50	
⑦	B	2312	AWH	VE	3118	N	1.205,79	V19
	B	2312	BZKH	VE	3118	N	120,00	V19
⑧	B	2312	VE	BK	3119		1.577,69	

Wie du von Seite 120 weißt, ist der Aufbau des Vorkontierungsblattes dem Vorkontierungsstempel ähnlich:

❶ In der Spalte **Buchungsart** wird für die laufenden Buchungen ein B eingegeben (wie Seite 120).
❷ Die Eintragungen erfolgen in der **zeitlichen Reihenfolge** der Geschäftsfälle (Beleg-Datum).
❸ Hier ist das Konto einzutragen, das auf der **Sollseite** betroffen ist (z. B. Bank, wenn der Bestand zunimmt).
❹ Hier ist das Konto einzutragen, das auf der **Habenseite** betroffen ist (z. B. Forderungen, wenn der Bestand abnimmt).
❺ Bei der **Buchungsnummer** handelt es sich um eine fortlaufende Nummer aller Buchungen.
❻ In dieser Spalte ist der **gebuchte Betrag** einzutragen.
❼ Die Spalten **B/N** und **UCo** werden benötigt, wenn man die Angaben des Vorkontierungsblattes in ein
+ Finanzbuchhaltungsprogramm übertragen möchte. Dort wird die Umsatzsteuer automatisch vom Programm
❽ berechnet. Deshalb muss man bei Spalte ❼ angeben, ob es sich bei dem Betrag in Spalte ❻ um einen Bruttobetrag **B** (einschließlich der Umsatzsteuer) oder einen Nettobetrag **N** (ohne Umsatzsteuer) handelt. Außerdem trägt man in Spalte ❽ ein, ob die Vorsteuer oder die Umsatzsteuer mit 19 % betroffen ist.

Beispiel 1: Beleg ① stellt eine Eingangsrechnung über den Kauf einer Büromaschine dar. In Spalte ❼ geben wir an, dass der Betrag von Spalte ❻ (1.893,00) ein Nettobetrag ist (N). Außerdem schreiben wir in Spalte ❽ V19 um damit deutlich zu machen, dass auf den Betrag eine Vorsteuer von 19 % erhoben wurde.

Beleg Nr.	Buchungs-art ❶	Datum ❷	Soll ❸	Haben ❹	Buchungs-nummer ❺	❼ B/N	❻	UCo ❽
①	B	2012	BM	VE	3112	N	1.893,00	V19

Beispiel 2: Beleg ⑤ stellt eine Ausgangsrechnung über den Verkauf von Fertigerzeugnissen dar. In Spalte ❼ geben wir an, dass der Betrag von Spalte ❻ (2.796,50) ein Bruttobetrag ist (B). Außerdem schreiben wir in Spalte ❽ U19 um damit deutlich zu machen, dass auf den Betrag eine Umsatzsteuer von 19 % erhoben wurde.

Beleg Nr.	Buchungs-art ❶	Datum ❷	Soll ❸	Haben ❹	Buchungs-nummer ❺	❼ B/N	❻	UCo ❽
⑤	B	2312	FO	UEFE	3116	B	2.796,50	U19

Die Vorkontierung von Belegen mithilfe eines Vorkontierungsblattes ermöglicht anschließend die rasche Erfassung der Geschäftsfälle per EDV (Finanzbuchhaltungsprogramm).

Geschäftsfälle können zu **Bestandsvorgängen** oder **Erfolgsvorgängen** führen. Durch den Kauf der Büromaschine ist der Erfolg des Unternehmens nicht betroffen (Konto Eigenkapital bleibt unverändert).

Beim Kauf von Werkstoffen hingegen werden Werte verzehrt, d. h., es entsteht ein Aufwand. Damit handelt es sich hierbei um einen Erfolgsvorgang, der in Aufwandskonten als Unterkonten des Kontos Eigenkapital gebucht wird.

Nach der Bearbeitung aller Belege lautet der nächste Arbeitsauftrag an die Schüler der Klasse: „**Übertrage die Buchungssätze in die Konten**" (Auszug aus dem Hauptbuch):

Buchung in T-Konten (für Beleg ①):

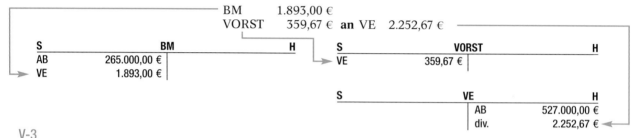

BM   1.893,00 €
VORST   359,67 € **an** VE   2.252,67 €

S	BM	H
AB	265.000,00 €	
VE	1.893,00 €	

S	VORST	H
VE	359,67 €	

S	VE	H
		AB	527.000,00 €
		div.	2.252,67 €

V-3

Zeichne 13 T-Konten, trage die Anfangsbestände für die Konten BM, BK, FO, KA und VE ein (siehe Bilanz Seite 123) und übertrage die Buchungssätze für die Belege 1–8 in diese Konten.

Nach dem Übertrag der Buchungssätze haben die Konten folgendes Aussehen:

Bestandskonten (Erfassen von Bestandsvorgängen)

S	BM	H
AB	265.000,00 €	
① VE	1.893,00 €	

S	BK	H
AB	230.000,00 €	④ VE 2.252,67 €
⑥ FO	2.796,50 €	⑧ VE 1.577,69 €

S	FO	H
AB	425.000,00 €	⑥ BK 2.796,50 €
⑤ div.	2.796,50 €	

S	KA	H
AB	5.000,00 €	② div. 178,50 €

S	VE	H
④ BK	2.252,67 €	AB 527.000,00 €
⑧ BK	1.577,69 €	① div. 2.252,67 €
		③ div. 5.961,90 €
		⑦ div. 1.577,69 €

S	VORST	H
① VE	359,67 €	
② KA	28,50 €	
③ VE	951,90 €	
⑦ VE	251,90 €	

S	UST	H
		⑤ FO 446,50 €

Erfolgskonten (Erfassen von Erfolgsvorgängen)

S	AWR	H
③ VE	4.410,00 €	

S	BZKH	H
⑦ VE	120,00 €	

S	BZKR	H
③ VE	600,00 €	

S	BZKB	H
② KA	150,00 €	

S	AWH	H
⑦ VE	1.205,79 €	

S	UEFE	H
		⑤ FO 2.350,00 €

2 Erfolgsermittlung

Am Ende des Projektes möchten die Schüler wissen, welches Ergebnis ihre unternehmerische Tätigkeit erbracht hat, also ob sie erfolgreich gewirtschaftet, einen Gewinn oder gar einen Verlust erzielt haben. Sie lesen dazu die Informationen im Schulbuch, worin dargelegt wird, dass der Erfolg eines Unternehmens auf zwei Arten ermittelt werden kann.

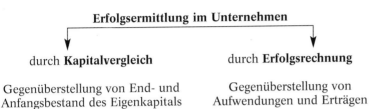

Erfolgsermittlung durch Kapitalvergleich
Eine einfache Methode, den Erfolg (Gewinn oder Verlust) eines Geschäftsjahres festzustellen, ist der Kapitalvergleich, d.h. die Eigenkapitalbestände am Anfang und am Ende eines Geschäftsjahres werden verglichen.

Hinweis: Beispiel 1 zeigt die Situation bei einem möglichen Verlust; Beispiel 2 zeigt die tatsächliche Situation des Projektes.

Beispiel 1		Beispiel 2
2.000.000,00 €	Eigenkapital am Ende (jeweils des Geschäftjahres) – Eigenkapital am Anfang	2.150.000,00 €
2.050.000,00 €		2.050.000,00 €
– 50.000,00 €	**Erfolg des Geschäftsjahres**	**+ 100.000,00 €**
Verlust	negativer Erfolg | positiver Erfolg	**Gewinn**
⇒ Kapitalminderung		⇒ Kapitalmehrung

Abbildung 1

Erfolgsermittlung durch Erfolgsrechnung
Eine weitere Methode, den Erfolg (Gewinn oder Verlust) eines Geschäftsjahres festzustellen, ist die Gegenüberstellung von Aufwendungen und Erträgen, die während eines Geschäftsjahres angefallen sind.

Beispiel 1		Beispiel 2
950.000,00 €	Erträge (jeweils des Geschäftjahres) – Aufwendungen	1.100.000,00 €
1.000.000,00 €		1.000.000,00 €
– 50.000,00 €	**Erfolg des Geschäftsjahres**	**+ 100.000,00 €**
Verlust	negativer Erfolg | positiver Erfolg	**Gewinn**
Aufwendungen > Erträge		**Erträge > Aufwendungen**
⇒ Kapitalminderung		⇒ Kapitalmehrung

Abbildung 2

Der Erfolg ist das Ergebnis, das die Firma Krönle innerhalb eines Geschäftsjahres erzielt hat. Es handelt sich dabei entweder um einen Gewinn oder um einen Verlust.

Welche Aussagen hinsichtlich der Erfolgsermittlung lassen sich anhand der Abbildungen 1 und 2 treffen?

3 Chancen und Risiken des Einzelunternehmers

Das Projekt führt zu einem Gewinn von 100.000,00 €. Während einer **Diskussion** zum Abschluss des Projektes werden die Chancen und Risiken von Einzelunternehmern besprochen:

Aus dem Gewinn kann der Unternehmer einen Teil für sich als Einkommen entnehmen. Neben der Möglichkeit, einen hohen Gewinn zu erzielen, bietet die Selbstständigkeit weitere Vorteile. Als Einzelunternehmer arbeitet man **eigenverantwortlich**, ist sein eigener Chef. Man kann z. B. alleine entscheiden, ist unabhängig und die eigenen Ideen werden im Unternehmen umgesetzt. Daneben kann man eventuell auch die **Tradition** einer Unternehmerfamilie fortsetzen.

Diese positiven Aussichten eines Einzelunternehmers werden um so besser, je mehr Risikofreude man bei Entscheidungen auf dem Markt (neue Produkte, Fertigungsmethoden) hat und je besser die fachliche und kaufmännische Ausbildung ist. Außerdem ist es wichtig, dass man die neuen Informations- und Kommunikationstechniken beherrscht und dass man die Unterstützung durch den Partner (die Familie) hat.

Neben diesen Chancen, die ein Einzelunternehmer hat, birgt die unternehmerische Tätigkeit aber auch eine Reihe von Risiken. Es besteht **keine Garantie auf ein hohes Einkommen** und **für die soziale Absicherung** (z. B. bei Krankheit oder im Alter) muss der Unternehmer in der Regel **selbst sorgen**. Die **persönliche und finanzielle Belastung** ist insbesondere in den ersten Jahren nach der Unternehmensgründung sehr hoch. So liegt die Arbeitszeit in der Woche meistens nicht unter 60 Stunden und hohe Kredite belasten den Einzelunternehmer gerade in der ersten Phase nach der Unternehmensgründung. Manchmal wird die Nachfrage nach Produkten überschätzt oder Planungen werden nicht eingehalten.

Trotz der Risiken, die ein Unternehmen birgt, gibt es mehr als 2 Millionen Einzelunternehmer in Deutschland, die die Chancen der Selbstständigkeit schätzen.

Die meisten Einzelunternehmen gibt es in den Bereichen Handel, Reparatur von Kraftfahrzeugen und Gebrauchsgüter.

Sieh dir die Infografik auf der rechten Seite an und beantworte hierzu folgende Fragen:

1. Worüber gibt die Infografik Auskunft?

2. Wo liegt nach der Grafik das Hauptproblem bei der Unternehmensgründung?

3. Ein wichtiger Grund für Schwierigkeiten von Existenzgründern liegt in der unzureichenden kaufmännischen Vorbildung der Firmengründer. Welcher Begriff im Schaubild macht dies deutlich?

4. Warum kommen Unternehmen selbst oft in Zahlungsschwierigkeiten?

Du bist Mitarbeiter/in in der Rechnungswesenabteilung beim Unternehmen Krönle und hast mehrere Aufgaben zu bearbeiten. Beachte dabei folgende Vorgaben:
- Bei allen Ergebnissen sind jeweils **alle notwendigen Lösungsschritte** anzugeben.
- Alle Ergebnisse sind **auf zwei Dezimalstellen zu runden**.
- **Achte auf eine saubere Form** sowie auf die weiteren Grundsätze ordnungsmäßiger Buchführung.

Diese dritte Fallstudie zeigt das Unternehmen Krönle zu Beginn des zweiten Geschäftsjahres. Hierbei wird nach bewährter und durch das HGB vorgeschriebener Art und Weise vorgegangen:

Zunächst macht man Inventur und erstellt ein Inventar, aus dem sich folgende **Bestände** ergeben:

BGR	400.000,00 €	FO	395.000,00 €
BVG	800.000,00 €	BK	48.000,00 €
MA	2.450.000,00 €	KA	45.000,00 €
FP	470.000,00 €	EK	? €
BM	280.000,00 €	LBKV	1.800.000,00 €
BA	470.000,00 €	KBKV	780.000,00 €
VOR	140.000,00 €	VE	718.000,00 €

F3-1

Erstelle anhand der Inventarbestände eine Bilanz des Unternehmens Krönle zu Beginn des zweiten Geschäftsjahres.

F3-2

Zeichne 23 T-Konten (bzw. besorge dir Konten-Blätter). Eröffne die aktiven und passiven Bestandskonten, indem du die Anfangsbestände in die entsprechenden Konten einträgst.

F3-3

Sonja Krönle erhält zwei Angebote für den Bezug von Spezialschmierstoffen:
1. Für welches Angebot würdest du dich entscheiden (rechnerische Begründung)?
2. Frau Krönle kann bei Lieferer Obermann telefonisch noch 5 % Rabatt aushandeln.
   a) Wie wird sich durch den Rabatt der Einstandspreis verändern (Schätze das Ergebnis)?
   b) Berechne den neuen Einstandspreis.

Franz Reisinger e. K.
Kohlen - Öle - Schmierstoffe

Krönle Küchengeräte und
Hotelleriebedarf e. K.
Augsburger Straße 12
86368 Gersthofen

Angebot

Kundennummer: 24665

Schleißheimer Straße 12a
80333 München
Telefon: 089 3519635
Amtsgericht München HRA 4256
Kontoverbindungen:
Handelsbank München (BLZ 705 500 00)
Konto-Nr. 21-233 432
Sparbank München (BLZ 708 450 00)
Konto-Nr. 22 444 66

Datum 2. Januar 20..

Pos.	kg	Einzelpreis €	Gegenstand	Gesamtpreis €
1	50	49,00	Spezialschmiermittel M545	2.450,00
			abzüglich 10 % Rabatt	245,00
			Warenwert netto	2.205,00
			Frachtkosten und Abladen	60,00
				2.265,00
			+ 19 % Umsatzsteuer	430,35
			Rechnungsbetrag	**2.695,35**

Bitte bei Zahlungen und Schriftwechsel stets die Rechnungsnummer mit angeben.

Zahlungsbedingungen: 10 Tage 3 % Skonto / 60 Tage rein netto.
Die Ware bleibt bis zur vollständigen Bezahlung Eigentum von Franz Reisinger e. K.
USt-IdNr. DE 432058762 Steuernr. 193/7684/ 2193

Ernst Obermann & Sohn e. K.

Schmierstoffe - Heizöle - Kohlen

Ernst Obermann & Sohn, Industriestraße 235, 80645 München

Krönle Küchengeräte und
Hotelleriebedarf e. K.
Augsburger Straße 12
86368 Gersthofen

Industriestraße 235
80645 München
Telefon: 089 351615 - 222

Kontoverbindungen:
Handelskasse München (BLZ 703 500 00)
Konto-Nr. 21-151 444
Amtsgericht München HRA 12 44
USt-Idnr. DE 273947654
Steuernr. 837/2364/4839

Datum **2. Januar 20..**

Angebot

Lieferdatum	Bezeichnung	Menge in L	ME	E-Preis	Betrag
	Spezial-schmiermittel M545	50	1	46,50	2.325,00

Warenwert	USt. in %	USt. in	Rechnungsbetrag
2.325,00	19	441,75	**2.766,75**

Lieferung frei Haus

Bitte bei Zahlungen und Schriftwechsel stets die Rechnungs-Nummer mit angeben

Wir danken für Ihren Auftrag!
Zahlbar innerhalb **60 Tagen** nach Rechnungseingang.
Bei Bezahlung innerhalb von **8 Tagen** gewähren wir **3 %** Skonto.

F3-4

Frau Krönle bestellt die Schmierstoffe beim Lieferer Obermann und erhält nebenstehende Rechnung:

1. Kontiere auf einem Vorkontierungsblatt den **Beleg A** vor.
2. Bilde den Buchungssatz für diesen Beleg.
3. Bis zu welchem Datum muss der Rechnungsbetrag spätestens beglichen sein?
4. Welche Rechtsform hat das Unternehmen Obermann?
5. Nenne drei Merkmale dieser Rechtsform.
6. Was bedeutet der Vermerk „Lieferung frei Haus" auf dem Beleg?

F3-5

1. Besorge dir z. B. von einer Bank einen Überweisungsvordruck und fülle diesen zur Begleichung des Rechnungsbetrages aus (siehe F3-4; Hinweis: Betrachte dich dabei als Mitarbeiter/in der Buchhaltung im Unternehmen Krönle).
2. Erfasse diesen Beleg im Vorkontierungsblatt (**Beleg B**).
3. Bilde den Buchungssatz für diese Überweisung.

F3-6

Frau Krönle hat weitere Belege bearbeitet und dafür die Buchungssätze gebildet. Formuliere die Geschäftsfälle zu nebenstehenden Buchungssätzen und kontiere sie im Vorkontierungsblatt.

Ernst Obermann & Sohn e. K.

Schmierstoffe - Heizöle - Kohlen

Ernst Obermann & Sohn, Industriestraße 235, 80645 München

Krönle Küchengeräte und
Hotelleriebedarf e. K.
Augsburger Straße 12
86368 Gersthofen

Industriestraße 235
80645 München
Telefon: 089/ 3 51 61 5 - 222

Kontoverbindungen:
Handelskasse München (BLZ 703 500 00)
Konto-Nr. 21-151 444
Amtsgericht München HRA 12 44
USt-IdNr. DE 273947654
Steuernr. 837/2364/4839

Datum **2. Januar 20..**

Rechnungs-Nummer: 15

Rechnung

Lieferdatum	Bezeichnung	Menge in L	ME	E-Preis	Betrag
	Spezial-schmiermittel M545	50	1	44,175	2.208,75

Warenwert	USt. in %	USt. in €	Rechnungsbetrag
2.208,75	19	419,66	**2.628,41**

Lieferung frei Haus

Bitte bei Zahlungen und Schriftwechsel stets die Rechnungs-Nummer mit angeben

Wir danken für Ihren Auftrag!
Rechnung fällig am 2. März 20..
Bei Bezahlung bis zum 10. Januar 20.. gewähren wir **3 %** Skonto.

Beleg A

Buchungssatz zu **Beleg C**:

FP   12.000,00 €
VORST   2.280,00 € **an** VE   14.280,00 €

Buchungssatz zu **Beleg D**:

VE   14.280,00 € **an** BK   14.280,00 €

Buchungssatz zu **Beleg E**:

KA   595,00 € **an** BA   500,00 €
                                    UST   95,00 €

Kontoauszug
3. Januar / 9:05 Uhr

Nummer 1   Konto 1270008374   Seite 1 / 1
Krönle Küchengeräte und Hotelleriebedarf e. K.

Bu. Tag	Wert	Bu. Nr.	Vorgang	Betrag €
02.01.	02.01.	9965	Barabhebung	4.500,00-

Kontokorrentkredit   EUR 50.000,00

Bahnhofstraße 22-24, 86000 Augsburg
Tel.: 0821 224455   FAX: 0821 224466

alter Kontostand   EUR   **48.208,12 +**

neuer Kontosta

Lechb

Beleg F

F3-7

Frau Krönle hat noch weitere Belege zu bearbeiten.
Erfasse die folgenden Belege F-Q im Vorkontierungsblatt und bilde anschließend jeweils den Buchungssatz.

Netto €	343	Cent 10	**Quittung**
+ 19 % USt.	65	Cent 19	
Gesamt €	408	Cent 29	

Gesamtbetrag € in Worten
Vierhundertundacht------------------
(im Gesamtbetrag sind 19 % Mehrwertsteuer enthalten)

Cent
wie oben

von **Firma Krönle**

für **Büro-Schreibtisch "Chef"**

richtig erhalten zu haben, bestätigt

Ort **Augsburg**

Datum **3. Januar 20..**

Buchungsvermerke

Stempel/Unterschrift des Empfängers
Maier
Bürohandel Neukauf

Beleg G

Beleg H

Beleg I

Toni Schreiber e. K.
Büroeinrichtungen
Würzburg

Toni Schreiber, Bahnhofstraße 14, 97070 Würzburg

Krönle Küchengeräte und
Hotelleriebedarf e. K.
Augsburger Straße 12
86368 Gersthofen

Amtsgericht Würzburg HRA 2268

Bahnhofstr.14
97070 Würzburg
Telefon: 0931 702557

Kontoverbindungen:
Hausbank Würzburg (BLZ 790 320 33)
Konto-Nr. 99-155 742

Rechnung

Datum **3. Januar 20..**

Nr. 233

Art.-Nr.	Gegenstand	Menge	Preis je Einheit	Betrag €
NZ 6512	**Basic Kopierer NT 6512 tragbares Tischmodell 12 A4-Seiten/Minute**	1	**698,00**	**698,00**
	Originaleinzug: 30 Blatt A5, A4 (80g/m²) Kopienvorwahl: 1-100 1. Kopie nach 10 Sekunden Zoom: 70-141 in 1 %-Schritten			
	Papiervorrat: 1 Kassette à 250 Blatt A4 Stapelanlage für 50 Blatt			
	Papiergewichte: 64-80g/m² Stapelanlage 64-128 g/m²			
	Gewicht: 24,5 kg			
				698,00
	+ 19 % Umsatzsteuer			132,62
	Rechnungsbetrag			**830,62**

Lieferung frei Haus

Vielen Dank für Ihren Auftrag
Zahlung fällig am 17. Januar 20.. ohne Skontoabzug
USt.-IdNr. DE 527395708 Steuernr. 142/8036/7213

Bitte bei Zahlungen und Schriftwechsel stets die Rechnungsnummer mit angeben.

Die Ware bleibt bis zur endgültigen Bezahlung Eigentum von Toni Schreiber e. K.

Stahl AG
Am Ruhrufer 17
45276 Essen

Tel.: 0201 613588
Fax: 0201 613599

Krönle Küchengeräte und
Hotelleriebedarf e. K.
Augsburger Straße 12
86368 Gersthofen

Essen, 3. Januar 20..

Rechnung

Rechnungsnummer: 5678
Kundennummer: 24665

Stahl AG
Am Ruhrufer 17
45276 Essen
Amtsgericht Essen HRB 4522
Tel.: 0201 613588
Fax: 0201 613599

Wir lieferten Ihnen:

Pos.	kg	Einzelpreis €	Gegenstand	Gesamtpreis €
1	200	49,00	Stahlplatte S23 300 x 600 mm	9.800,00
			abzüglich 10 % Rabatt	980,00
			Warenwert netto	8.820,00
			+ 19 % Umsatzsteuer	1.675,80
			Rechnungsbetrag	**10.495,80**

Vorstand: Prof. Dr. Thorsten Menisch; Dr. Eugen Löffler
Aufsichtsratsvorsitzender: Dr. Karsten Albrecht
USt-IdNr. DE 879234567 Steuernr. 123/4579/2316

Zahlung fällig am 3. März 20.. rein netto
Bei Bezahlung bis zum 13. Januar 20.. gewähren wir 3 % Skonto.
Die Ware bleibt bis zur vollständigen Bezahlung Eigentum der Stahl AG.
Bankverbindung: Sparkasse Essen (BLZ 360 501 05) Konto 88 145 567

Beleg J

Netto €	450	Cent 00	**Quittung**
+ 19 % USt.	85	Cent 50	
Gesamt €	535	Cent 50	

Gesamtbetrag € in Worten

Fünfhundertfünfunddreizig----------------   Cent
wie oben

(im Gesamtbetrag sind 19 % Mehrwertsteuer enthalten)

von Firma Krönle

für Frachtkosten Rohstofflieferung (Essen-Augsburg)

richtig erhalten zu haben, bestätigt

...sburg   Datum 3. Januar 20..

...vermerke

Stempel/Unterschrift des Empfängers
Hölderlein
Spedition Schindler

Kontoauszug
3. Januar / 16:05 Uhr

Nummer 2   Konto 1270008374   Seite 1 / 1
Krönle Küchengeräte und Hotelleriebedarf e. K.

Bu. Tag	Wert	Bu. Nr.	Vorgang	Betrag €
03.01.	03.01.	9966	Überweisung an Toni Schreiber Büroeinrichtungen	830,62-
03.01.	03.01.	9966	Überweisung an Stahl AG	10.495,80-

Kontokorrentkredit   EUR 50.000,00

Bahnhofstraße 22-24, 86000 Augsburg
Tel.: 0821 224455   FAX: 0821 224466

alter Kontostand EUR	43.708,12 +
neuer Kontostand EUR	32.381,70 +

Lechbank Augsburg

Beleg K

Beleg L

Krönle
Küchengeräte und Hotelleriebedarf e. K.

Krönle e. K., Augsburger Straße 12, 86368 Gersthofen

Hotel zum Kaiser
Bahnhofstraße 12
80688 München

Krönle Küchengeräte und
Hotelleriebedarf e. K.
Augsburger Straße 12
86368 Gersthofen
Amtsgericht Augsburg HRA 3345
☎ 0821 497244
🖷 0821 497255
🖥 www.kroenle-online.de

RECHNUNG

Gersthofen, 3. Januar 20..

Für die Lieferung vom **2. Januar** erlauben wir uns, Ihnen zu berechnen:

Artikel	Artikel-Nr.	Einzelpreis €	Stück	Gesamtpreis €
Suppentopf Ø 14,0 cm	ST-14	127,00	5	635,00
Spargeltopf Ø 20,0 cm	SP-22	218,00	5	1.090,00
Warenwert netto				1.725,00
Frachtkosten				0,00
Umsatzsteuer 19 %				327,75
				2.052,75

Zahlung fällig am 3. März 20.. rein netto
Bei Bezahlung bis zum 13. Januar 20.. gewähren wir 2 % Skonto.
Die gelieferte Ware bleibt bis zur vollständigen Bezahlung unser Eigentum.

Bankverbindung: Konto-Nr.: 1270008374 Lechbank Augsburg • BLZ 790 550 00

USt-IdNr. DE 233555621 Steuernr. 178/2045/3428

Beleg M

Krönle
Küchengeräte und Hotelleriebedarf e. K.

Krönle e. K., Augsburger Straße 12, 86368 Gersthofen

Versandhaus Modernes Wohnen
Alpenweg 13
80637 München

Krönle Küchengeräte und
Hotelleriebedarf e. K.
Augsburger Straße 12
86368 Gersthofen
Amtsgericht Augsburg HRA 3345
☎ 0821 497244
🖷 0821 497255
🖥 www.kroenle-online.de

RECHNUNG

Gersthofen, 3. Januar 20..

Für die Lieferung vom **2. Januar** erlauben wir uns, Ihnen zu berechnen:

Artikel	Artikel-Nr.	Einzelpreis €	Stück	Gesamtpreis €
Schöpflöffel "Maxi"	SL-24	21,00	100	2.100,00
Fleischmesser 18,0 cm	FM-18	56,00	100	5.600,00
Warenwert netto				7.700,00
Frachtkosten				0,00
Umsatzsteuer 19 %				1.463,00
				9.163,00

Zahlung fällig am 3. März 20.. rein netto
Bei Bezahlung bis zum 13. Januar 20.. gewähren wir 2 % Skonto.
Die gelieferte Ware bleibt bis zur vollständigen Bezahlung unser Eigentum.

Bankverbindung: Konto-Nr.: 1270008374 Lechbank Augsburg • BLZ 790 550 00

USt-IdNr. DE 233555621 Steuernr. 178/2045/3428

Beleg N

Holzhauser AG
Industriepark 44
80655 München

Tel.: 0201 613588
Fax: 0201 613599

Krönle Küchengeräte und
Hotelleriebedarf e. K.
Augsburger Straße 12
86368 Gersthofen

München, 4. Januar 20..

Rechnung

Rechnungsnummer: 5678
Kundennummer: 24665

Holzhauser AG
Industriepark 44
80655 München
Amtsgericht München HRB 4613
Tel.: 089 157790
Fax: 089 157791

Wir lieferten Ihnen:

Pos.	Stück	Einzelpreis €	Gegenstand	Gesamtpreis €
1	1000	2,00	Holzgriffe für Grillmesser	2.000,00
			abzüglich 10 % Rabatt	200,00
			Warenwert netto	1.800,00
			Frachtkosten und Abladen	100,00
				1.900,00
			+ 19 % Umsatzsteuer	361,00
			Rechnungsbetrag	**2.261,00**

Vorstand: Dr. Heinz Löffler ; Dr. Peter Schmidt
Aufsichtsratsvorsitzender: Dr. Konrad Hauer
USt-IdNr. DE 283745093 Steuernr. 237/3821/2839

Zahlung fällig am 4. März 20.. rein netto.
Bei Zahlung bis zum 14. Januar 20.. gewähren wir 3 % Skonto.
Die Ware bleibt bis zur vollständigen Bezahlung Eigentum der Holzhauser AG.
Bankverbindung: Isarbank München (BLZ 360 500 05) Konto 123 456 0098

Beleg O

Malka KG
**Fertigungsmaschinen und
Industrieroboter
Würzburg**

Malka, Bahnhofsstraße 14, 97070 Würzburg

Krönle Küchengeräte und
Hotelleriebedarf e. K.
Augsburger Straße 12
86368 Gersthofen

Bahnhofstr.22
97070 Würzburg
Telefon: 0931/ 34 55 89

Amtsgericht Würzburg HRA 4236
USt-IdNr. DE 783174985
Steuernr. 156/7043/7685

Kontoverbindungen:
Hausbank Würzburg (BLZ 703 555 00)
Konto-Nr. 99155766

Rechnung

Datum: 4. Januar 20..

Rechnungsnummer: 34

Art.-Nr.	Gegenstand	Menge	Preis je Einheit	Betrag in €
M34	Industrie-Kleinroboter SFM-T55-C45 inklusive Montage Montagekosten	1	32.000,00	32.000,00
	+ 19 % Umsatzsteuer			6.080,00
	Rechnungsbetrag			**38.080,00**

Vielen Dank für Ihren Auftrag
Rechnung fällig am 4. Februar 20.. ohne Skontoabzug

Bitte bei Zahlungen und Schriftwechsel stets die Rechnungs-Nummer mit angeben.

Beleg P

Überweisungsauftrag an 790 550 00
Lechbank Augsburg

Ang. GS / Hz

Empfänger: Name, Vorname/Firma (max. 27 Stellen)
H O L Z H A U S E R   A G

Konto-Nr. des Empfängers
1 2 3 4 5 6 0 0 9 8

Die Durchschrift ist für Ihre Unterlagen bestimmt

Bankleitzahl
3 6 0 5 0 0 0 5

bei (Kreditinstitut)
I S A R B A N K   M Ü N C H E N

Betrag
E U R 2 . 2 6 1 , 0 0

Kunden-Referenznummer – noch Verwendungszweck, ggf. Name und Anschrift des Auftraggebers – (nur für Empfänger)
R E C H N U N G S - N R : 5 6 7 8

noch Verwendungszweck (insgesamt max. 2 Zeilen à 27 Stellen)

Kontoinhaber: Name, Vorname/Firma, Ort (max. 27 Stellen, keine Straßen- oder Postfachangaben)
K R Ö N L E

Konto-Nr. des Kontoinhabers
1 2 7 0 0 0 8 3 7 4   2 0

Bitte NICHT VERGESSEN:
Datum/Unterschrift   1270008374   4. Jan. 20.. Sonja Krönle

Die Durchschrift ist für Ihre Unterlagen bestimmt.
Schreibmaschine: normale Schreibweise!
Handschrift: Blockschrift in GROSSBUCHSTABEN,
bitte je Zeichen ein Kästchen verwenden!

Beleg Q

Kontoauszug
4. Januar / 9:05 Uhr

Nummer 3   Konto 1270008374   Seite 1 / 1
Krönle Küchengeräte und Hotelleriebedarf e. K.

Bu. Tag	Wert	Bu. Nr.	Vorgang	Betrag €
04.01.	04.01.	9977	Gutschrift Hotel Zum Kaiser	2.052,75+
04.01.	04.01.	9977	Gutschrift vom Versandhaus Modernes Wohnen	9.163,00+

Kontokorrentkredit EUR 50.000,00

Bahnhofstraße 22-24, 86000 Augsburg
Tel.: 0821 224455   FAX: 0821 224466

alter Kontostand EUR 32.381,70 +

neuer Kontostand EUR 43.597,45 +

Lechbank Augsburg

F3-8

Frau Krönle erfasst alle Buchungssätze im Hauptbuch.

Übertrage die Buchungssätze zu den Belegen A-Q in das Hauptbuch (T-Konten).

Am Jahresanfang

Inventur

▼

Inventar

▼

Bilanz

▼

Konten eröffnen

Während des Jahres

Belege

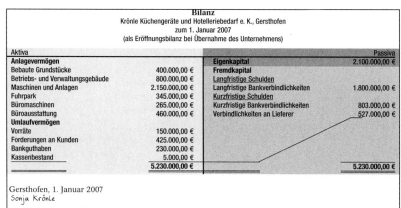

Bilanz
Krönle Küchengeräte und Hotelleriebedarf e. K., Gersthofen
zum 1. Januar 2007
(als Eröffnungsbilanz bei Übernahme des Unternehmens)

Aktiva		Passiva	
Anlagevermögen		**Eigenkapital**	2.100.000,00 €
Bebaute Grundstücke	400.000,00 €	**Fremdkapital**	
Betriebs- und Verwaltungsgebäude	800.000,00 €	**Langfristige Schulden**	
Maschinen und Anlagen	2.150.000,00 €	Langfristige Bankverbindlichkeiten	1.800.000,00 €
Fuhrpark	345.000,00 €	**Kurzfristige Schulden**	
Büromaschinen	265.000,00 €	Kurzfristige Bankverbindlichkeiten	803.000,00 €
Büroausstattung	460.000,00 €	Verbindlichkeiten an Lieferer	527.000,00 €
Umlaufvermögen			
Vorräte	150.000,00 €		
Forderungen an Kunden	425.000,00 €		
Bankguthaben	230.000,00 €		
Kassenbestand	5.000,00 €		
	5.230.000,00 €		5.230.000,00 €

Gersthofen, 1. Januar 2007
Sonja Krönle

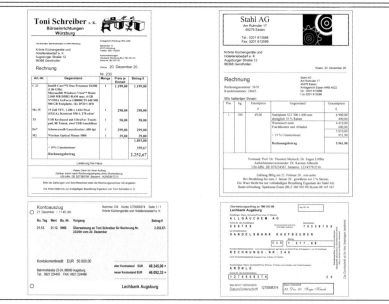

Vorkontierung
(laufende Buchungen)

Beleg Nr. ❶	Buchungs- art ❶	Datum ❷	Soll ❸	Haben ❹	Buchungs- nummer ❺	B/N ❼	Betrag (€) ❻	UCo ❽
①	B	2012	BM	VE	3112	N	1.893,00	V19
②	B	2012	BZKB	KA	3113	B	178,50	V19
③	B	2212	AWR	VE	3114	N	4.410,00	V19
	B	2212	BZKR	VE	3114	N	600,00	V19
④	B	2212	VE	BK	3115		2.252,67	
⑤	B	2312	FO	UEFE	3116	B	2.796,50	U19
⑥	B	2312	BK	FO	3117		2.796,50	
⑦	B	2312	AWH	VE	3118	N	1.205,79	V19
	B	2312	BZKH	VE	3118	N	120,00	V19
⑧	B	2312	VE	BK	3119		1.577,69	

Buchungssätze

BM	1.893,00			
VORST	359,67	**an**	VE	2.252,67

In Konten buchen

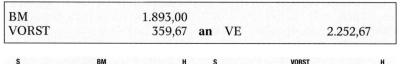
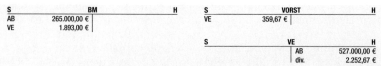

S	BM	H
AB	265.000,00 €	
VE	1.893,00 €	

S	VORST	H
VE	359,67 €	

S	VE	H
		AB	527.000,00 €
		div.	2.252,67 €

Glossar (Klärung von Fachbegriffen)

Ab Werk: Der Käufer eines Produktes trägt die Kosten für den Transport ab dem Werk (Herstellungsort) des Verkäufers.

Aktiva: Vermögensgegenstände (Vermögenswerte), die auf der linken Seite der Bilanz stehen. Dabei unterscheiden wir in Anlagevermögen und Umlaufvermögen. Die Höhe der Vermögenswerte der Aktiva muss übereinstimmen mit der aller Passiva (Eigenkapital und Schulden), die auf der rechten Seite der Bilanz erfasst werden.

Anlagevermögen: Dazu gehören alle Gegenstände, die dazu bestimmt sind, dem Geschäftsbetrieb langfristig zu dienen (z.B. Grundstücke, Gebäude, Maschinen, Fahrzeuge, Betriebs- und Geschäftsausstattung). Zusammen mit dem Umlaufvermögen ergeben sie die Vermögenswerte der Bilanz.

Aufwand: Der Verbrauch von Werten (Werteverzehr) im Betrieb innerhalb eines Geschäftsjahres (z.B. der Verbrauch von Werkstoffen). Sie vermindern das Eigenkapital eines Unternehmens. Die Gegenüberstellung von Aufwendungen und Erträgen ergibt den Erfolg des Unternehmens innerhalb eines Geschäftsjahres.

Beleg: Belege sind schriftliche Unterlagen, die alle Geschäfts(vor)fälle dokumentieren (z.B. Eingangs- und Ausgangsrechnungen, Kontoauszüge, Quittungen usw.). Für die Buchführung gilt der Grundsatz „keine Buchung ohne Beleg". Belege sind die Voraussetzung für eine ordnungsmäßige Buchführung. Belege sind Urkunden und dienen als Nachweis für alle Handelsgeschäfte. Sie unterliegen einer gesetzlich vorgeschriebenen Aufbewahrungsfrist von 10 Jahren, damit z.B. Behörden (vor allem das Finanzamt) über diesen Zeitraum hinweg die betrieblichen Vorgänge nachvollziehen und überprüfen können.

Bestandskonten: Bestandskonten sind abgeleitet von der Bilanz und erfassen die Vermögensgegenstände in Aktivkonten und die Vermögensquellen (Kapitalbestände: Eigen-/Fremdkapital) in Passivkonten. In Aktivkonten bucht man Anfangsbestände und Zugänge im Soll, während die Abgänge im Haben erfasst werden.
Umgekehrt verhält es sich bei den Passivkonten: Während Anfangsbestände und Zugänge im Haben stehen, bucht man Abgänge im Soll.

Betriebsstoff: Ein Werkstoff, der bei der Produktion von Gütern eingesetzt wird, ohne jedoch Bestandteil des Produktes selbst zu werden (z.B. Schmierstoffe, Strom, Wasser, Öl).

Betriebswirtschaftslehre: Die Betriebswirtschaftslehre untersucht und erklärt die Bedingungen und Vorgänge in Betrieben der Gütererzeugung oder der Dienstleistungen (z.B. Handel, Banken, Verkehr, Versicherung). Dabei werden die für einen Betrieb wichtigen Vorgänge (z.B. Rohstoffbeschaffung, Fertigung, Verkauf) erfasst und ihre wechselseitigen Abhängigkeiten bestimmt.

Bezugskosten: Kosten, die beim Einkauf von Gütern neben dem eigentlichen Warenpreis entstehen (z.B. Fracht- und Verpackungskosten, Transportversicherung, Zölle usw.)

Bilanz: Kurzgefasste Gegenüberstellung der Vermögenswerte und -quellen zu einem bestimmten Stichtag (meist 31. Dezember) in Kontoform. Auf der linken Seite der Bilanz stehen die Aktiva und auf der rechten Seite die Passiva. Es gilt immer die Gleichung: Summe aller Aktiva = Summe aller Passiva.
Nach HGB hat jeder Kaufmann zu Beginn seines Handelsgewerbes und zum Ende eines jeden Geschäftsjahres eine Bilanz aufzustellen.

Buchführung: Laufende, systematische, in Geldeinheiten vorgenommene Dokumentation von Geschäfts(vor)fällen anhand der zu Grunde liegenden Belege. Nach § 238 I HGB ist jeder Kaufmann verpflichtet, Bücher zu führen und hat hierbei die Grundsätze ordnungsmäßiger Buchführung (GoB) zu beachten. Die Buchführung dient vor allem der Selbstinformation des Unternehmens (Vermögens- und Gewinnsituation), dem Gläubigerschutz sowie generell als Beweismittel (vor allem gegenüber dem Finanzamt). In der Wirtschaftspraxis werden die Geschäfts(vor)fälle nicht nur chronologisch (Grundbuch), sondern auch in sachlicher Ordnung auf so genannten Sachkonten im Hauptbuch erfasst.

Buchungssatz: Angabe eines Geschäftsfalles in bestimmter Form, der in T-Konten erfasst wird. Üblich ist die Nennung der Sollbuchung an erster und der Habenbuchung an zweiter Stelle. Z.B. lautet der Buchungssatz bei der Barabhebung vom Bankkonto: „Kasse an Bank". Wenn mehr als zwei Konten auf einer Seite angesprochen werden, führt dies zu sogenannten zusammengesetzten Buchungssätzen, z.B. Zielkauf einer Maschine netto: „Maschine und Vorsteuer an Verbindlichkeiten". Dabei muss der Betrag aller Sollbuchungen und aller Habenbuchungen gleich groß sein. Ob in einem Konto im Soll oder im Haben zu buchen ist, hängt von der Kontoart ab. Bei einem Aktivkonto (Passivkonto) werden der Anfangsbestand und die Zugänge auf der Soll-Seite (Haben-Seite) und die Abgänge auf der Haben-Seite (Soll-Seite) erfasst. Bei Erfolgskonten werden die Aufwendungen im Soll und die Erträge im Haben gebucht.

Eigenkapital: Das Eigenkapital ergibt sich aus der Differenz von Vermögen (Aktiva) und Schulden (Passiva). Es entspricht dem so genannten Reinvermögen, d.h. dem Teil des Anlage- und Umlaufvermögens, der mit eigenen Mitteln finanziert ist.

Einstandspreis: Der Preis von Werkstoffen (z.B. Rohstoffe), der aus dem Listeneinkaufspreis unter

Berücksichtigung aller Liefer- und Zahlungsbedingungen ermittelt wird. Der Einstandspreis zeigt somit den Preis, der entsteht, bis das Produkt das Unternehmen erreicht hat. Dazu gehören neben dem Produktpreis z. B. die Fracht- und Verpackungskosten, Zölle. Er wird nach folgendem Abrechnungsschema kalkuliert:

Listeneinkaufspreis
– Liefererrabatt
= Zieleinkaufspreis
– Liefererskonto
= Bareinkaufspreis
+ Bezugskosten
= Einstandspreis

Ertrag: Der Zugang von Werten (Wertezuwachs) im Betrieb innerhalb eines Geschäftsjahres (vor allem durch die Herstellung von Fertigerzeugnissen). Sie mehren das Eigenkapital eines Unternehmens. Die Gegenüberstellung von Aufwendungen und Erträgen ergibt den Erfolg des Unternehmens innerhalb eines Geschäftsjahres.

Forderung: Eine Forderung ist das Recht, von einem anderen auf Grund eines Schuldverhältnisses (z. B. einer Warenlieferung) eine Leistung (Zahlung) zu fordern. Als Teil des Vermögen werden Forderungen auf der Aktivseite der Bilanz ausgewiesen. Liefert man Waren an einen Kunden und gewährt ein Zahlungsziel, so hat man gegenüber diesem Kunden eine Forderung, bis die Zahlung erfolgt ist.

Frei Haus: Der Verkäufer eines Produktes übernimmt die Kosten der Versendung bis zu den Geschäfts- oder Wohnräumen des Käufers.

Fremdbauteil: Ein Werkstoff, der als Hauptbestandteil ins Produkt eingesetzt wird. Es wird von anderen Firmen gefertigt und auch als Vorprodukt oder bezogenes Fertigteil bezeichnet.

Fremdkapital: Finanzielle Mittel, die dem Unternehmen – im Gegensatz zum Eigenkapital – zeitlich befristet überlassen werden. Das Fremdkapital und Eigenkapital ergeben zusammen das Gesamtkapital.

Gewinn: Der Unterschiedsbetrag zwischen Erträgen und Aufwendungen. Wenn die Erträge höher sind als die Aufwendungen, liegt ein Gewinn vor. Übersteigen die Aufwendungen die Erträge, so spricht man von einem Verlust. Oder auch der Unterschiedsbetrag zwischen Eigenkapitalbestand der Schlussbilanz und dem Eigenkapitalbestand der Eröffnungsbilanz, sofern sich eine Bestandsmehrung ergibt.

GoB: Unter den Grundsätzen ordnungsmäßiger Buchführung (GoB) versteht man eine Fülle von Leitsätzen und Ordnungsprinzipien. Sie gelten für alle Kaufleute. Ziel ist es, eine zweckmäßige Gestaltung der Buchführung sicherzustellen. Nicht alle sind in Gesetzen festgehalten. Die GoB bilden den Ordnungsrahmen für die Buchführung. Beispiele für die GoB sind: „Keine Buchung ohne Beleg!" oder „Verbot der Verwendung von Löschstiften!"

Grundbuch: Zeitliche (chronologische) Auflistung aller Geschäftsfälle anhand der Buchungsbelege. Manchmal wird es als Journal bezeichnet.

Haben: Bezeichnung für die rechte Seite eines Kontos in der Buchführung im Gegensatz zur Sollseite (linke Seite).

Hauptbuch: Sachlich geordnete Auflistung aller Geschäftsfälle in T-Konto-Form.

HGB: Abkürzung für Handelsgesetzbuch. Es ist seit 1900 in Kraft und gilt für Rechtsgeschäfte, bei denen mindestens ein Vertragspartner ein Kaufmann ist.

Hilfsstoff: Ein Werkstoff, der bei der Produktion von Gütern eingesetzt wird und dabei als Nebenbestandteil Teil des Produktes wird (z. B. Nägel, Nieten, Spezialkleber).

Inventar: Das Inventar ist ein ausführliches Verzeichnis, das alle Bestände darstellt. Es wird durch Inventur ermittelt und stellt die Bestände nach Art, Menge und Wert dar. Gegliedert ist das Inventar in die Teile Vermögen, Schulden und Reinvermögen. Es ist jedes Jahr neu zu erstellen.

Inventur: Bestandsaufnahme aller Gegenstände nach Art, Menge und Wert. Jeder Kaufmann hat bei Unternehmensgründung und am Ende eines Geschäftsjahres ein Inventar aufzustellen. Um das Verzeichnis aufstellen zu können, müssen zuvor die entsprechenden Bestände aufgenommen werden.

Passiva: Vermögensquellen, die auf der rechten Seite der Bilanz stehen. Dabei unterscheiden wir Eigenkapital und Fremdkapital. Es sind die Mittel zur Finanzierung der Vermögenswerte. Die Höhe der Vermögenswerte der Aktiva muss übereinstimmen mit der aller Passiva (Eigenkapital und Fremdkapital).

Rabatt: Das ist ein Nachlass auf den allgemein verlangten Verkaufspreis. Er wird in der Regel in Form eines prozentualen Abzugs vom Listenpreis, z. B. für bestimmte Personengruppen oder Warenmengen gewährt. Die wichtigsten Arten sind der Mengenrabatt, der Treuerabatt (für Stammkunden), Mitarbeiter- und Sonderrabatte (z. B. Schlussverkäufe).

Rechnungswesen: Das Rechnungswesen erfasst alle wirtschaftlichen Vorgänge zahlenmäßig, bereitet diese Zahlen auf und stellt sie übersichtlich dar. Diese Informationen benötigt die Unternehmensleitung zum Treffen von Entscheidungen wie z.B. „Soll ein Produkt weiter gefertigt werden?" oder „Wie kann man die Fertigung der Erzeugnisse kostengünstiger durchführen?"

Rohstoff: Ein Werkstoff, der bei der Produktion von Gütern eingesetzt wird, und dabei als Hauptbestandteil Teil des Produktes wird.

Skonto: Auf den Rechnungen geben viele Unternehmen Zahlungsbedingungen wie „Zahlung fällig am 15. Mai 20.., bei Zahlung bis zum 25. März 20.. gewähren wir 3 % Skonto." an. Damit gewährt das Unternehmen einen Preisnachlass, der den Kunden veranlassen soll, sofort oder innerhalb der nächsten Tage zu zahlen. Skonto wird immer in Prozenten des Kaufpreises angegeben.

Soll: Bezeichnung für die linke Seite eines Kontos in der Buchführung im Gegensatz zur Habenseite (rechte Seite).

Umlaufvermögen: Alle Gegenstände, die dem Geschäftsbetrieb nur kurzfristig dienen, z. B. Vorräte, Forderungen aus Lieferungen und Leistungen, Kassenbestand. Zusammen mit dem Anlagevermögen ergeben sie die Vermögenswerte der Bilanz.

Umsatzerlöse: Das sind Erlöse aus der gewöhnlichen betrieblichen Tätigkeit eines Unternehmens (z. B. Herstellung und Verkauf von Fertigerzeugnissen). Diese Fertigerzeugnisse stellen betriebliche Leistungen dar. Beim Verkauf der Fertigerzeugnisse werden Leistungen umgesetzt (Umsatz) und dabei Einnahmen (Erlöse) erzielt. Diese Umsatzerlöse stellen Erträge dar, die das Eigenkapital erhöhen.

Umsatzsteuer: Die Umsatzsteuer wird in der Umgangssprache auch als „Mehrwertsteuer" bezeichnet. Sie wird auf alle Waren, Güter und Dienstleistungen aus dem In- und Ausland erhoben. Die Umsatzsteuer ist eine Verbrauchsteuer, d. h. der Endverbraucher muss sie bezahlen. Die Unternehmen haben vom Staat den Auftrag, sie einzubehalten und an das Finanzamt weiterzuleiten. Deshalb schlägt der Unternehmer diese Steuer auf den Nettowert seiner Waren bzw. Dienstleistungen auf und führt sie jeden Monat an das zuständige Finanzamt ab. Es gibt verschiedene Umsatzsteuersätze. Die wichtigsten Steuersätze sind der allgemeine Umsatzsteuersatz (19 %) und der ermäßigte Umsatzsteuersatz (7 %). Er gilt z. B. für Grundnahrungsmittel, Bücher und Zeitschriften.

Verbindlichkeiten: Eine Verbindlichkeit ist die Verpflichtung, aufgrund eines Schuldverhältnisses (z. B. einer Warenlieferung) an einen anderen (Lieferer) eine Leistung (Zahlung) zu erbringen. Als Schulden werden Verbindlichkeiten auf der Passivseite der Bilanz ausgewiesen. Verkauft ein Unternehmen an einen Geschäftspartner Waren und gewährt diesem ein Zahlungsziel, so hat der Käufer gegenüber dem Verkäufer eine Verbindlichkeit bis die Zahlung erfolgt ist.

Vorkontierung: Erfassen eines Beleges mittels eines Vorkontierungsstempels oder in einem Vorkontierungsblatt zur Vorbereitung eines Buchungssatzes.

Vorsteuer: Vorsteuer ist eine Form der Umsatzsteuer, die einem Unternehmen von einem anderen Unternehmen berechnet wird. Diese Form der Umsatzsteuer entsteht z. B. beim Einkauf von Gütern bei einem anderen Unternehmen.

Werkstoffe: Sie sind, neben den Betriebsmitteln und den Arbeitskräften, ein Teil der betrieblichen Produktionsfaktoren. Sie werden bei der Produktherstellung verbraucht, d. h. sie gehen unmittelbar (Rohstoffe/Hilfsstoffe/Fremdbauteile) oder mittelbar (Betriebsstoffe) in das neue Produkt ein (Werteverzehr).

Zielgeschäft: Dem Käufer einer Ware wird eine bestimmte zeitliche Frist, d. h. ein Zahlungsziel gewährt, um seine Rechnung zu begleichen, z. B. „Zahlung fällig am ... ohne Abzug".

Wichtige Internetadressen:

Statistisches Bundesamt:
http://www.destatis.de

Bundesministerium der Finanzen:
http://www.bundesfinanzministerium.de

Bundesministerium für Wirtschaft und Technologie:
http://www.bmwi.de

Bayerisches Staatsministerium für Wirtschaft, Verkehr und Technologie:
http://www.stmwvt.bayern.de

Stichwortverzeichnis

Die farbig markierten Begriffe findest du auch im Glossar.

Bildquellenverzeichnis

Titelbild, Icons und Illustrationen:
Rüdiger Trebels, Düsseldorf

ADAC, München: 15/M1

AKG, Berlin: 36/3, 37/M2

American Express, Frankfurt/Main: 46/2

Bankverlag, Köln: 42/1, 42/2, 43/1

Baum e.V., Hamburg: 87/M1

Bavaria Bildagentur, München: 17/4+5, 38/1, 55/1 (Son Corro), 86/M2 (Binder), 86/M3 (F.), 91/1, 96/4

Blue Chip, Essen: 88/6, 115/M1

bpk, Berlin: 37/M1, 37/M4

Bundesumweltamt, Berlin: 87/M3

Cartoon Concept Agentur und Verlag GmbH, Hannover: 18/M1

Deutsche Bundesbank Frankfurt: 41/1, 41M1–8

Deutsche Luftbild, Hamburg: 11/2, 161/2

Deutsche Presseagentur, Hamburg: 46/M1

Eduard Fiedler, St. Augustin: 11/3

EMAS, Freiburg: 87/M2

Erich-Schmidt-Verlag GmbH&Co., Berlin: 14/1, 44/1, 58/1, 71/2, 73/1, 75/1, 76/2

Ericsson, Düsseldorf: 60/M2

Focus, Hamburg: 17/2

Focus Magazin, München: 22/M4, 25/4

Fotostudio Druwe & Polastri, Weddel: 7/3, 7/4, 7/6, 7/7, 11/1, 17/3, 17/6-8, 17/10, 31/1, 31/2, 38/M1, 38/M2, 43/M2, 47/M3, 49/2, 50/1-3, 52/M2, 53/M1, 57/12, 60/M1, 62/3, 76/M1, 81/6, 81/8, 81/10, 96/1, 96/3, 101/5, 115/M2, 178/M1

Gardena Kress und Kastner GmbH, Ulm: 32/1

www.GeldKarte.de: 49/M1, 55/6

Gildemeister Drehmaschinen GmbH, Bielefeld: 7/5

Globus Infografik GmbH, Hamburg: 12/1, 16/1, 16/2, 27/M1, 59/M1, 60/1, 61/M4, 62/4, 87/1, 93/1, 172/2, 188/1

Haitzinger, München: 91/2

Wolfgang Horsch Cartoons: 79/2

IFA Bilderteam, München: 13/M1, 54/3, 81/1, 86/M4, 101/6, 111/1

Image & Design, Bettina Kumpe, Braunschweig: 63/M1-4, 68/M1, 69/M1, 70/M1

IMU, Ettlingen: 31/4, 61/1

Klaus G. Kohn, Braunschweig: 7/1, 149/1

Knauber-Freizeit GmbH, Bonn: 47/M1

Krenzke, Magdeburg: 138/M1, 138/1

MAN, München: 96/5, 101/4

Mauritius Bildagentur, Mittenwald: 59/M4, 103/M1

Moneymuseum, (CH) Zürich: 36/1, 36/2

Osram, München: 88/7

Regenerative Energiesysteme GmbH, Dahlewitz: 88/1

Rösle Metallwarenfabrik GmbH & Co. KG, Oberdorf: 83/1, 85/1, 140/1, 140/2, 151/1, 151/2, 164/1, 164/2, 166/1, 166/2

Schenker, Braunschweig: 160/1

Schulbank, Köln: 43/M1, 44/2, 45/M1

Schulen ans Netz e.V., Bonn: 61/M3

Siemens AG, Erlangen: 149/2

Peter Sierigk Photographie, Braunschweig: 54/4

Springstubbe, Braunschweig: 95/M2

Staatliche Münzsammlung, München: 36/M3, 36/M4, 37/M3, 54/2

Stadt Augsburg, Stadtvermesssungsamt, Augsburg: 9/2, 65/M2, 70/1

Still GmbH, Hamburg: 81/12

The Stock Market, Düsseldorf: 86/M1, 106/1, 124/1

Vertriebsgesellschaft Pelikan, Hannover: 105/M1

VW Standortpresse, Wolfsburg: 17/11, 24/1, 149/3

Westermann Archiv, Braunschweig: 3, 14/M1, 17/1, 36/M1-2, 37/1, 54/1, 84/M2

Westermann Kartographie, Braunschweig: 14/M2, 90/1, 95/M1

Westermann Tegra, Braunschweig: 9/1, 13/1, 22/M1-3; 23/1, 23/2, 25/1-3, 35/2, 52/M1, 59/M3, 77/1, 88/M1, 94/3, 95/1, 98/M2

ZEFA, Düsseldorf: 57/10, 62/1

Alle anderen Abbildungen wurden von der Firma Werbefotografie Weiß GmbH in Gersthofen bereitgestellt. Verlag und Autoren bedanken sich bei allen Firmen und Agenturen für ihre tatkräftige und freundliche Unterstützung bei der Bereitstellung von Bildmaterial.

Verzeichnis der Konten und Kontenabkürzungen

Aktive Bestandskonten

UGR	Unbebaute Grundstücke
BGR	Bebaute Grundstücke
BVG	Betriebs- und Verwaltungsgebäude
MA	Maschinen
FP	Fuhrpark
BM	Büromaschinen
BA	Büroausstattung
FO	Forderungen aus Lieferungen und Leistungen
BK	Bank
KA	Kasse
VORST	Vorsteuer

Passive Bestandskonten

KBKV	Kurzfristige Bankverbindlichkeiten
LBKV	Langfristige Bankverbindlichkeiten
VE	Verbindlichkeiten aus Lieferungen und Leistungen
UST	Umsatzsteuer
EK	Eigenkapital

Ertragskonten

UEFE	Umsatzerlöse für eigene Erzeugnisse

Aufwandskonten

AWR	Aufwendungen für Rohstoffe
BZKR	Bezugskosten Rohstoffe
AWH	Aufwendungen für Hilfsstoffe
BZKH	Bezugskosten Hilfsstoffe
AWB	Aufwendungen für Betriebsstoffe
BZKB	Bezugskosten Betriebsstoffe
AWF	Aufwendungen für Fremdbauteile
BZKF	Bezugskosten Fremdbauteile